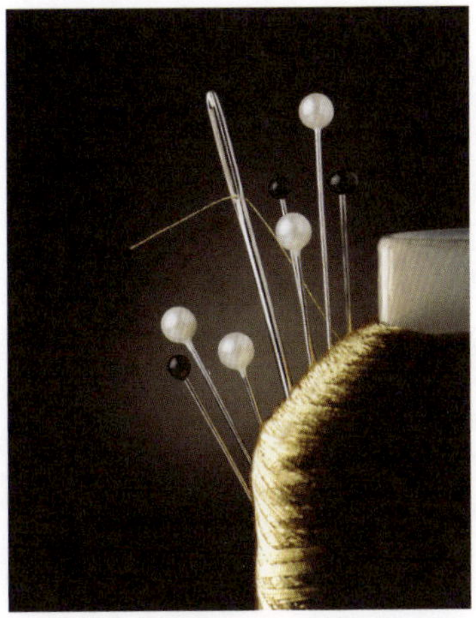

J. FRANÇOIS-CAMPBELL

EINFACH KLEIDUNG ÄNDERN

Haupt
GESTALTEN

J. FRANÇOIS-CAMPBELL

EINFACH KLEIDUNG ÄNDERN

SÄUME • BÜNDE • NÄHTE • ÄRMEL • TASCHEN • MANSCHETTEN • ABNÄHER • FALTEN • VERSCHLÜSSE • AUSSCHNITTE • FUTTER

HAUPT VERLAG

J. François-Campbell ist eine versierte Kostümmacherin und Theaterschneiderin mit mehr als 30 Jahren Erfahrung in der Bekleidungsindustrie. Nach dem Studium am *London College of Fashion*, dem *Bournemouth Arts Institute* und dem *Central Saint Martins College of Art and Design* hat sie eine Ausbildung zur Kostümschneiderin absolviert und kreiert seither Kostüme für große Theaterproduktionen, Filme, Tanzaufführungen und die Modebranche. Sie ist derzeit als Gewandmeisterin am Londoner *Royal Opera House* angestellt, wo sie Kostüme für Opernsänger/-innen und Balletttänzer/-innen realisiert und Studierende ausbildet.

Die englische Originalausgabe erschien 2016 unter dem Titel *Simple Tailoring & Alterations* bei Guild of Master Craftsman Publications Ltd, GB-Lewes

Aus dem Englischen übersetzt von Eva Korte, D-Börger
Satz und Redaktion der deutschsprachigen Ausgabe:
Gisela Witt, D-München
Satz des Umschlags der deutschsprachigen Ausgabe:
Die Werkstatt Medien-Produktion GmbH, D-Göttingen

Printed in China
Um lange Transportwege zu vermeiden, hätten wir dieses Buch gerne in Europa gedruckt. Bei Lizenzausgaben wie diesem Buch entscheidet jedoch der Originalverlag über den Druckort.
Der Haupt Verlag kompensiert mit einem freiwilligen Beitrag zum Klimaschutz die durch den Transport verursachten CO_2-Emissionen und verwendet FSC-Papier.

Swiss Climate CO_2neutral Transport

MIX Papier aus verantwortungsvollen Quellen FSC www.fsc.org FSC® C020056

Diese Publikation ist in der Deutschen Nationalbibliografie verzeichnet. Mehr Informationen dazu finden Sie unter http://dnb.dnb.de

ISBN 978-3-258-60191-5

Der Haupt Verlag wird vom Bundesamt für Kultur mit einem Strukturbeitrag für die Jahre 2016–2020 unterstützt.

Inhalt

VORWORT

Dieses Buch beschreibt ausführlich, wie Sie hochwertige Kleidungsstücke ändern und ausbessern können. Es richtet sich nicht nur an Mode- oder Kostümdesignstudenten, sondern an all jene, die ihre Nähkenntnisse erweitern und die Passform ihrer Kleidung endlich verbessern und gern selbst ändern möchten.

Vor einigen Jahren wurde ich vom britischen *Textile Institute* eingeladen, den Studenten im Fach Mode- und Kostümdesign am *London College of Fashion* einen Vortrag über meinen Werdegang und meine Arbeit als Gewandmeisterin am Royal Opera House in London zu halten.

Dabei wurde ich von den Studenten mit Fragen zu Nähtechniken regelrecht überhäuft. Vielen war es ein Anliegen, ihre Nähkenntnisse zu verbessern, wobei es weniger an erfahrenen Dozenten für diese wichtigen Fragen mangelte, sondern vielmehr am Studienplan, der zu wenig Zeit dafür vorsah. Wenn die Studenten ohne Anleitung experimentierten, konnten sie die gewünschten Ergebnisse nicht erzielen. Viele Dozenten beurteilten die Situation genauso. Es scheint also, dass Nähtechniken und -tipps beim Modedesign-Studium häufig zu kurz kommen. Dem soll dieses Handbuch, das gängige Änderungen beschreibt, Abhilfe schaffen.

Kurz darauf nahm ich an einer öffentlichen Tagesveranstaltung des *Royal Opera House* teil. Auch dabei kamen Personen mit unterschiedlichem beruflichem Hintergrund auf mich zu und sagten mir, dass sie gerne professioneller nähen möchten, aber nicht wüssten, wo entsprechende Anleitungen zu finden sind. Viele waren unzufrieden mit ihrer schlecht sitzenden Kleidung, die sie gerne ändern würden, wenn sie nur das Wissen darüber hätten.

Mehr Argumente brauchte ich nicht. Ich habe dieses Buch für Nähbegeisterte geschrieben, für alle, die modische und hochwertige Kleidung, Theaterkostüme, historische Kostüme oder Cosplay-Kostüme ändern möchten. Und ich habe es für alle geschrieben, die ihrer eigenen Kleidung eine perfekte Passform geben möchten.

Dieses Buch deckt nicht alle Nähtechniken ab, denn ein solches Werk hätte den Umfang einer Enzyklopädie. Hier wird für jede wichtige Änderung eine Methode vorgestellt. Das gleiche Ergebnis lässt sich zwar auch mit anderen Methoden erzielen, doch ich habe mich hier jeweils auf eine einzige beschränkt, damit das Buch übersichtlich bleibt.

In bebilderten Schritt-für-Schritt-Anleitungen zeige ich genau und ausführlich, wie Sie die einzelnen Änderungen vornehmen. Dabei wird den wichtigsten Kleidungsstücken jeweils ein Kapitel gewidmet. In Kapitel acht werden die Accessoires Krawatte und Fliege sowie die Weste berücksichtigt. Anhand dieser Anleitungen können Sie für sich und für Verwandte und Freunde Kleidung ändern. Sie lernen, Kleidung von der Stange an verschiedenen Stellen so umzuarbeiten, dass sie wie angegossen sitzt. Der aktuelle Trend zu Vintage- und Retro-Mode ist unübersehbar. Mit Kenntnissen darüber, wie ausgebeulte oder abgetragene Kleidung fachgerecht repariert und ausgebessert wird, werden Sie auf der Jagd nach besonderen Stücken einen entscheidenden Vorsprung vor anderen Modefans, Modehistorikern und Sammlern haben.

Ich hoffe, Sie werden dieses Buch mit derselben Freude nutzen, mit der ich es geschrieben habe.

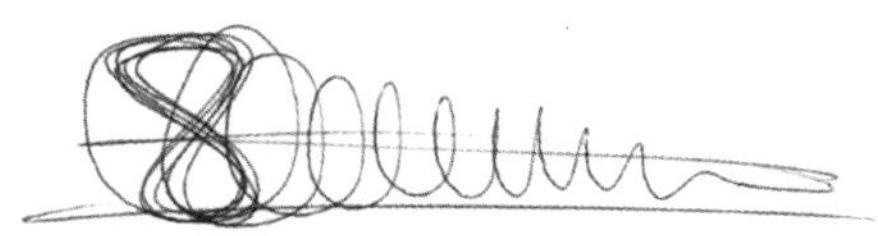

J. François-Campbell

MODERNE KLEIDUNG UND IHRE ANFÄNGE

Die heutige Kleidung hat sich über Jahrhunderte entwickelt; Stile und Schnitte unterliegen nicht nur dem Einfluss der verschiedenen sozialen Schichten, sondern auch dem des Weltgeschehens. Jedes größere geschichtliche Ereignis hat sich in der Kleidung niedergeschlagen. Die Mode passte sich stets an das Lebensgefühl und die gesellschaftlichen Veränderungen an.

Der erste namhafte Modeschöpfer der Moderne war Charles Frederick Worth, der 1845 nach Paris kam. Innerhalb von zehn Jahren avancierte er zum einflussreichsten Couturier für alle, die Rang und Namen hatten. Seine Kreationen setzten Trends. Erstmals vermarktete ein Modehaus seine Modelle mit einem eingenähten Firmenetikett.

Zu Beginn des 20. Jahrhunderts war Paris die Modemetropole, während London weniger Einfluss hatte. Die internationalen Modezeitschriften schickten ihre Redakteure nach Paris, um die neuen Trends zu entdecken, und Warenhäuser beauftragten die Einkäufer, die Entwürfe der Couturiers zu kopieren. Neben den maßgeschneiderten Modellen der Haute Couture (»hohe Schneiderkunst«) wurde bereits Kleidung in Standardgrößen, Prêt-à-porter (»fertig zum Tragen«), angeboten, wobei damals häufig beides im selben Atelier gefertigt wurde. Weniger Betuchte konnten sich ein Schnittmusterheft kaufen und die Pariser Modelle nachnähen.

OBEN RECHTS *Fürstin Pauline Clementine von Metternich mit einem Krinolinenkleid von Worth, 1865.*

RECHTS *Entwurf für ein Nachmittagskleid des Pariser Modehauses Worth, 1916. Hochwertige Kleidung wurde im 20. Jahrhundert erschwinglicher, und Modeschöpfer erreichten durch die neuen Massenmedien ein größeres Publikum.*

A
VOLTAIRE
VÊTEMENTS
TOUT FAITS
VÊTEMENTS
SUR MESURE
ASCENSEUR
VÊTEMENTS
A VOLTAIRE
HABILLEMENT
COMPLET
HAUTE NOUVEAUTÉ
21F
15, Place du Château d'Eau, 15,
A COTÉ DU BUREAU DES OMNIBUS
IMP. J. CHÉRET, 18, R. BRUNEL, PARIS.

Während des Ersten Weltkriegs war die Kleidung von spezifischen Erfordernissen geprägt: Die Männer zogen in den Krieg, die Frauen übernahmen deren Arbeit in den Fabriken und Handwerksbetrieben. Die Kleidung musste bequem und praktisch sein. Die Röcke wurden bis zur Wade gekürzt. Die Farbtöne waren der Kriegssituation entsprechend gedämpft.

Anfang des 20. Jahrhunderts erlebte die Mode einen großen Aufschwung. Wohlhabende Mäzene förderten gezielt bevorzugte Stilrichtungen und Modeschöpfer und legten damit den Grundstein für die Haute Couture. Berühmte Modehäuser entstanden, wie jenes von Madeleine Vionnet, der Meisterin des schräg geschnittenen Kleids (1912); Jean Patou (1912), desssen Entwürfe in den USA sehr beliebt waren; Jeanne Lanvin (1909); Coco Chanel (1918) und Elsa Schiaparelli (1928). In dieser Zeit wurde die Mode revolutioniert und entsprechend keck – die Charleston-Damen trugen kurze Kleider und Bubiköpfe.

GEGENÜBERLIEGENDE SEITE *Werbung eines Pariser Herrenmodehauses für Maßanfertigung und Konfektionsware.*
OBEN LINKS *Näh- und Änderungsunterricht, 1910.*
OBEN RECHTS *Während des Kriegs sollte die Arbeitskleidung für Frauen vor allem praktisch sein.*
RECHTS *Printmedien und erschwingliche Schnittmuster ermöglichten es der breiten Masse in den 1920er-Jahren, sogar die neueste Mode der Filmstars nachzunähen.*
GANZ RECHTS *Schräg geschnittenes Abendkleid, 1932.*

Der Beginn der Weltwirtschaftskrise wirkte sich auch auf die Mode aus, die Entwürfe wurden zurückhaltender, um der allgemeinen gedämpften Stimmung gerecht zu werden. Die Modeindustrie spezialisierte sich immer stärker, so entstand beispielsweise die Sportmode, als Freiluftaktivitäten wie Tennisspielen immer mehr Anhänger fanden.

Im Zweiten Weltkrieg wurden die Röcke kürzer. Stoffe waren Mangelware, die Mengen für ein Kleidungsstück wurden rationiert und billigere Materialien verwendet. Lediglich durch das Tragen von Hüten, die aus den ungewöhnlichsten Materialien gefertigt waren, konnten Damen noch eine individuelle Note in ihrer Garderobe setzen.

Nach dem Zweiten Weltkrieg wurden die USA führend im Bereich Freizeitmode und Berufskleidung. Die jüngere Generation wollte nicht die gleiche Kleidung tragen wie ihre Eltern, sondern den Wohlstand der Wirtschaftswunderzeit in lässigerem Stil genießen. Konfektionskleidung wurde immer populärer, während die Arbeitskosten für Maßanfertigung stark anstiegen. Durch Fortschritte bei der industriellen Fertigung konnte hochwertige Kleidung schnell und günstig in großer Stückzahl hergestellt werden.

Aber auch die Haute Couture in Paris nahm wieder Fahrt auf. 1947 brachten die Modehäuser neue Silhouetten auf den Laufsteg, mit enger Taille und weiten Röcken, inspiriert von Christian Diors »Ligne Corolle« (Blütenkelch-Silhouette). Diese prägte die Mode der 1950er-Jahre. In London wurde die Edwardische Epoche wiederbelebt und mündete in den »Teddy Boy Look«. An vielen Hochschulen galt dieser jedoch schnell als antibürgerlich und wurde untersagt.

Die Nachkriegsjahre waren noch konservativ, doch in den 1960ern rebellierte auch die Mode. Röcke wurden kurz, Farben und Muster psychedelisch. London wurde zum Mittelpunkt für alles, was als »cool« galt, wobei Designerinnen wie Mary Quant und Zandra Rhodes den Stil vorgaben. Modische Kleidung wurde durch günstigere Stoffe erschwinglicher und Freizeitmode setzte erstmals Trends.

GEGENÜBERLIEGENDE SEITE, LINKS *Kleid im Stil der »Ligne Corolle«, Konfektionsware in einem Schaufenster in Stockholm, 1957.*
GEGENÜBERLIEGENDE SEITE, OBEN RECHTS *In den 1960er-Jahren fanden Jugendliche ihren Look in der Carnaby Street in London.*
GEGENÜBERLIEGENDE SEITE, UNTEN RECHTS *Die Punk-Bewegung brachte einen neuen individuellen Kleidungsstil mit Löchern, Rissen und Sicherheitsnadeln in Mode.*
RECHTS *Die Industrie fertigt heute Kleidung schneller und billiger als je zuvor, doch Passform und Verarbeitung sind oft zweitrangig.*

In den 1970er-Jahren änderten sich Silhouetten und Stile, doch die neu errungene Freiheit, nach eigenen Vorstellungen günstige Mode zu tragen, blieb erhalten. Gegen Ende des Jahrzehnts entwarfen internationale Designer wie Kenzo Takada aus Japan atemberaubende Modelle, indem sie europäische und asiatische Stile mixten. Andere brachten Punk-Elemente in die Mode ein, wie Vivienne Westwood. Die Mode hatte sich rasant weiterentwickelt.

In den 1980er-Jahren spiegelte sich der wachsende globale Kapitalismus auch in der Mode. Der unternehmerische Geist manifestierte sich in stark gepolsterten Sakkoschultern, voluminösen Frisuren und weiten Hemden, Blusen und Hosen. Ende der 1990er-Jahre galt es als kultiviert, sich möglichst wenig individuell zu kleiden. Nicht mehr abgehoben, sondern bequem und praktisch sollte die Mode sein, viele Designer setzten auf androgyne Silhouetten und auf Farben, die zu Männern, Frauen und Kindern gleichermaßen passen. Nicht selten sah man Familien mit den gleichen Pullis, Jeans und Shirts in verschiedenen Farben.

Die weltweite Finanzkrise mit ihrem Höhepunkt 2008 stellte auch die Mode auf den Kopf. Die Haute Couture, die an ihrem Niveau festgehalten hatte, bekam die Implosion kaum zu spüren. Oligarchen aus Osteuropa, Prominente und asiatische Industrielle orderten nach wie vor die Kollektionen der Designer. Die Kopien dieser Modelle wurden als Massenware zu einem Bruchteil des Preises gewinnbringend verkauft. Mit dem Ende des 20. Jahrhunderts hatte sich der westliche Bekleidungsstil weltweit verbreitet. Doch die Produktion hatte sich in Länder wie China und Taiwan verlagert, ganze Bezirke spezialisierten sich dort auf die Fertigung einzelner Kleidungsstücke. Gemäß dem US Bureau of Labor Statistics war die Anzahl der Beschäftigten in der Bekleidungsbranche 2002–2009 in China am höchsten: Sie lag bei fast 100 Millionen. In den USA waren es knapp 20 Millionen, in Deutschland etwa 6 Millionen und im Vereinigten Königreich 2 Millionen.

Im Zuge dieser Massenfertigung entstanden die international agierenden Modeketten und die sogenannte Fast Fashion. Seither kann man eine komplette Garderobe sehr günstig erwerben – was allerdings zu einer Wegwerfkultur führte, da die Kleidungsstücke oft nur einie Male getragen werden. Doch es wurde auch offensichtlich, welche Folgen diese Art der Fertigung hat. Fabriken produzieren tausende Kleidungsstücke pro Woche in Standardgrößen für den Massenmarkt. Dabei werden die Kleidergrößen von Agenturen vorgegeben, die statistische Daten für den Einzelhandel erheben. Änderungen sind dabei nicht eingeplant. Mit schmalen Nahtzugaben und häufig minderwertigen Stoffen und Zubehör muss der Preisdruck ausgeglichen werden. Die Kunden stellten bald fest, dass die Kleidergrößen bei jedem Hersteller unterschiedlich ausfallen. Eine Konfektionsgröße muss also von Personen mit unterschiedlichsten Proportionen getragen werden. Müssen die Träger denn zwangsläufig über zu lange Hosenbeine stolpern, Röcke mit zu weitem Bund tragen und Sakkos mit zu kurzen Ärmeln? Es gibt eine Antwort darauf: Die Kleidungsstücke müssen geändert werden.

KAPITEL EINS

GRUNDLAGEN

Wenn Sie ein Kleidungsstück ändern möchten, sind zunächst einige Dinge zu überlegen, beispielsweise, ob die dafür nötige Ausstattung vorhanden ist, wie der jeweilige Stoff verarbeitet und wie Maß genommen wird, damit das Kleidungsstück nach der Änderung die richtige Passform bekommt. In diesem Kapitel finden Sie Antwort auf diese Fragen, um dann beim Nähen die bestmöglichen Ergebnisse zu erzielen.

VORÜBERLEGUNGEN

Wenn Sie ein Kleidungsstück ändern möchten, sollten Sie es sich zunächst unter Beachtung einiger Aspekte genau ansehen, damit etwaige Probleme nicht erst während der Arbeit auftauchen und Sie die Änderung womöglich nicht fertigstellen können.

Nahtzugaben

Bei Massenware sind die Nahtzugaben oft sehr schmal, damit möglichst viele Kleidungsstücke aus einem Ballen Stoff gefertigt werden können. Ändern lässt sich solche Kleidung häufig nur, indem man ein ähnliches Stück Stoff einsetzt. Ältere Vintage-Kleidung ist eher handwerklich gefertigt oder wurde in kleinerer Stückzahl mit breiteren Zugaben hergestellt, weil an den Produktionskosten weniger gespart wurde. Solche Kleider sind meist leichter zu ändern, doch auch hierzu sind die Hinweise auf Seite 17 hilfreich.

RECHTS *Kleid aus moderner Massenfertigung mit schmaler Nahtzugabe und Overlockversäuberung.* **GANZ RECHTS** *Vintage-Rock mit breiter Zugabe und Zickzackstich-Versäuberung.*

LEGENDE ZU DEN BEBILDERTEN ANLEITUNGEN

Generell wird farblich passendes Nähgarn zum Ändern von Kleidung verwendet. In diesem Buch sind Nähte kontrastfarbig und die Stoffseiten verschiedenfarbig dargestellt, um die Methode zu verdeutlichen.

rechte Seite Oberstoff	linke Seite Oberstoff	rechte Seite Futterstoff	linke Seite Futterstoff	Heftnähte	Kreide-markierung

SYNTHETISCHE STOFFE VERARBEITEN

Kleidungsstücke aus natürlichen Fasern wie Wolle sind meist teurer als solche aus synthetischen Fasern. Viele bestehen aus einem Mix aus natürlichen und synthetischen Fasern wie Polyester oder Polyacryl (Mischverhältnis meist 60 : 40), da dadurch die Kosten für die Hersteller und die Preise für die Einkäufer reduziert werden. Diese Stoffe ähneln in Aussehen und Griff solchen aus Naturfasern, besitzen jedoch andere Eigenschaften. Stoffe aus synthetischen Fasern sind meist an Folgendem zu erkennen:

- **statische Aufladung bei Wärme, beim Tragen oder beim Herausnehmen aus dem Trockner**
- **glänzende Stellen beim Bügeln**
- **Knitter lassen sich nicht ausbügeln oder Falten lassen sich nicht gezielt einbügeln**
- **keine Dampfdurchlässigkeit, beispielsweise bei Fleece, das speziell für Outdoor-Kleidung hergestellt wird**
- **wenig atmungsaktiv, was zu vermehrtem Schwitzen und zum Feuchtigkeitsstau führt**

Stoffkanten versäubern

Damit Stoffkanten nicht ausfransen, können sie auf unterschiedliche Art versäubert werden:

- Mit einem Overlockstich lassen sich Kanten auf professionelle Weise einfassen, dabei wird eine drei- oder vierfädige Overlocknaht genäht (siehe Seite 30). Overlock-Nähmaschinen haben ein Messer eingebaut, mit dem man den Stoff nach Belieben neben der Naht abschneiden kann.
- Mit dem Zickzackstich einer normalen Haushaltsnähmaschine wird dicht an der Stoffkante genäht und der überstehende Stoff dann gegebenenfalls noch zurückgeschnitten. Mit dieser Methode lassen sich sehr gut leichte Stoffe versäubern, für schwerere Materialien, wie dicke Wollstoffe, ist das Versäubern mit Zickzackstich nicht geeignet.
- Mit einer Zackenschere oder einer Bogenschere lassen sich die Kanten von leichten Stoffen aus Baumwolle und Seide wie etwa Crêpe de Chine versäubern. Für Kanten von schweren Stoffen, wie Moleskin, sind solche Scheren nicht geeignet.
- Mit einem Schlingstich können Stoffkanten von Hand versäubert werden (siehe Seite 48).
- Mit Hexenstich lässt sich eine Kante von Hand schnell hübsch versäubern. Diese Methode eignet sich auch für dehnbare Stoffe, da die verschränkten Stiche leicht nachgeben (siehe Seite 49).
- Mit dem Überwendlichstich können Kanten von Hand versäubert werden, für dehnbare Stoffe eignet sich dieser Stich jedoch nicht, da er unter Zug nicht nachgibt und reißen kann (siehe Seite 48).

Waschen vor der Änderung

Es ist nicht üblich, dass Stoffe vor dem Zuschnitt in der industriellen Fertigung vorgewaschen werden, da die Hersteller Kleidung vor allem schnell produzieren und diesen Arbeitsschritt einsparen möchten. Das führt dazu, dass manche Kleidungsstücke zunächst passen, aber nach der ersten Wäsche einlaufen. Ändern Sie Kleidung deshalb immer erst *nach* der ersten Wäsche. Ältere Modelle aus Vintage-Läden sind in der Regel meist schon einige Male gewaschen und der Stoff bereits eingelaufen. Bei diesen ist gegebenenfalls keine Wäsche erforderlich.

Hochwertige Kleidung

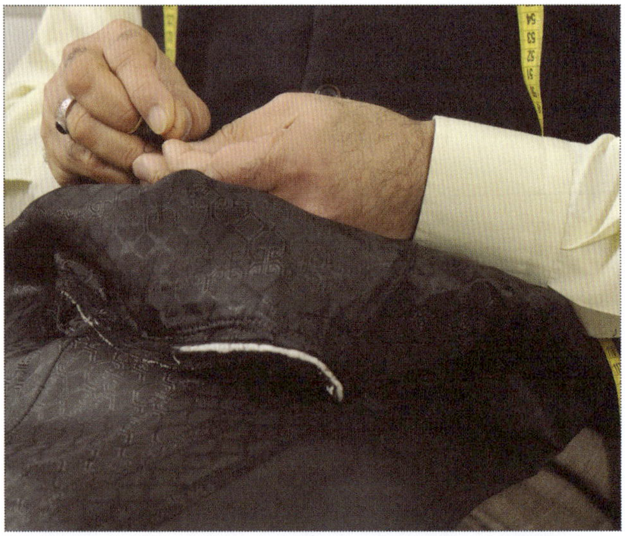

Handwerklich hergestellte Kleidung unterscheidet sich von industriell gefertigter durch eine hochwertige Verarbeitung. Sie wird auf den Millimeter genau geplant und zugeschnitten und mit Sorgfalt genäht. Man sieht es einem Sakko auf den ersten Blick vielleicht nicht an – doch es sind die aufwendigen Handstiche, die sorgfältige Verarbeitung und das Bügeln, die den feinen Unterschied ausmachen.

Hochwertige Kleidung zu ändern, ist zunächst eine Herausforderung, wenn man mit handwerklicher Fertigung nicht vertraut ist, doch es kann eine sehr befriedigende Tätigkeit sein, wenn man sich an bestimmte Regeln hält. Bügeln Sie das Kleidungsstück nach jedem Änderungsschritt, um ein sauberes Ergebnis zu erzielen. Arbeiten Sie langsam und sorgfältig, damit die Nähte exakt werden. Handwerkliche Fertigung ist zeitaufwendig. Für die Formgebung wird in der Schneiderei häufiger Gewebeeinlage (wie Rosshaareinlage) verwendet als in der industriellen Fertigung.

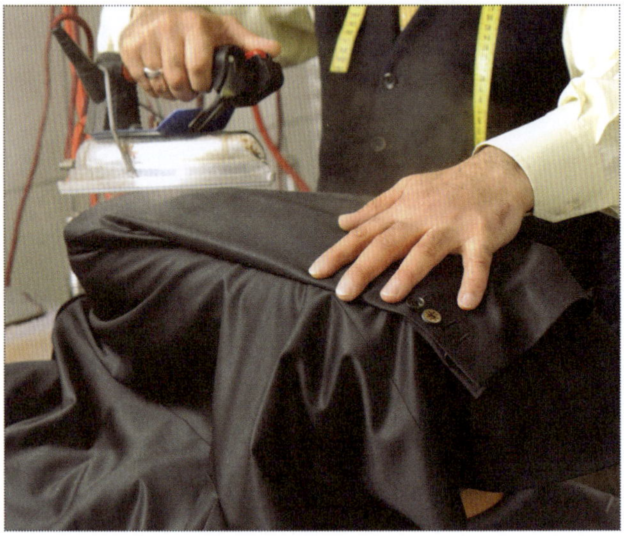

TIPP *Verwenden Sie beim Bügeln von hochwertiger Kleidung immer ein feuchtes Bügeltuch aus Baumwolle. Es gibt auch spezielle Bügelsohlenaufsätze aus Teflon, die verhindern, dass das Bügeleisen Glanzstellen auf dem Stoff hinterlässt.*

VINTAGE-KLEIDUNG ÄNDERN

Wenn Sie Vintage- oder Retro-Kleidung, die gerade wieder im Trend liegt, ändern möchten, oder ein Erbstück aus der Familie, wie zum Beispiel ein Hochzeitskleid, ist womöglich eine Reinigung erforderlich. Im Folgenden werden einige Maßnahmen vorgestellt, wobei es am besten ist, sich bei Problemen mit Kleidungsstücken und Stoffen in einer Spezialreinigung beraten zu lassen.

Falsch gelagerte oder muffige Kleidung

Das Kleidungsstück mehrere Tage in einer geruchsfreien Umgebung lüften und prüfen, ob der Geruch verschwindet.

Wasserflecken an Kleidung

Bringen Sie das Stück zu einer Reinigung.

Sammlerstücke

Wenn Sie ein besonderes Kleidungsstück verkaufen möchten, sollten Sie es dem Interessenten, falls möglich, zunächst zeigen und erst nach Rücksprache reinigen lassen. Unter Sammlern gibt es häufig Spezialisten, die besondere Stücke lieber im Originalzustand kaufen möchten.

Secondhandkleidung

Lassen Sie sich in einer Reinigung beraten, welches Reinigungsmittel oder -verfahren für das Stück am besten geeignet ist.

Kleidung für ein Museum

Wenn Sie über ein historisches Kleidungsstück verfügen und dieses einem Museum überlassen möchten, sollten Sie es zuvor nicht reinigen, denn dort wird es sachgerecht behandelt.

Kleidungsstück mit Tragespuren

Sehen Sie auf dem Pflegeetikett nach, ob das Kleidungsstück waschbar ist. Falls dies der Fall ist, können Sie ausprobieren, ob sich der Schmutz bereits im Schonwaschgang bei niedriger Temperatur entfernen lässt.

Staub und Flusen in den Nahtzugaben

Nehmen Sie die Flusen vorsichtig mit einer Pinzette ab und reinigen Sie das Kleidungsstück gemäß den Angaben auf dem Pflegeetikett.

Öl- und Fettspuren

Stäuben Sie unparfümierten Talkumpuder von der linken Stoffseite auf den Fett- oder Ölfleck. Lassen Sie den Puder über Nacht einziehen. Bürsten Sie die Stelle anschließend mit einer weichen Bürste aus.

Kaugummi entfernen

Legen Sie das gefaltete Kleidungsstück in einen sauberen Klarsichtbeutel und über Nacht in den Gefrierschrank. Am nächsten Tag können Sie das Teil herausnehmen und den Kaugummi in gefrorenem Zustand vorsichtig abziehen.

AUSSTATTUNG

Prüfen Sie am besten vor jeder Änderung, ob Sie über die nötige Ausstattung dafür verfügen. Im Folgenden finden Sie die wichtigsten Geräte und Werkzeuge, sowie weitere Hilfsmittel, die praktisch, aber entbehrlich sind. Je mehr Sie nähen, desto mehr werden vermutlich im Lauf der Zeit hinzukommen.

Nähmaschine

Wenn Sie mit dem Nähen beginnen, entweder als Hobby, um Kleidung privat zu ändern, oder weil Sie es zum Beruf machen möchten, benötigen Sie in erster Linie eine Nähmaschine. Das Angebot an diversen Modellen ist sehr groß. Doch es gibt einige Gesichtspunkte, nach denen Sie die Nähmaschine auswählen können.

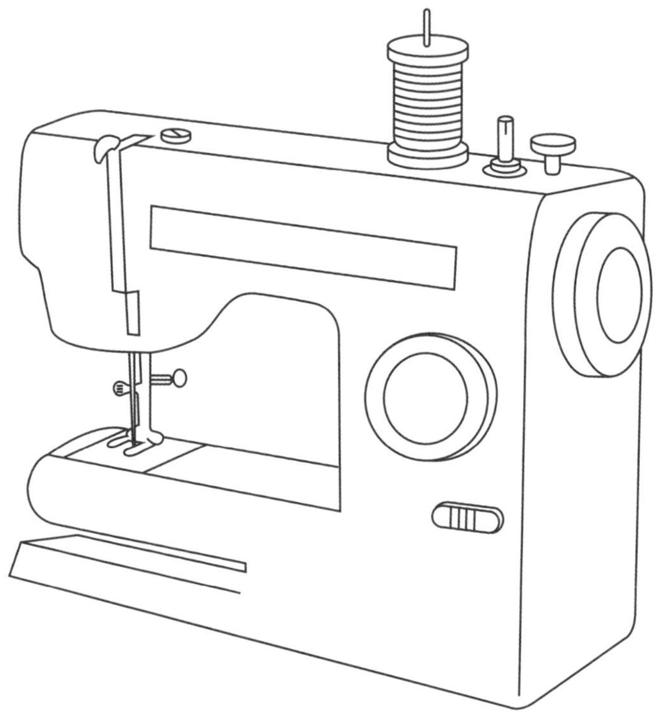

DER ZWECK

Zunächst ist zu überlegen, wofür Sie die Nähmaschine verwenden möchten. Wenn Sie nur gelegentlich nähen, ist es wenig sinnvoll, eine sperrige Industrienähmaschine anzuschaffen, die viel Platz in der Wohnung einnimmt. Ebenso wäre es wenig sinnvoll, eine leichte tragbare Haushaltsnähmaschine mit vielen Stichprogrammen zu kaufen, wenn Sie nur Jeans ändern möchten. Die Maschine würde aufgrund der Vibration bei schneller Nähgeschwindigkeit am Arbeitstisch verrutschen und der starken Beanspruchung zudem nicht lange standhalten.

DER ORT

Wenn Sie vorwiegend zuhause nähen, ist es sinnvoll, eine Nähmaschine mit vielen Funktionen und diversem Zubehör zu kaufen, eine Allzweckmaschine, die mit Spezialfüßchen für bestimmte Arbeitsschritte ausgestattet werden kann. Vielleicht möchten Sie die Nähmaschine auch in einen speziellen Schrank oder auf einen Nähtisch stellen, damit sie standfester ist. Wenn Sie Mitglied einer Nähgruppe sind oder die Nähmaschine regelmäßig transportieren müssen, ist ein leichteres Modell am besten geeignet.

DAS PEDAL

Wenn Sie Näheinsteiger sind, ist es ratsam, eine Nähmaschine zu kaufen, mit der Sie langsam nähen und die Geschwindigkeit steigern können, sobald Sie sich sicherer fühlen. Wichtig ist, dass die Nähgeschwindigkeit über das Pedal leicht geregelt werden kann. Am besten probieren Sie die Nähmaschine vor dem Kauf im Geschäft aus. So können Sie feststellen, ob die Geschwindigkeit Ihrer Näherfahrung angemessen ist und das Pedal den richtigen Winkel hat. Wenn Sie lange mit einem Pedal nähen, das nicht die richtige Höhe hat, kann dies zu Verspannungen führen.

MASCHINENSTICHE

Jede günstige Haushaltsnähmaschine verfügt über einen Geradstich und einen Zickzackstich. Viele haben auch ein Knopflochprogramm, bei dem die Nadelposition verändert wird. Mit diesen Grundstichen können Sie nahezu jedes beliebige Kleidungsstück nähen. Wenn Sie mit der Nähmaschine auch sticken möchten, können Sie ein Modell mit Stickfunktion kaufen, das manuell oder mit Sticksoftware arbeitet. Solche Nähmaschinen bieten meist auch einige Versäuberungsstiche. Sie benötigen dann keine Spezialmaschine (siehe unten), allerdings müssen Sie bei der Fertigung eines Kleidungsstücks immer wieder das Stichprogramm wechseln. Gegenüber Haushaltsnähmaschinen verfügen Industriemodelle nur über wenige Stichfunktionen.

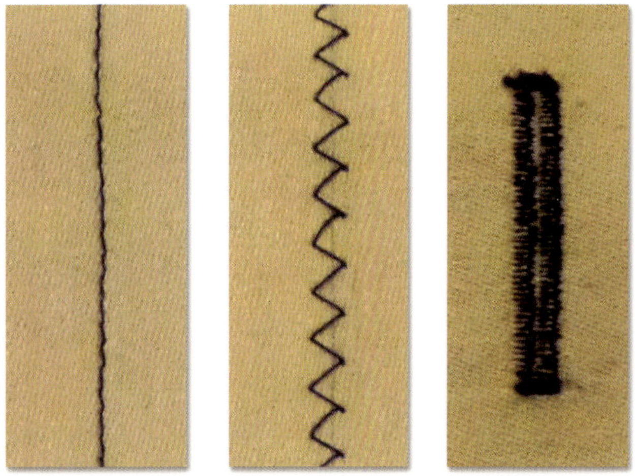

VON LINKS NACH RECHTS *Geradstich, Zickzackstich, Knopfloch.*

SPEZIALNÄHMASCHINEN

Für bestimmte Arbeitsgänge in der Bekleidungsherstellung werden Spezialnähmaschinen angeboten. Ob Sie eine solche benötigen, hängt davon ab, welche Kleidungsstücke Sie regelmäßig fertigen und welches Budget Sie zur Verfügung haben.

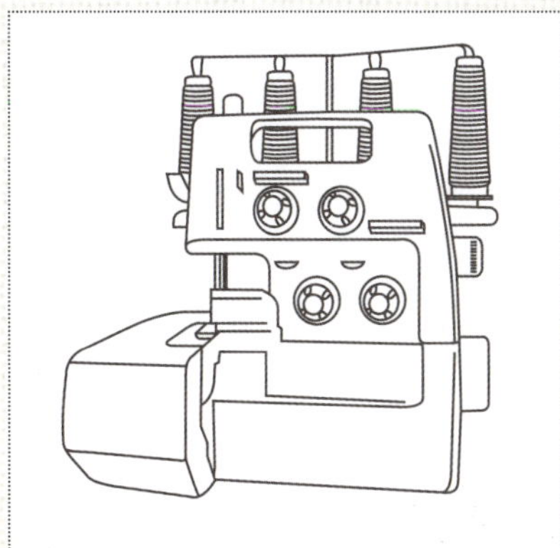

Overlock-Nähmaschine

Eine Haushalts-Overlockmaschine versäubert offene Stoffkanten, indem sie diese abschneidet und gleichzeitig mit einem drei- oder vierfädigen Stich einfasst.

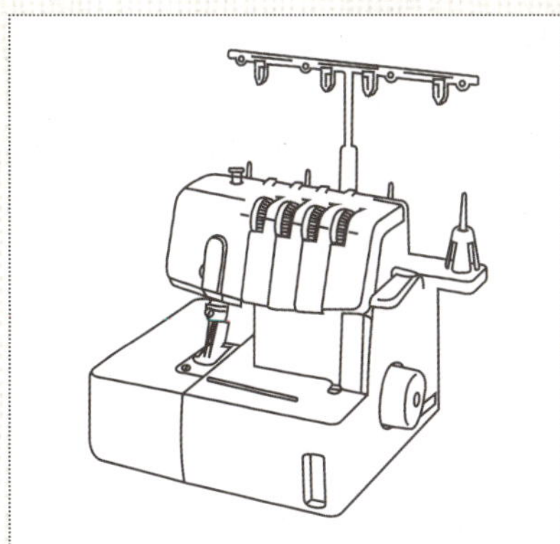

Coverlock-Nähmaschine

Eine Coverlock-Nähmaschine kann so eingestellt werden, dass sie Stoffkanten drei- oder vierfädig einfasst, einen drei- oder vierfädigen Rollsaum herstellt oder einen Kettenstich ausführt, der vor allem für Jerseystoffe gut geeignet ist.

Werkzeuge und Zubehör

NÄHBOX

Welches Behältnis Sie für die Aufbewahrung Ihrer Nähutensilien verwenden, bleibt Ihnen überlassen. Nähkästchen finden Sie in Warenhäusern und in Onlineshops, Allzweckboxen auch im Baumarkt. Das Behältnis muss groß genug sein, stabil und gut zu tragen. Ihre größte Schneiderschere sollte auf jeden Fall in die Box hineinpassen.

SCHREIBWAREN

Schreibstifte, Bleistifte und Buntstifte in verschiedenen Stärken, Radiergummi, Spitzer und ein 30 cm langes Lineal.

NOTIZBUCH

Für Notizen beim Maßnehmen und bei der Anprobe.

NORMALES MASSBAND (150 CM)

Für alle, die schneidern, das nützlichste Werkzeug. Ohne ein Maßband ist es schwierig, etwas genau zu messen.

EXTRALANGES MASSBAND (300 CM)

Dieses ist praktisch zum Maßnehmen bei sehr großen oder kräftigen Personen. Auch beim Maßnehmen vom Nacken bis zum Boden für lange Kleidungsstücke ist es nützlich.

SCHNEIDERELLE (100 CM)

Mit einer solchen Messlatte können Sie Stoffbahnen abmessen und Saumlängen vom Boden aus messen.

BÜGELEISEN

Ein mittelschweres Bügeleisen mit Dampffunktion ist einem Trockenbügeleisen vorzuziehen. Wenn das Bügeleisen keine Sprühfunktion hat, können Sie auch einen Pumpsprüher, wie er für Pflanzen verwendet wird, einsetzen.

SCHNEIDERKREIDE

Empfehlenswert ist es, je ein Stück rote, blaue, gelbe und grüne Schneiderkreide vorrätig zu haben. Bewahren Sie die Stücke einzeln in Beuteln in Ihrer Nähbox auf, da sich sonst der Kreidestaub vermischt und auf das Werkzeug legt.

KREIDESTIFT

Praktisch zum Anzeichnen von Knopflöchern und Knöpfen. Vorsichtig anwenden, da er sich oft schwer entfernen lässt.

BASTELMESSER

Perfekt für kleine Einschnitte und exaktes Ausschneiden sowie zum Anspitzen der Kreide und des Kreidestifts.

KOPIERRÄDCHEN

Mithilfe von Schneider-Kopierpapier werden mit dem Kopierrädchen Schnittvorlagen auf Stoff übertragen. Legen Sie das Kopierpapier mit der beschichteten Seite nach oben auf die Arbeitsfläche, den Stoff darüber und die Schnittvorlage auf den Stoff. Wenn Sie die Linien des Schnitts mit dem Rädchen abfahren, werden diese auf den Stoff übertragen. Legen Sie eine Schneidematte oder eine Korkplatte unter, damit die Tischplatte nicht beschädigt wird.

KOPIERPAPIER

Schneider-Kopierpapier wird mit einem Kopierrädchen zum Übertragen von Schnittmustern verwendet. Es wird in unterschiedlichen Farben angeboten; wählen Sie die Farbe, die auf dem jeweiligen Stoff am besten zu sehen ist.

BASTELPINZETTE

Ein sehr vielseitiges Werkzeug, beispielsweise zum Abzupfen von Fädchen oder zum Herausschieben von Ecken bei Kragen und Taschen.

KLEINE FLACHZANGE

Eine solche Zange ist praktisch zum Lösen fest sitzender Schrauben an Nähmaschinen und zum Herausziehen von Nadeln aus dicken Stoffen.

MITTELGROSSE SICHERHEITSNADELN

Beispielsweise zum Einziehen von Zugbändern oder bei der Anprobe zum Markieren von Änderungen.

KAMERA UND USB-STICK (ODER SMARTPHONE)

Zum Fotografieren der Änderung. Mit einem USB-Stick können Bilder von anderen Medien übertragen werden.

SCHEREN

Diese Scheren sollten sich in Ihrer Nähbox befinden:

- **eine kleine spitze Schere (etwa 7,5 cm lang) zum Abschneiden von Fäden und zum Auftrennen**
- **eine große Schneiderschere zum Zuschneiden von schweren Stoffen, zum Beispiel Tweed**
- **eine leichte Zuschneideschere für feine Stoffe**
- **eine Papierschere, denn zum Schneiden von Papier darf keine Stoffschere verwendet werden**
- **eine Zacken- oder Bogenschere zum Versäubern von Stoffkanten, die nicht mit Overlock- oder Zickzackstich eingefasst werden können**

Nähzubehör

FINGERHUT

Damit schützen Sie den Mittelfinger beim Handnähen und können mehr Druck ausüben, wenn Sie die Nadel durch den Stoff schieben. Der Fingerhut sollte gut sitzen, kaufen Sie am besten mehrere, falls einer verlorengeht.

NÄHNADELN

Sie benötigen verschiedene Arten von Nähnadeln für unterschiedliche Arbeiten von Hand und mit der Nähmaschine. Für spezielle Zwecke gibt es zum Beispiel Modistennadeln, Ledernadeln und Sticknadeln.

STAHLSTECKNADELN

Stecknadeln sind unentbehrlich – vor allem zum Zusammenstecken von Stofflagen.

GLASKOPF-STECKNADELN

Solche Stecknadeln eignen sich gut für Florstoffe wie Samt und Pelz, da Stahlstecknadeln im Flor verschwinden. Für feine Stoffe jedoch sind größere Glaskopf-Stecknadeln nicht empfehlenswert, da sie Löcher im Stoff hinterlassen. Kleine Glaskopf-Stecknadeln sind spitzer und vielseitiger.

NADELKISSEN

Ein absolutes Muss, wenn Sie Ihre Nähnadeln und Stecknadeln nicht verlieren möchten.

SCHNEIDERWACHS

Mit Schneiderwachs können Sie den Nähfaden stabilisieren. Ziehen Sie das Garn über das Wachs und erhitzen Sie es anschließend mit dem Bügeleisen. Der Faden bleibt dadurch beim Handnähen kompakt und ist reißfester.

HEFTGARN

Zum Heften verwendet man naturfarbenes Reihgarn aus Baumwolle, das sich leicht reißen lässt. Änderungen können auch mit farbigem Nähgarn markiert werden.

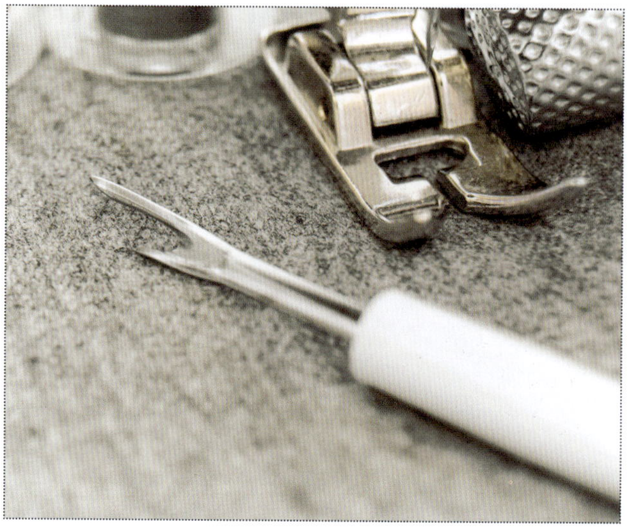

NAHTTRENNER

Er wird in der Regel zum Auftrennen von Nähten verwendet. Dabei sollte man jedoch darauf achten, nicht von den Stichen abzurutschen und in den Stoff zu schneiden.

RIPSBAND

Ein speziell gewebtes Band aus Baumwolle, Viskose, Polyamid oder einem Materialmix. Es wird in verschiedenen Breiten und Farben angeboten. Bei Hüten wird es außen als Zierband oder zum Stabilisieren auf der Innenseite verwendet. Es eignet sich auch zum Verstärken von Taillenbünden und zum Verzieren von Kleidung und Polstermöbeln.

EINLAGE (ZUM EINNÄHEN ODER AUFBÜGELN)

Einlagestoffe werden auf der Rückseite des Oberstoffs angebracht, um diesen zu versteifen. Gewebeeinlage wird mit unsichtbaren Stichen von der linken Seite befestigt. Bei Bügeleinlage ist eine Seite mit Schmelzkleber beschichtet, um sie mit dem Oberstoff verbinden zu können.

Andere nützliche Helfer

LINEALE

Für besonders kurze und besonders lange Maße ist ein 15 cm langes sowie ein 50 cm langes Lineal sehr hilfreich.

ROLLSCHNEIDER UND PATCHWORK-LINEAL

Sie werden für das exakte Zuschneiden bei Patchwork-Arbeiten verwendet, sind aber auch nützlich zum Zuschneiden von Schrägstreifen und anderen langen Stoffstreifen.

SCHNEIDEMATTE

Sie wird zum Schutz der Arbeitsfläche beim Zuschnitt mit dem Rollschneider verwendet.

GEODREIECK

Ein dreieckiges Meßgerät aus Plexiglas zum Markieren von rechten Winkeln auf Stoff, zum Prüfen des schrägen Fadenlaufs (45-Grad-Winkel) beim Zuschneiden von Schrägstreifen sowie zum Nachmessen von Ecken.

KURVENLINEAL

Zum Zeichnen von Bögen bei Arm- und Halsausschnitten.

BRIEFKLEMMER

Praktisch zum Zusammenhalten von Stofflagen beim Nähen. Damit kann man auch Saumkanten am Nähtisch festklemmen, um den Stoff beim Säumen straff zu halten.

BÜGELTUCH

Zum Schutz von Stoffen, die beim Bügeln leicht Glanzstellen bekommen.

DÜNNE PINSEL

Zum Auftragen von Wasser, um einzelne Stellen exakt bügeln zu können. Mit einem dünnen Pinsel lässt sich auch Staub aus der Nähmaschine entfernen.

FRANSENSTOPP (FRAY CHECK)

Dieses flüssige Mittel lässt sich auf Stoffkanten auftragen, um ein Ausfransen zu verhindern.

STOFFBESCHWERER/STOFFGEWICHTE

Sie dienen zum Festhalten der Schnittvorlage auf dem Stoff und verhindern ein Verrutschen beim Zuschneiden.

SCHNEIDERBÜSTE

Eine Schneiderbüste oder -puppe ist ein dreidimensionales Modell der weiblichen oder männlichen Figur. Günstige Büsten gibt es in mehreren Kleidergrößen, sie sind aber nicht so robust wie die professionellen und teuren Modelle. Diese werden dem Körper des Kunden nachgeformt. Bei gebrauchten Büsten ist es wichtig, zu prüfen, ob die Maße mit den eigenen Körpermaßen übereinstimmen. Je älter die Büste, desto stärker können ihre Proportionen variieren.

STOFFE

Wenn Sie Kleidung ändern, haben Sie es mit unterschiedlichsten Stoffen zu tun. Mithilfe der folgenden Tabellen können Sie das Material bestimmen und auch ungewöhnliche Stoffe fachgerecht verarbeiten.

Stoffgewicht

Schätzen Sie das Gewicht Ihres Stoffs zunächst mit dem »Handtest«: Legen Sie etwa 30 cm Stoff auf Ihren Handrücken. Wenn er herunterrutscht und sich anfühlt, als wäre fast nichts da und/oder wenn Sie eine größere Menge davon in die Faust nehmen können, ist es ein leichter Stoff.

Wenn der Stoff auf Ihrem Handrücken liegen bleibt und nicht abrutscht und Sie ein leichtes Gewicht auf dem Handrücken spüren und/oder eine kleine Menge in die Faust nehmen können, ist es ein mittelschwerer Stoff.

Wenn der Stoff auch auf dem Handrücken liegen bleibt, wenn Sie die Hand leicht neigen, Sie ein deutliches Gewicht auf dem Handrücken spüren und auch eine kleine Menge davon nicht mit der Faust umfassen können, handelt es sich um einen schweren Stoff.

GARNE

Starkes Polyestergarn/Knopflochgarn
Dieses Garn wird verwendet, wenn die Naht besonders robust sein soll, zum Beispiel zum Annähen von Verschlüssen wie Haken und Steg oder zum Festnähen eines Langhaar-Pelzkragens an einen Wollmantel.

Baumwoll- und Polyester-Nähgarn
Vor allem Polyesternähgarn wird zum Hand- und Maschinennähen für nahezu alle Arten von Stoffen verwendet.

Polyamid-Nähgarn
Es wird vor allem für Overlock- und Coverlockmaschinen verwendet. Damit lassen sich aber auch feine und dehnbare Stoffe von Hand oder mit der Nähmaschine nähen.

Stoffe, die es in leichter, mittlerer und schwerer Qualität gibt

Stoff	Verarbeitung	Maschinennähen	Handnähen
Baumwollstoff	einfach	ja	ja
Kammgarnstoff	einfach; neigt zum Ausfransen	ja	ja
Nesselstoff	einfach; läuft beim Waschen stark ein, da der Stoff meist nicht vorbehandelt und ungefärbt ist	ja	ja
Wollstoff	einfach	ja	ja

Leichte Stoffe

Stoff	Verarbeitung	Maschinennähen	Handnähen
Batist	vorsichtig verarbeiten	feine Nadel verwenden	vorsichtig verarbeiten
Chiffon	schwierig	feine neue Nadel verwenden	vorsichtig mit spitzer Nadel nähen
Crêpe	dehnt sich/schrumpft beim Bügeln	ja	ja
Crêpe de Chine	lädt sich stark statisch auf	feine Nadel verwenden	schwierig zu verarbeiten; rutschig
Gaze	offen gewebter Stoff	feine Nadel verwenden; neigt zum Zusammenziehen	schwierig zu verarbeiten
Georgette	anspruchsvoll im Zuschnitt und beim Nähen	feine neue Nadel verwenden	schwierig zu verarbeiten; rutschig
Gossamer	dünne, feine Gaze, offen gewebt	nicht zum Maschinennähen geeignet	schwierig zu verarbeiten
Habotai	neigt zu Fadenziehern	feine Nadel verwenden	einfach
Lamé	schwierig – läuft beim Bügeln ein	Metallbändchen können beim Nähen gezogen werden	Metallbändchen können beim Nähen gezogen werden
Mullstoff	vorsichtig verarbeiten	mit leichter Nähmaschine verarbeiten	offenes Gewebe; schwer zu nähen
Musselin	wegen Crinkle-Struktur leicht dehnbar; vorsichtig verarbeiten; nur abdampfen, nicht bügeln	am besten mit schmalem Zickzackstich; es können Einstichlöcher entstehen	mittelschwer
Netzware	mittelschwer; sehr offen gewebt	neigt zum Zusammenziehen	mittelschwer
Organza	kann beim Bügeln einlaufen	feine Nadel verwenden	anspruchsvoll
Satin	Schnittkanten fransen leicht aus	feine Nadel verwenden	sehr rutschig
Shantung	nur leicht bügeln	neigt zu Fadenziehern, wenn keine neue feine Nadel verwendet wird	spitze Nadel verwenden, sonst entstehen Fadenzieher
Taft	Knitter oft schwer auszubügeln	Nadel kann Löcher im Stoff hinterlassen	einfach
Tüll	mittelschwer; leichter, offen gewebter Netzstoff	neigt zum Zusammenziehen	mittelschwer
Viskose	nur leicht bügeln	einfach	einfach
Voile	mittelschwer; offen gewebter Stoff	feine Nadel verwenden, neigt zu Fadenziehern	vorsichtig verarbeiten

Stoff	Verarbeitung	Maschinennähen	Handnähen
Angora-/ Alpaka-Stoffe	je nach Webart einfach	einfach	einfach
Barathea	ripsartige Struktur, relativ einfach	einfach	relativ einfach
Bouclé	mittelschwer; sieht aus, als wären unregelmäßig Fäden gezogen	Stofffäden verhaken sich leicht in der Nähmaschinennadel	offen gewebt; neigt zum Ausdehnen
Brokat	einfach	einfach	einfach
Chino	einfach	einfach	einfach
Chintz	einfach	einfach	einfach
Crêpe-Satin	mittelschwer; im schrägen Fadenlauf zugeschnitten sehr dehnbar	verrutscht leicht beim Nähen	verrutscht leicht beim Nähen
Damast	einfarbiges oder buntes Webmuster; beim Zuschnitt den Rapport berücksichtigen	einfach	einfach
Doupion	relativ einfach	einfach	Säume können sich auf der rechten Seite durchdrücken
Fischgrat	sorgfältig auf das Muster achten	relativ einfach	einfach
Flanell	einfach	einfach	einfach
Fleece	vorsichtig bügeln, kann schmelzen	einfach; gegebenenfalls dehnbar	einfach
Gabardine	neigt zu Glanzstellen beim Bügeln	einfach	einfach
Gingham	einfach; am Karomuster erkennbar	ja	einfach
Grosgrain (Rips)	neigt zu Glanzstellen beim Bügeln	feine bis mittlere Nadel verwenden	einfach
Hahnentritt	einfach; auffälliges traditionelles Muster	Muster kann beim Nähen irritieren	einfach
Jacquard	leicht zu bügeln	feine Nadel verwenden	einfach
Lycra (Elastan)	sehr dehnbar und schwer zu verarbeiten	vierfädigen Overlockstich oder Zickzackstich und Overlockstich verwenden	mittelschwer
Merino	einfach; feiner, leichter Stoff	einfach	einfach
Mikrofaser	nur leicht bügeln	einfach; neigt allerdings zu Fadenziehern	oft schwer mit der Nadel zu durchstechen
Mischfaser-Samt	opulenter als Baumwollsamt; Teile mit gleicher Strichrichtung zuschneiden; Bügelbrett für Samt verwenden	neigt zum Verschieben, wenn er nicht mit Klammern und Nadeln gehalten wird	mittelschwer
Moiré	neigt zum Verrutschen	einfach	einfach
Nicki-Velours	sehr dehnbar; neigt beim Zuschnitt zum Fusseln	vierfädigen Overlockstich oder breiten Zickzackstich verwenden	einfach
Polyacryl	neigt zu Glanzstellen beim Bügeln	einfach	einfach

Mittelschwere Stoffe

Stoff	Verarbeitung	Maschinennähen	Handnähen
Polyamid	kann beim Bügeln einlaufen oder schmelzen	einfach, neigt aber zu Fadenziehern	mitunter schwer mit der Nadel zu durchstechen
Polyester	kann beim Bügeln einlaufen oder schmelzen	einfach, neigt aber zu Fadenziehern	einfach
Polyester-Samt	Teile mit gleicher Strichrichtung zuschneiden; Bügelbrett für Samt verwenden	Lagen verschieben sich leicht beim Nähen	Lagen verschieben sich leicht beim Nähen
Seidensamt	sehr anspruchsvoll; mit gleicher Strichrichtung zuschneiden; Bügelbrett für Samt verwenden	neigt beim Nähen zum Verschieben; neigt hängend zum Ausdehnen	schwer
Stapelfaser-Satin	einfach zu bügeln	einfach, neigt aber zu Fadenziehern	einfach
Tweed	kann unterschiedlich dicht gewebt sein; neigt mitunter zum Fusseln	einfach	einfach; neigt zum Ausfransen beim Zuschnitt
Viskose	neigt zum Einlaufen beim Bügeln	einfach, neigt aber zu Fadenziehern	einfach
Wollkrepp	offen gewebter Stoff, dehnt sich leicht bei der Verarbeitung	beim Nähen dehnen, dann in Form bügeln, damit die Nähte nicht reißen	einfach

Schwere Stoffe

Stoff	Verarbeitung	Maschinennähen	Handnähen
Baumwollsamt	Zuschnitt mit gleicher Strichrichtung; Bügelbrett für Samt verwenden	neigt zum Verschieben beim Nähen; deshalb Nadeln quer stecken	relativ einfach
Bougram	schwierig; offen gewebt und steif	schwer zu nähen; dicke Nadel verwenden	sehr schwer zu durchstechen
Canvas	für ein sauberes Ergebnis bügeln	einfach zu nähen; dicke Nadel verwenden	anstrengend bei längeren Strecken
Cordsamt	Zuschnitt in einer Strichrichtung	Naht hinterlässt Spuren im Flor	häufig schwer zu durchstechen
Denim	Knitter gegebenenfalls schwer auszubügeln	dicke Nadel verwenden	schwer, da festes Gewebe
Drillich	neigt zu Glanzstellen beim Bügeln; mit Elastan-Anteil erhältlich	dicke Nadel verwenden	schwer, da festes Gewebe
Leder	lässt sich bügeln	ohne Teflonfuß schwer zu nähen	ohne Zange zum Durchziehen der Nadel sehr schwer zu nähen
Moleskin	Teile in einer Strichrichtung zuschneiden	dicke Nadel verwenden; Nadel kann bleibende Löcher hinterlassen	schwer, da dickes Gewebe
Nadelsamt	Teile in einer Strichrichtung zuschneiden	Naht hinterlässt Spuren im Flor	gegebenenfalls schwer zu durchstechen
Pelzimitat	kein Bügeln; von links mit dem Bastelmesser durchschneiden, Flor auseinanderziehen	schwer unter den Nähfuß zu schieben; Naht kaum sichtbar	Markierungen kaum sichtbar
Rauleder	lässt sich bügeln; gegebenenfalls auf die Strichrichtung achten	ohne Teflonfuß schwer zu nähen	ohne Zange zum Durchziehen der Nadel sehr schwer zu nähen
Tweed	neigt zum Ausfransen beim Zuschnitt	einfach	einfach
Wachscotton	zwischen zwei Lagen braunem Papier bügeln, um das Wachs aufzunehmen	schwer zu nähen; Nadel hinterlässt bleibende Löcher	ohne Zange zum Durchziehen der Nadel sehr schwer zu nähen

SPEZIELLE STOFFE

Bei manchen Stoffarten muss vor einer Änderung einiges überlegt und vorbereitet werden. Man kann sie nicht auf die übliche Art und Weise verarbeiten, sondern muss spezielle Methoden anwenden, um ein schönes Ergebnis zu erhalten.

PAILLETTENSTOFF 1

Achten Sie unbedingt auf ein fortlaufendes Muster, wenn Sie Kleidungsstücke aus Paillettenstoff mit Resten des gleichen Stoffs ausbessern möchten, damit die Änderung professionell aussieht. Entfernen Sie alle Pailletten auf den Nahtlinien, wenn Sie ein Stück Stoff ansetzen, sonst liegt die Naht später nicht glatt. Anschließend können die Lücken gefüllt werden, indem man Pailletten von Reststücken abnimmt und im vorhandenen Muster aufnäht.

SAMT/CORDSAMT/MOLESKIN 2

Prüfen Sie vor dem Zuschnitt die Strichrichtung, wenn Sie Reste desselben oder eines ähnlichen Stoffs bei der Änderung verwenden. Wenn ein Teil in der falschen Strichrichtung zugeschnitten wurde, weist das geänderte Stück unterschiedliche Farbschattierungen auf.

PELZIMITAT 3

Verwenden Sie zum Ansetzen ein Stück der gleichen Pelzart (es sei denn, das Kleidungsstück besteht aus Pelz mit langem und kurzem Flor). Setzen Sie das Pelzstück mit der gleichen Strichrichtung an, die das Kleidungsstück aufweist. Schneiden Sie Pelzimitat nicht mit der Schere zu, sondern teilen Sie nur den Grundstoff mit einem Bastelmesser, damit möglichst wenig Flor gelöst wird.

LEDER/RAULEDER 4

Die Strichrichtung ist gegebenenfalls nur bei Rauleder ausgeprägt, muss also kaum berücksichtigt werden, wenn Sie Reststücke desselben Materials verwenden. Befestigen Sie die Nahtzugaben mit Lederkleber. Verwenden Sie zum Hand- und Maschinennähen eine spezielle Ledernadel.

STOFF MIT PERLENSTICKEREI 5

Wenn Sie bei solchen Materialien den Faden an einer Perle durchtrennen, lösen sich weitere Perlen. Schlagen Sie Perlen stattdessen mit einem kleinen Hammer auf, wenn sie zu nah an einer Naht liegen, die geändert werden muss. Tragen Sie dabei eine Schutzbrille und bürsten Sie die Stelle sorgfältig mit einer kleinen weichen Bürste ab, damit sich keine Splitter im Stoff verhaken oder beim Tragen auf der Haut kratzen.

KAROSTOFF 6

Begutachten Sie zunächst den Rapport des Karomusters und prüfen Sie, ob das Muster in zwei Richtungen verläuft. Bei solchen Kleidungsstücken benötigen Sie gegebenenfalls eine große Menge Stoff zum Ändern. Wenn das Kleidungsstück weiter gemacht werden soll, legen Sie zunächst das zusätzliche Stoffstück so an, dass das Muster exakt fortgeführt wird, und heften es anschließend fest. Nehmen Sie erst dann die Änderung vor.

KUNSTLEDER (PVC) 7

PVC-beschichtete Stoffe bleiben oft unter dem Nähfuß und auf der Stichplatte hängen, da sie vom Transporteur nicht weitergeschoben werden. Die Nähte ziehen sich dann zusammen. Sie können dieses Problem beheben, indem Sie Papier auf die Arbeitsfläche der Nähmaschine kleben und den Transporteur versenken. Auf dem Papier gleitet der PVC-Stoff beim Nähen leichter.

BOUGRAM 8

Hüte und Taschen sind innen häufig mit Bougram verstärkt. Der Stoff kann nicht mit einer Overlock-Nähmaschine verarbeitet werden. Am besten ist es, die Appretur von Bougram mit Dampf aufzuweichen und die Teile mit der Nähmaschine anzunähen, bevor sie wieder hart werden. Für Nähte, die ausgebügelt werden, ist der Stoff nicht geeignet. Schließen Sie die Nähte am besten überlappend oder legen Sie die Kanten auf Stoß und verbinden Sie sie mit Zickzackstich.

STRETCH-NETZSTOFF 9

Netzstoff mit Elastananteil ist leichter als Lycrastoff und ebenso elastisch. Er wird gerne für Tanzkleider verwendet, da er in hautfarben erhältlich ist und gefärbt werden kann. Er ist sehr elastisch und muss vorsichtig verarbeitet werden. Prüfen Sie, in welche Richtung sich der Netzstoff dehnt, und verarbeiten Sie angesetzte Stücke stets mit gleicher Dehnrichtung. Verwenden Sie einen Zickzackstich beim Ansetzen des Netzstoffs an einen anderen elastischen Stoff wie Lycra.

SÄUME

Die meisten Kleidungsstücke in diesem Buch sind in einer der hier vorgestellten Arten gesäumt; dadurch sehen die Stoffkanten ansprechend aus und fransen beim Tragen und Waschen nicht aus.

Mit Overlock- oder Zickzackstich versäuberter Saum

Die offenen Stoffkanten werden mit der Overlockmaschine oder mit dem Zickzackstich der Nähmaschine versäubert. Ein drei- oder vierfädiger Overlockstich ist für die meisten Stoffe geeignet. Der Zickzackstich der Nähmaschine eignet sich vor allem für leichte bis mittelschwere Stoffe, falls Sie keine Overlockmaschine besitzen, jedoch nicht für sehr dehnbare oder dicke Stoffe.

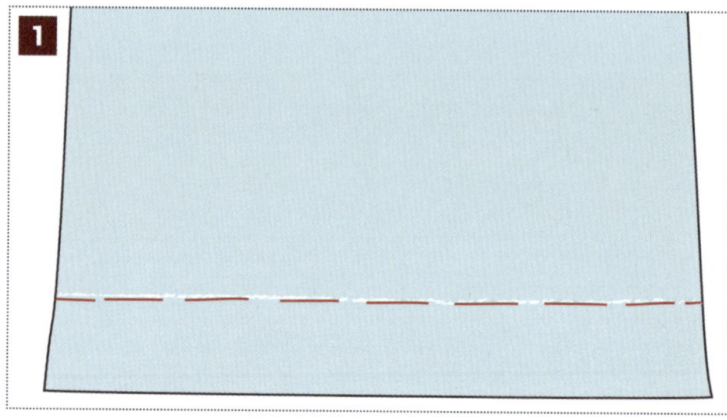

1 Die Saumzugabe, die anschließend umgeschlagen wird, mit Schneiderkreide markieren und die Linie mit Heftstichen nachnähen. Der Heftstich ist auch auf der rechten Stoffseite als Markierung zu sehen.

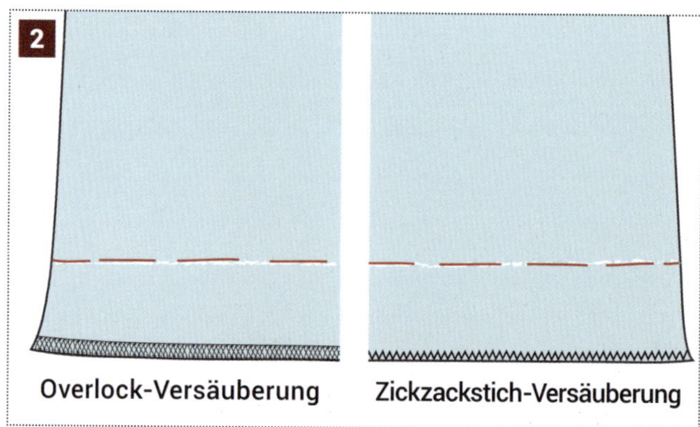

2 Die Stoffkante mit der Overlockmaschine versäubern, dabei möglichst wenig Stoff abschneiden. Die Fadenenden der Overlocknaht sorgfältig verknoten.

Alternativ die Stoffkante mit einem Zickzackstich versäubern, dabei mit der Naht dicht am Rand bleiben. Falls nötig, den Überschuss an der Stoffkante vorsichtig zurückschneiden (die Naht darf dabei nicht verletzt werden), sodass die Naht an der Kante sitzt. Die Fadenenden verknoten und abschneiden.

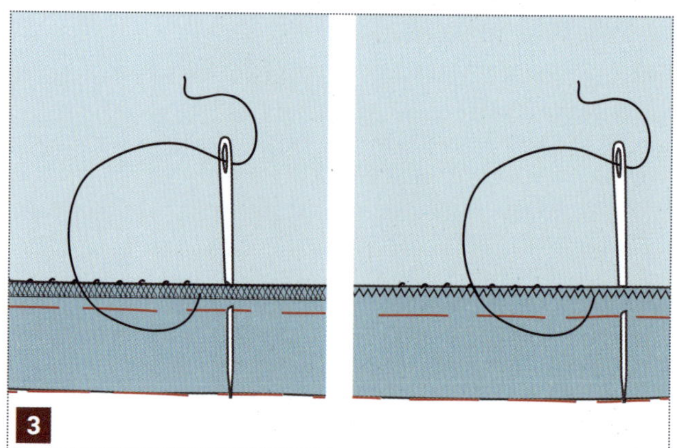

3 Die Saumzugabe so umbügeln, dass die Heftmarkierung an der Unterkante liegt. Dann den Umschlag festheften, damit er nicht verrutscht, und mit Saumstich (siehe Seite 49) annähen. Die Heftfäden herausziehen und die Saumkante erneut bügeln.

Unsichtbarer Saum

Bei dieser Saumvariante wird die unversäuberte Kante umgebügelt und mit Saumstich so angenäht, dass die Naht auf der rechten Stoffseite kaum sichtbar ist. Diese Art von Saum eignet sich für Stoffe, die nicht ausfransen.

1 Die Saumzugabe, die anschließend umgeschlagen wird, mit Schneiderkreide markieren und die Linie mit Heftstichen nachnähen. Der Heftstich ist auch auf der rechten Stoffseite als Markierung zu sehen.

2 Die Saumzugabe so umbügeln und heften, dass die Markierungsnaht an der Unterkante liegt. Die Stoffkante mit sehr kleinen Saumstichen (siehe Seite 49) annähen. Die Heftfäden herausziehen, den Saum vorsichtig von der linken Seite bügeln.

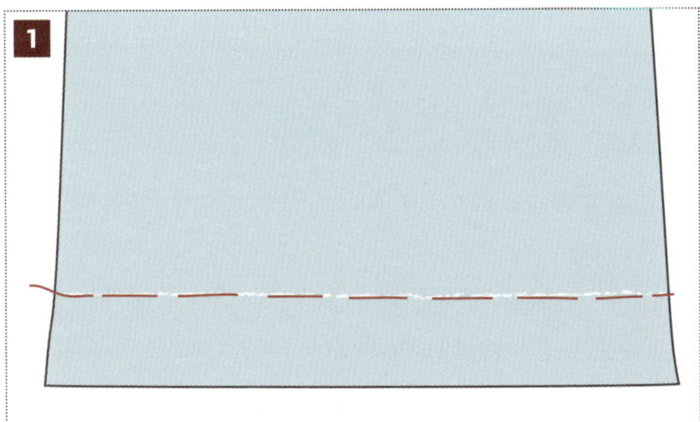

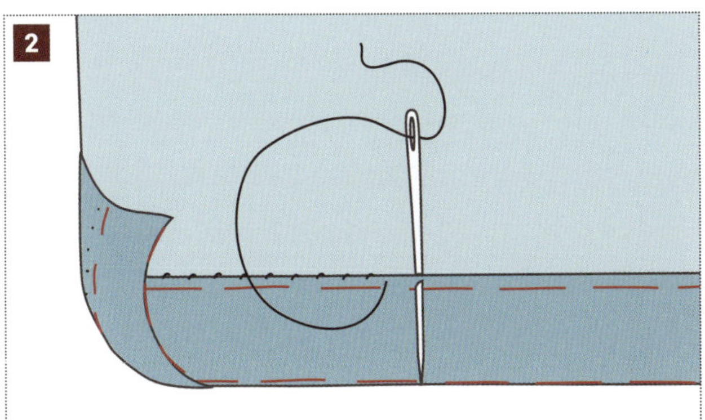

SAUMBREITE

Die Saumbreite richtet sich in der Praxis nach dem jeweiligen Stoff und der Art des Kleidungsstücks. Während es beispielsweise bei einer leichten Chiffonbluse unschön aussähe, wenn sie einen 5 cm breiten Saum hätte (außer es ist Teil des Designs), würde zu einem Mantel eine solche Saumbreite gut passen. Hier einige übliche Saumbreiten:

- Hemden und Blusen: 1–1,5 cm
- Mäntel und Jacken: 4–6 cm
- Röcke und Kleider: 2,5cm;
  bei Rollsäumen: 0,5 cm
- Hosen: 3,5–4 cm

Als Orientierung bei einer Änderung kann auch der ursprüngliche Saum des Kleidungsstücks dienen. Messen Sie die Saumbreite vor der Änderung und säumen Sie das Kleidungsstück anschließend mit diesem Maß.

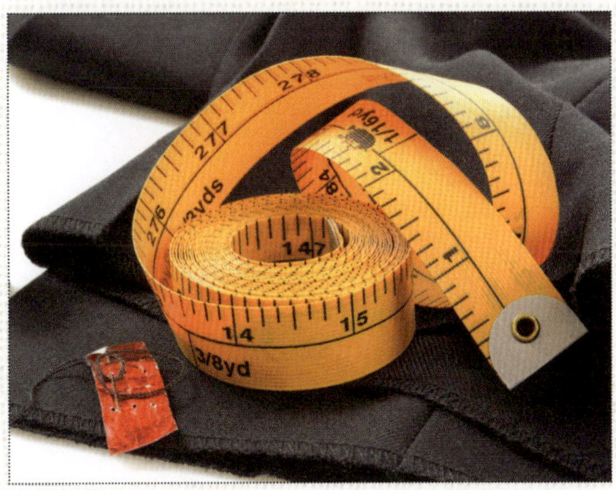

Wäschesaum

Dieser Saum wird doppelt umgeschlagen und mit der Nähmaschine (oder von Hand mit Saumstich) angenäht. Er wird vor allem bei Baumwollstoffen eingesetzt.

1 Die Saumzugabe, die anschließend umgeschlagen wird, mit Schneiderkreide markieren und die Linie mit Heftstichen nachnähen. Der Heftstich ist auch auf der rechten Stoffseite als Markierung zu sehen.

2 Die Saumzugabe zur Hälfte umbügeln (die Stoffkante trifft auf die Heftlinie).

3 Die Saumzugabe erneut umschlagen, sodass die Heftlinie nun an der Unterkante liegt. Den Umschlag bügeln und mit der Nähmaschine (oder mit Saumstich, siehe Seite 49) an der oberen Bruchkante annähen.

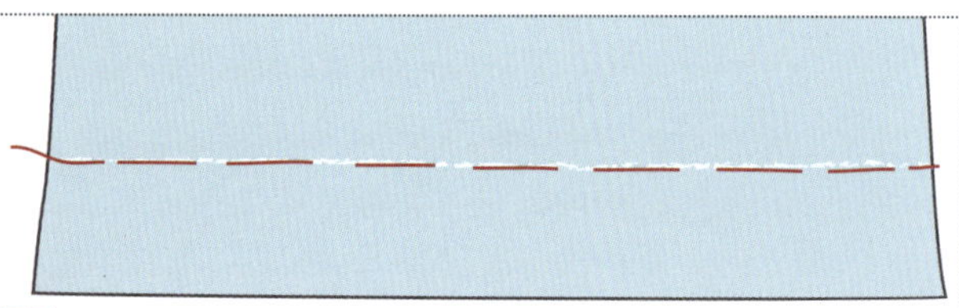

1

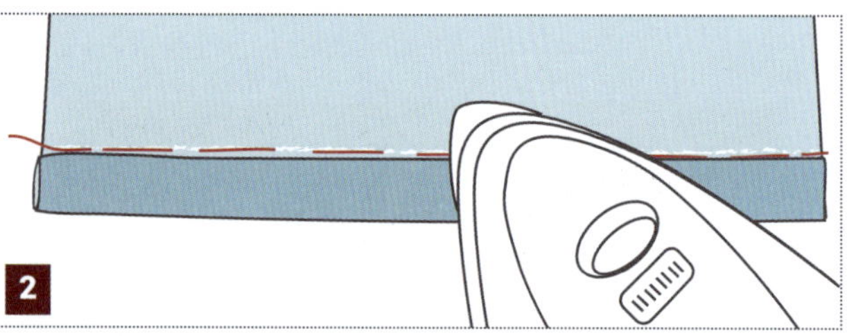

2

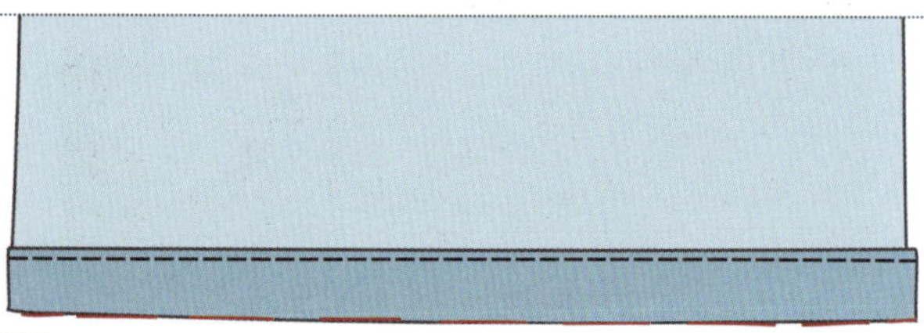

3

Handgenähter Rollsaum

Bei diesem dekorativen Saum wird die Stoffkante einige Millimeter eingerollt und mit einem kleinen Saumstich befestigt. Er lässt sich mit einer Coverlockmaschine (siehe Seite 19), einer Rollsaummaschine oder mit dem Rollsaumfuß einer Nähmaschine (siehe Box gegenüberliegende Seite) fertigen. Rollsäume können auch mit der Hand genäht werden, wenn der Stoff im schrägen Fadenlauf zugeschnitten ist. Im geraden Fadenlauf ist die Saumkante nicht dehnbar genug und rollt sich nicht ein.

Für diese Art Saum wird nur wenig Zugabe benötigt. Bei mittelschwerem Stoff müssen Sie deshalb keine Markierung heften. Je leichter der Stoff ist, desto mehr Saumzugabe benötigen Sie, da die Stoffkante schwerer zu handhaben ist. Rollsäume werden vor allem bei Seidenstoffen wie Georgette oder Organza genäht. Je leichter und durchscheinender der Stoff, desto schöner das Ergebnis.

1 Farblich passendes Nähgarn in eine feine Handnähnadel einfädeln. Den Saumabschluss je nach Stoffart (siehe oben) markieren und die Linie mit kleinen Stichen nachheften. Die Stoffkante 1 cm unterhalb der markierten Linie abschneiden.

2 Die Saumzugabe mit leicht angefeuchteten Fingern zwischen Daumen und Fingern einer Hand fest einrollen, ohne den Stoff auszudehnen. Die eingefädelte Nadel mit der anderen Hand greifen und den Rollsaum dann mit kleinem Saumstich annähen.

3 Das Heftgarn herausziehen und den Saum mit Dampf bügeln, an ausgedehnten Stellen einhalten.

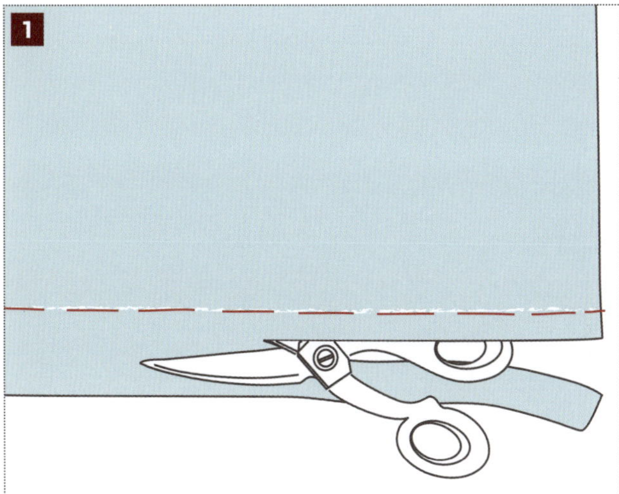

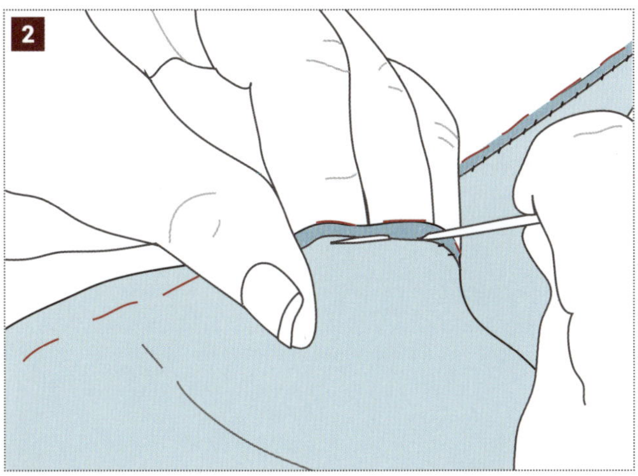

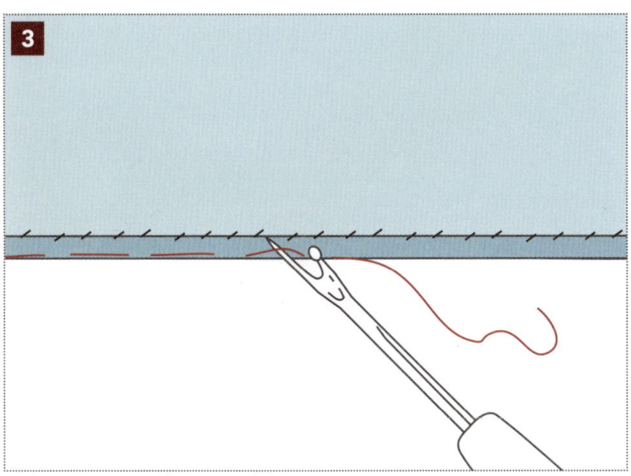

TIPP *Dieser Saum muss wohlüberlegt sein – einmal abgeschnitten, kann das Kleidungsstück später nicht mehr länger gemacht werden.*

MASCHINENROLLSAUM

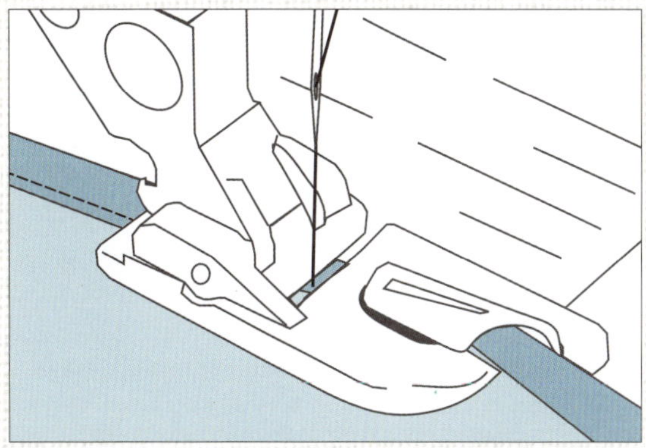

Lesen Sie die Bedienungsanleitung genau durch, wenn Sie den Rollsaum mit einer Coverlock-, einer Rollsaum- oder einer Haushaltsnähmaschine fertigen möchten. Testen Sie die Breite des Rollsaums zunächst an einem Rest des Originalstoffs. Stellen Sie die Maschine entsprechend ein und nähen Sie den Rollsaum. Wenn Sie den Rollsaum mit einer Nähmaschine und einem Rollsaumfuß nähen (wie in der Abbildung oben), liegt die linke Stoffseite oben. Bei Coverlock- und Rollsaummaschinen liegt die rechte Stoffseite oben, dabei wird die Stoffkante gleichzeitig beschnitten, nach unten umgeschlagen und mit mehreren Fäden eingefasst.

NÄHTE

Es gibt verschiedene Arten von Nähten, um Schnittteile zu einem Kleidungsstück zusammenzusetzen. Welche Naht verwendet wird, hängt vom Stoff und vom Stil des Kleidungsstücks ab. Bei Änderungen bietet es sich an, die Nähte so zu schließen, wie sie bei dem Kleidungsstück ursprünglich vorhanden waren.

Mit Zackenschere versäuberte Naht

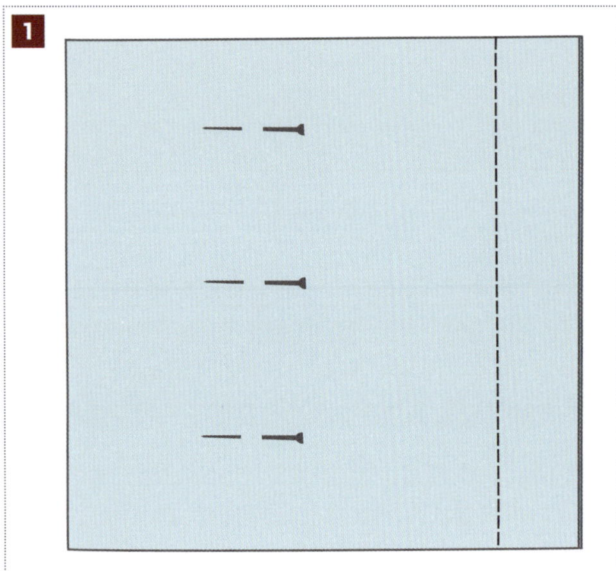

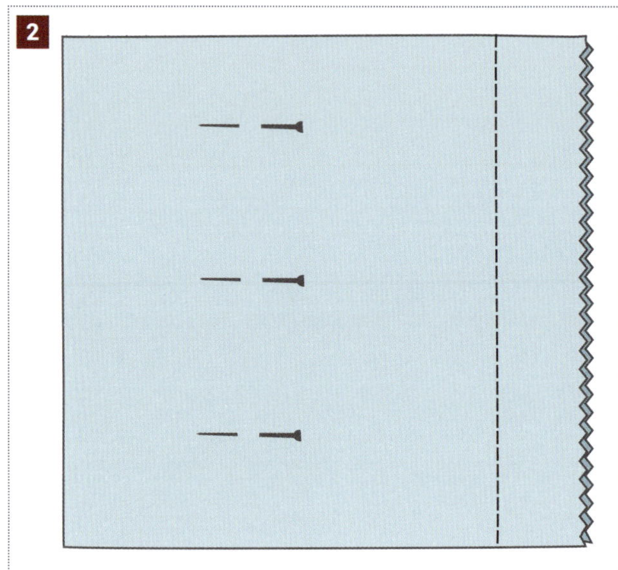

Bei dieser Naht werden die Stoffkanten mit einer Zackenschere versäubert. Sie eignet sich beispielsweise für Gabardine, leichten Wollstoff und Satin.

1 Die beiden Stoffteile aufeinanderstecken und die Nahtlinie mit Kreide markieren. Die Naht muss nicht zwingend geheftet werden, die Stoffteile werden von den Stecknadeln zusammengehalten. Die Naht auf der Kreidemarkierung mit der Nähmaschine schließen.

2 Mit einer Zacken- oder Bogenschere die offenen Stoffkanten zurückschneiden. Auf diese Weise können auch andere offene Stoffkanten versäubert werden.

Zackenschere

Naht mit festgenähter Zugabe

Die offenen Stoffkanten dieser Naht werden mit Überwendlichstich angenäht. Eine solche Naht wird häufig bei locker gewebten Stoffen und Pelzimitat verwendet.

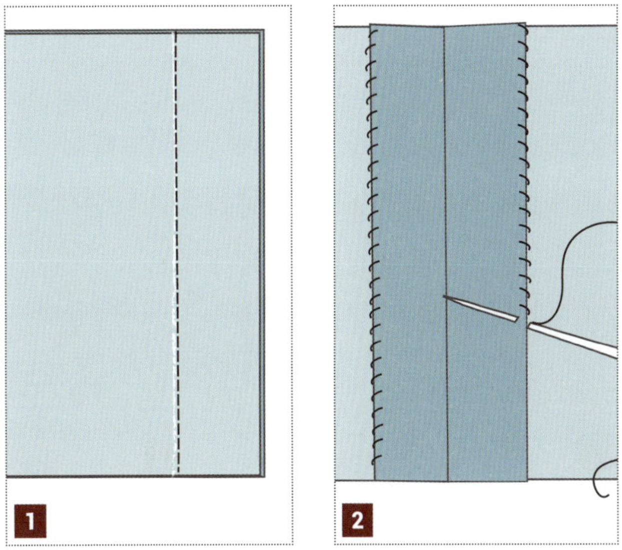

1 Die beiden Stoffteile aufeinanderstecken, die Nahtlinie mit Kreide markieren und die Naht auf dieser Linie mit der Nähmaschine schließen.

2 Die Nahtzugaben sorgfältig auseinanderbügeln. Die Stoffkanten dann mit kleinen Überwendlichstichen (siehe Seite 48) festnähen.

Naht mit umgenähter Zugabe

Bei dieser Naht wird die Nahtzugabe schmal umgeschlagen und dicht entlang der Bruchkante (»knappkantig«) abgesteppt. Solche Nähte werden oft für leichte Stoffe verwendet.

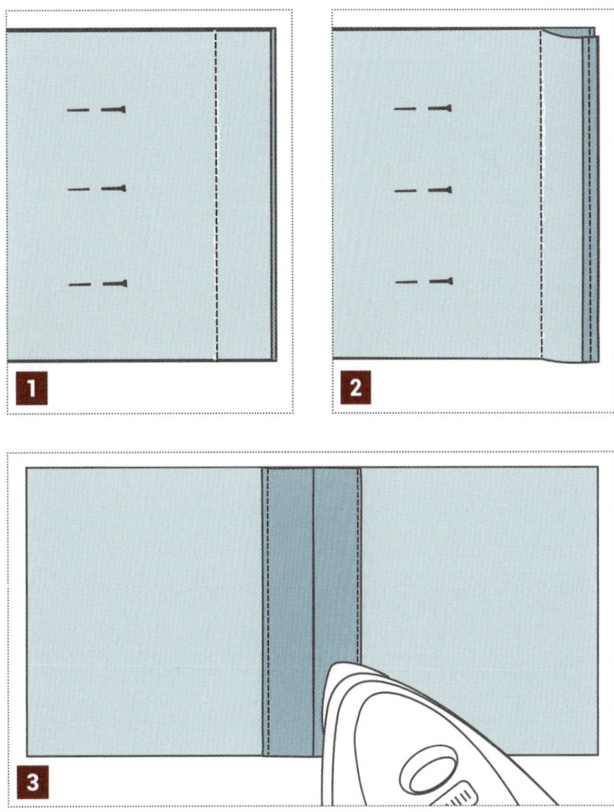

1 Die beiden Stoffteile aufeinanderstecken und die Nahtlinie mit Kreide markieren. Die Naht auf dieser Linie mit der Nähmaschine schließen.

2 Die Kanten der beiden Nahtzugaben jeweils möglichst schmal zur linken Stoffseite umschlagen. Die Bruchkante knappkantig mit der Maschine absteppen.

3 Die umgesteppten Kanten zunächst zusammen flachbügeln, dann die Naht ausbügeln.

Mit Zickzackstich versäuberte Naht

Dabei wird mit einem Zickzackstich knapp innerhalb der Stoffkante genäht und die Zugabe dann bis zum Zickzackstich zurückgeschnitten. Schnittkanten von offen gewebten Stoffen lassen sich so gut gegen Ausfransen sichern.

1 Die beiden Stoffteile aufeinanderstecken. Die Nahtlinie mit Kreide anzeichnen und die Naht auf der Markierung mit der Nähmaschine schließen.

2 An der Nähmaschine einen schmalen Zickzackstich einstellen. Die Nahtzugaben jeweils knapp innerhalb der Stoffkante mit Zickzackstich abnähen.

3 Den Überschuss an der Stoffkante außerhalb der Zickzacknaht zurückschneiden, dabei darauf achten, die Naht nicht zu verletzen. Die Nahtzugaben zunächst zusammen flachbügeln und dann auseinanderbügeln.

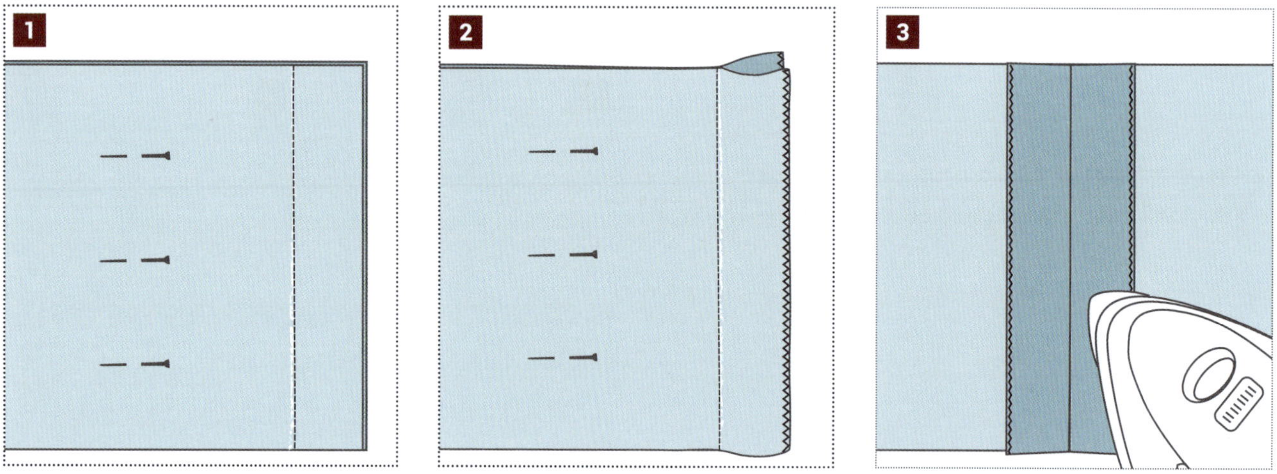

BREITE DER NAHTZUGABE

Die Breite der Nahtzugabe hängt davon ab, wo die Naht liegt. Großzügige Nahtzugaben sind nicht geeignet für Rundungen und Ecken, denn diese würden sich nach dem Verstürzen der Teile schwer ausformen beziehungsweise wenden lassen. Die Nähte wären schwierig zu bügeln und wulstig. Aus diesem Grund wird die Zugabe bei folgenden Nähten möglichst schmal gehalten: Taillennaht bei Kleidern, Schrittnaht bei Hosen, Arm- und Halsausschnitt. Diese Nähte erhalten eine Zugabe von nur 1,5 cm. Bei solchen, an denen später Änderungen vorgenommen werden können, ist eine breitere Zugabe sinnvoll. Dazu gehören Seitennähte bei Mänteln, Hosen und Röcken. Die Zugabe beträgt dort in der Regel etwa 3 cm.

Rechts-links-Naht

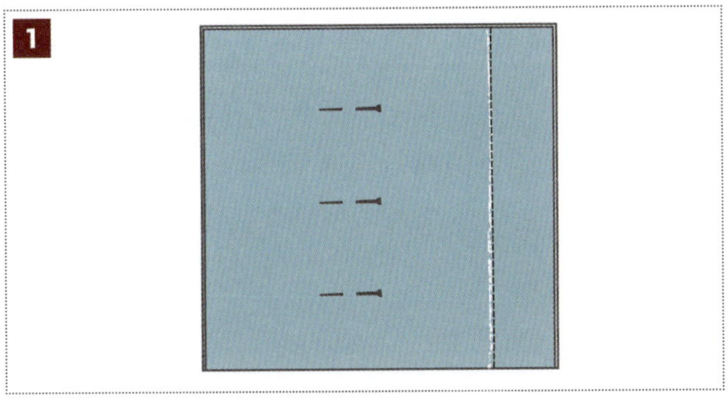

Bei dieser Naht werden die Teile zunächst von der rechten Stoffseite zusammengenäht und gewendet, dann wird die erste Nahtzugabe von der linken Seite in eine zweite Naht eingeschlossen. Die Variante ist praktisch für leichte Stoffe, die zum Ausfransen neigen, wie Georgette und Organza.

1 Die Stoffteile links auf links aufeinanderlegen, die rechten Stoffseiten zeigen also nach außen. Die Hälfte der gesamten Nahtzugabe an der Stoffkante markieren und die Naht an dieser Markierung schließen.

2 Die Nahtzugaben zusammen bis auf ein Drittel zurückschneiden und zu einer Seite bügeln.

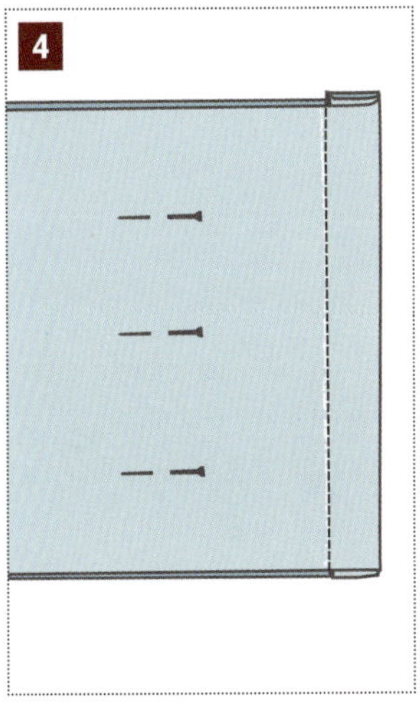

3 Die Teile auffalten und so wenden, dass die Naht die Kante bildet und die Nahtzugaben zwischen den Stofflagen liegen. Die Nahtkante flachbügeln.

4 Die restliche Hälfte der Nahtzugabe an der Kante markieren. Die Teile wieder zusammenstecken und die Naht mit der Nähmaschine schließen.

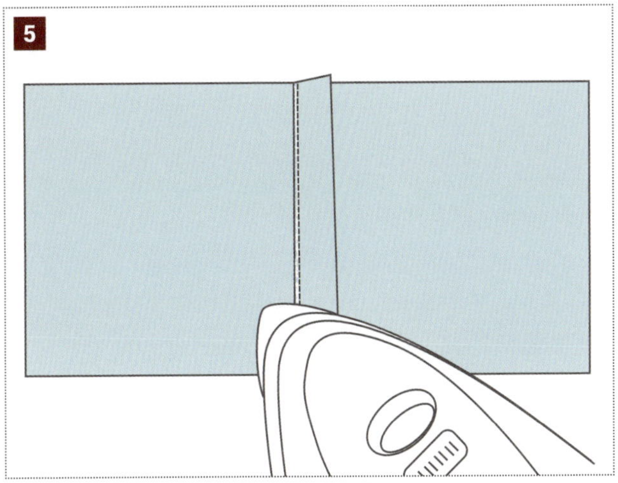

5 Zuerst von links auf eine Nahtseite bügeln. Dann die Teile auffalten und die Naht von rechts zu einer Seite ausbügeln, damit sie flach liegt. Auf der linken Seite sind die offenen Kanten eingeschlossen.

Kappnaht

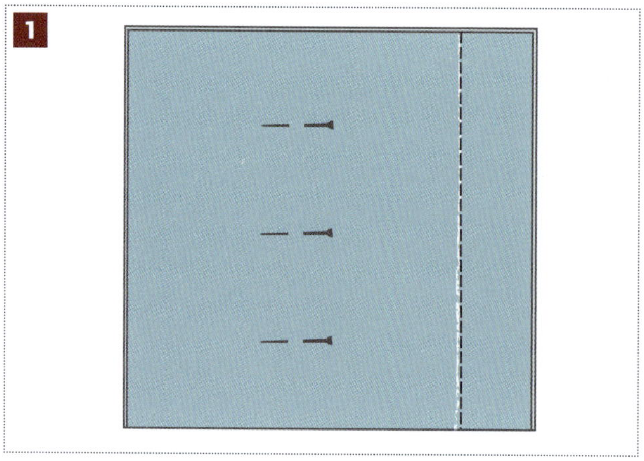

Diese sehr stabile Naht wird ebenfalls doppelt genäht und ist häufig bei Jeanshosen und Herrenhemden zu finden. Die Kappnaht wird von der rechten Stoffseite genäht.

1 Die Stoffteile links auf links aufeinanderlegen, die rechten Stoffseiten liegen also außen. Die Nahtlinie mit Kreide anzeichnen und die Naht an der Markierung mit der Nähmaschine schließen.

2 Die Teile auffalten und die Nahtzugaben zu einer Seite bügeln. Die obere Nahtzugabe dann auf die Hälfte zurückschneiden.

3 Die breitere (untere) Nahtzugabe um die Kante der schmalen Nahtzugabe herum einschlagen, bügeln.

4 Die eingeschlagene Nahtzugabe zur Seite klappen und auf dem Teil feststecken.

5 Die Bruchkante mit der Nähmaschine knappkantig feststeppen. Die Kappnaht bügeln.

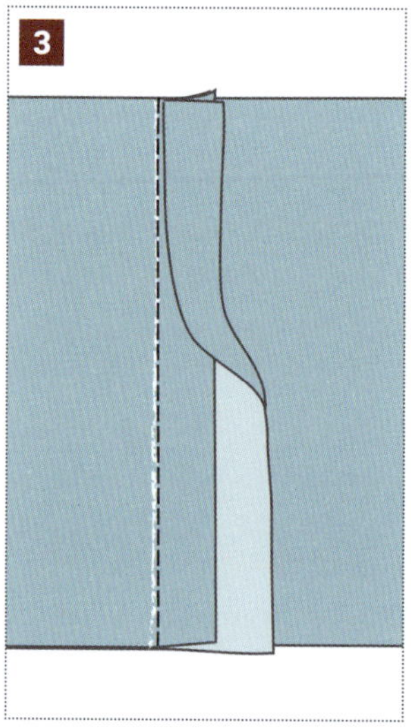

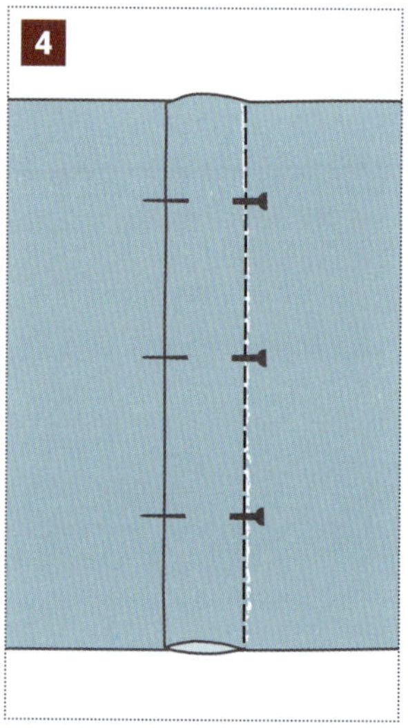

Abgesteppte Naht

Bei dieser praktischen Naht wird die Nahtzugabe zu einer Seite gesteppt. Abgesteppte Nähte finden sich häufig bei Schulterpassen und an Halsausschnitten.

1 Die Stoffteile rechts auf rechts aufeinanderstecken. Die Nahtlinie mit Kreide anzeichnen und die Naht an der Markierung mit der Nähmaschine schließen.

2 Zuerst von links auf eine Nahtseite bügeln. Dann die Teile auffalten und die Naht von rechts zu einer Seite ausbügeln, sie soll flach liegen.

3 Die Naht von der rechten Stoffseite knappkantig absteppen, und zwar auf der Seite, auf der sich die Nahtzugaben befinden. Dabei also durch die obere Stofflage und die beiden Nahtzugaben steppen.

1

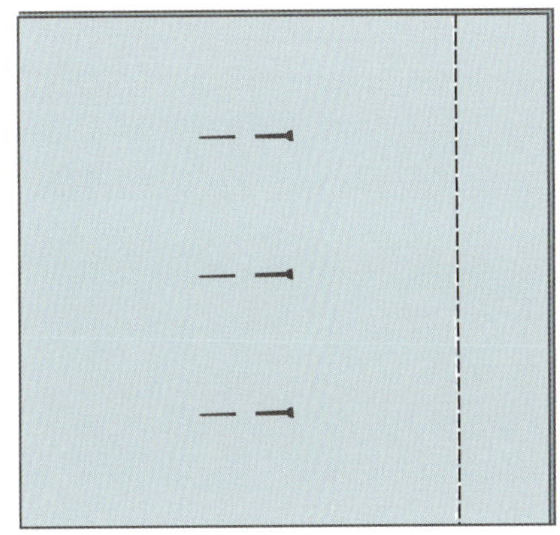

2

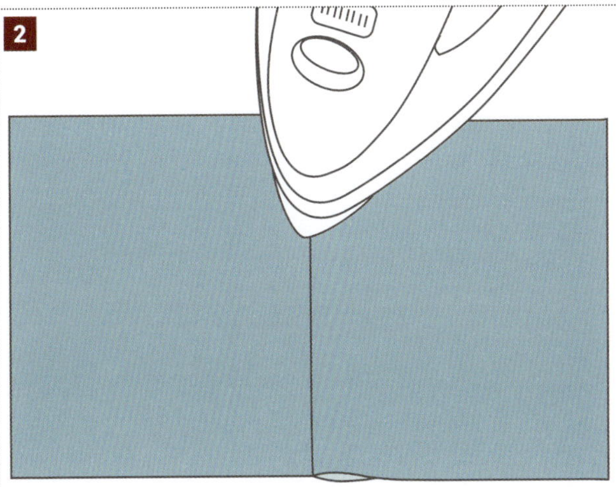

3

TIPP *Üben Sie keinen starken Druck aus, wenn Sie Nahtzugaben auseinanderbügeln – deren Kanten drücken sich sonst zur rechten Stoffseite durch. Diese Abdrücke lassen sich bei manchen Stoffen nur schwer wieder herausbügeln.*

ABNÄHER

Mit Abnähern wird der Stoff an bestimmten Stellen eines Kleidungsstück weggenommen, damit es sich an den Körper anpasst. Abnäher finden sich bei Röcken, Kleidern, Hosen, Jacken und Blusen. Sie haben meist eine V-Form, und ihre Größe hängt davon ab, wie viel Stoff abgenäht werden soll.

An allen Stellen eines Kleidungsstücks, an denen sich zu viel Stoff befindet, kann ein Abnäher eingefügt werden. In der Regel werden sie paarweise in der gleichen Länge eingesetzt, da die beiden Körperhälften symmetrisch sind. Bei Damenkleidung befinden sich Abnäher meist an der Brust und in der Taille. Bei Männersakkos sitzen Abnäher im Brustbereich und an der Taille, wenn diese figurbetont sind oder die Person einen großen Brust- oder Bauchumfang hat.

Bei Frauen sind die Rundungen in der Regel stärker ausgeprägt, daher fallen die Abnäher meist größer und länger aus als bei Männern, damit sich das Kleidungsstück an den Körper anpasst. Auf Seite 63–67 finden Sie eine Anleitung zum Ändern von Taillenabnähern bei Röcken.

Abnäher werden mit der Nähmaschine gesteppt und entweder zu einer Seite oder mittig ausgebügelt. Wenn der Abnäher sehr groß ist und aufträgt, kann er auf- und zurückgeschnitten und auseinandergebügelt werden.

TIPP *Wenn ein Abnäher an einer Naht eingefügt wurde, muss das angrenzende Teil an die neue Nahtlänge angepasst werden. Heften Sie die Naht nach dem Einfügen des Abnähers und probieren Sie das Kleidungsstück an. Nehmen Sie die nötigen Änderungen vor, damit die Naht glatt geschlossen werden kann.*

Abnäher einfügen

Diese Anleitung zeigt eine einfache Methode, um Abnäher einzufügen. Wenn keine Abnäher am Kleidungsstück vorhanden sind, müssen mitunter neue eingezeichnet werden.

1 An der Stelle, an der Stoff abgenäht werden soll, die Abnäherschenkel auf der linken Stoffseite mit Kreide anzeichnen oder mit Kopierrädchen und Kopierpapier übertragen. Die Markierungen dann von Hand nachheften. Die Abbildung zeigt eine Hälfte eines Damenoberteils mit Abnähern von unterhalb der Achsel zur Brust und von der Taille zur Brust.

2 Auf der linken Stoffseite die Abnäherschenkel jeweils an den gehefteten Linien genau bis zur Spitze aufeinanderstecken, so bilden sich die Abnäher. Die kegelförmigen Bereiche, die abgenäht werden sollen, stehen ab und die restliche Fläche liegt glatt.

3 Die Abnäher von der linken Stoffseite mit der Nähmaschine jeweils auf der gesteckten Linie schließen, dabei exakt bis zu den Spitzen steppen, damit sich kein Wulst bildet. Die Fadenenden am Anfang und am Ende jeder Naht sorgfältig verknoten, damit sich diese nicht lösen. Dann die Heftnaht herausziehen und die Abnäher flach zur Seite bügeln. Gegebenenfalls die Abnäher zurückschneiden, damit sie nicht auftragen.

4 Das Teil wenden und von der rechten Seite bügeln. Die Saumlinie prüfen und gegebenenfalls ausgleichen. Die Abnäher sollen das Kleidungsstück an den Körper anpassen und eine schöne Silhouette formen.

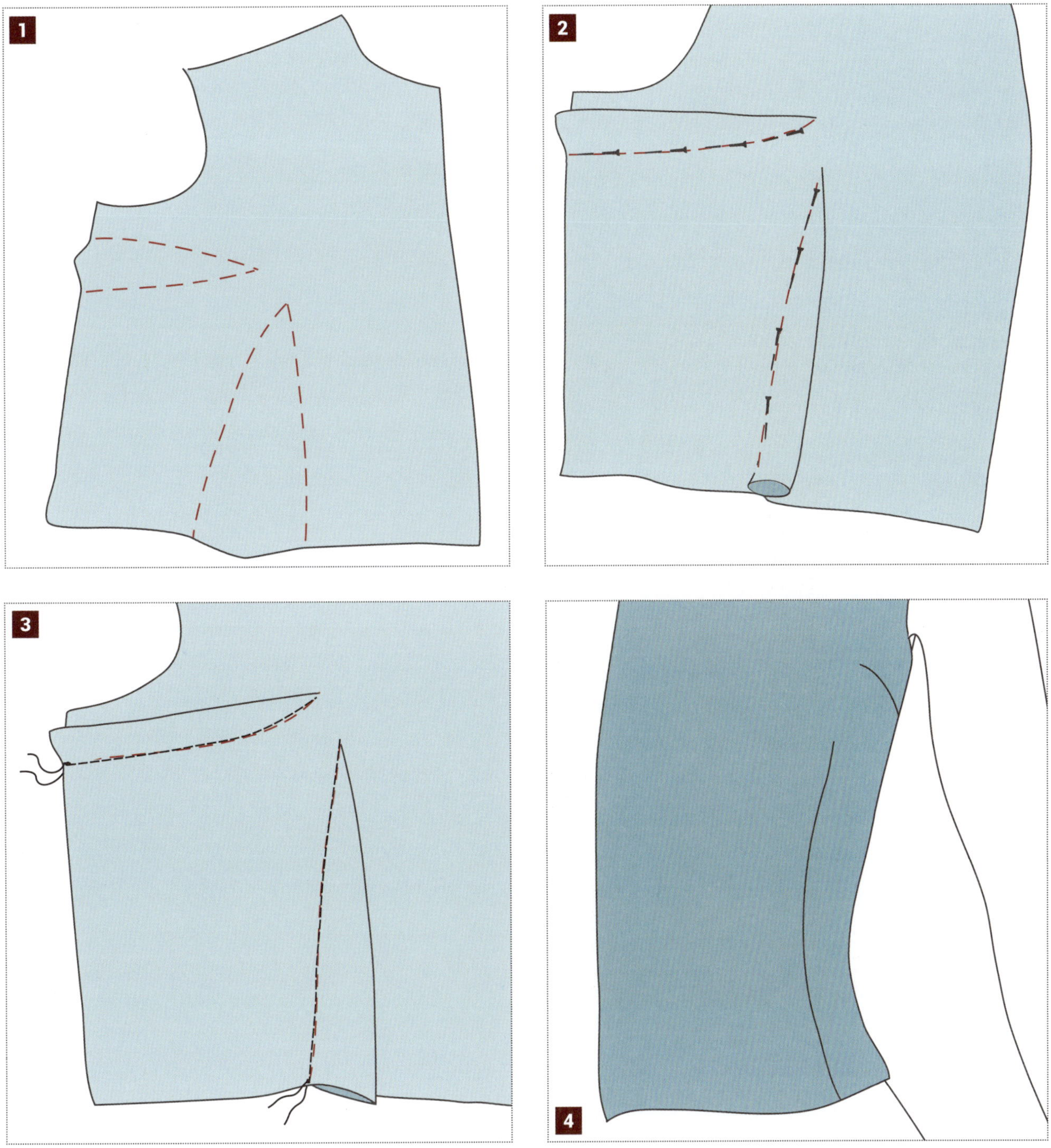
1
2
3
4

VERSCHLÜSSE

Es gibt eine große Auswahl an Verschlussmöglichkeiten. Welche für das Kleidungsstück geeignet sind, hängt vom verwendeten Stoff ab. Der Verschluss muss in Stil, Stabilität und Größe auf den Stoff abgestimmt werden. So ist ein schwerer Metallreißverschluss nicht für ein leichtes Chiffonkleid geeignet, und eine Hose lässt sich nicht mit einem kleinen Druckknopf zusammenhalten.

Reißverschlüsse

Reißverschlüsse findet man bei vielen Kleidungsstücken für Herren, Damen und Kinder, aber auch bei Zelten, Schlafsäcken und Handtaschen. Je schwerer der Stoff, desto robuster muss der Reißverschluss sein. Ein gängiges Beispiel sind Metallreißverschlüsse bei Jeanshosen. Reißverschlüsse werden als Stilelement auch sichtbar eingenäht.

Reißverschlüsse werden in vielen Größen, Farben und in mehreren Stärken angeboten. Leichte Kunststoff-Reißverschlüsse verwendet man für leichte Stoffe, mittelschwere für Hosen und Röcke, und schwere Reißverschlüsse werden in Mäntel und Jacken eingenäht. Einen Reißverschluss auszutauschen, kann eine Herausforderung darstellen, doch mit etwas Übung fällt es immer leichter (siehe Seite 76).

Bei Röcken und Kleidern werden häufig nahtverdeckte Reißverschlüsse verwendet, da von ihnen nur der Schieber zu sehen ist. Sie sind für Mäntel und Jacken nicht geeignet, dort werden teilbare Reißverschlüsse eingesetzt, die sich oft von beiden Seiten öffnen und schließen lassen. Nahtverdeckte Reißverschlüsse sind nicht teilbar. Das Einnähen scheint kompliziert zu sein, ist mit dem entsprechenden Nähfuß aber leichter als erwartet (siehe Seite 80).

TIPP

Bei nahtverdeckten Reißverschlüssen wird der Schieber direkt an der Stoffoberkante angelegt. Bei anderen Reißverschlüssen dagegen wird er etwas weiter unten positioniert, damit darüber noch Haken und Steg als Sicherung angenäht werden können.

Haken und Steg

Als Gegenstück zum Haken dienen Ösen oder Stege, das Verschlussprinzip ist das gleiche. Der Haken wird von Hand innen an der Verschlusskante (Übertritt) angenäht, die über die untere Verschlusskante gelegt wird. Der Steg wird außen an der unteren Verschlusskante (Untertritt) befestigt. Für einen Rock eignen sich kleinere Haken und Ösen, für Hosen robuste Metallhaken und Stege.

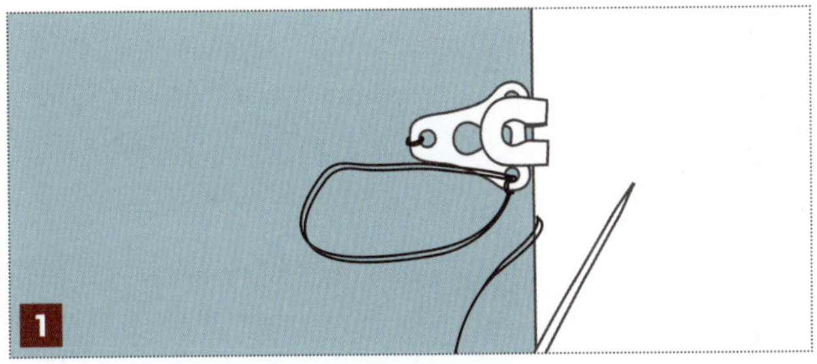

1 Den Haken auf der Innenseite des Übertritts anlegen. Mit der eingefädelten Nadel durch eines der Löcher (hier in der Abbildung drei) im Haken in den Stoff einstechen, jedoch nicht bis zur rechten Seite durchstechen. Den Haken auf diese Weise mit einigen Stichen annähen, bis er fest sitzt. Die anderen beiden Seiten des Hakens entsprechend annähen und den Faden unter dem Haken verknoten oder vernähen.

2 Den Steg auf der Außenseite des Untertritts so anlegen, dass er mit dem Haken deckungsgleich ist. Den Steg wie bei Schritt 1 beschrieben annähen.

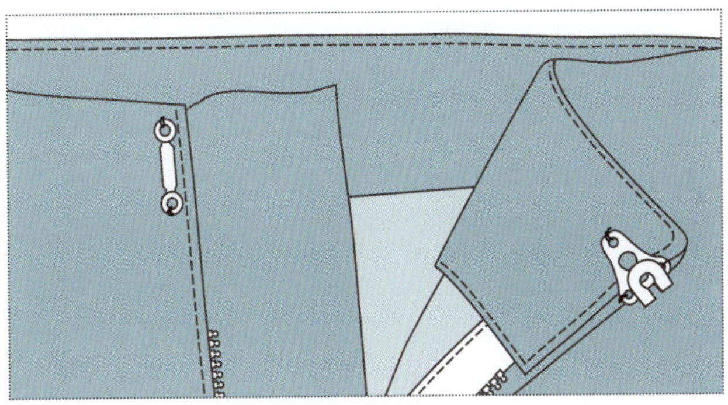

Druckknöpfe

Druckknöpfe werden in verschiedenen Größen (5–25 mm) und Farben angeboten. Sie bestehen aus zwei Teilen: einem dünneren Kugelteil mit einem Wulst in der Mitte und einem dickeren Federteil mit einem Loch in der Mitte.

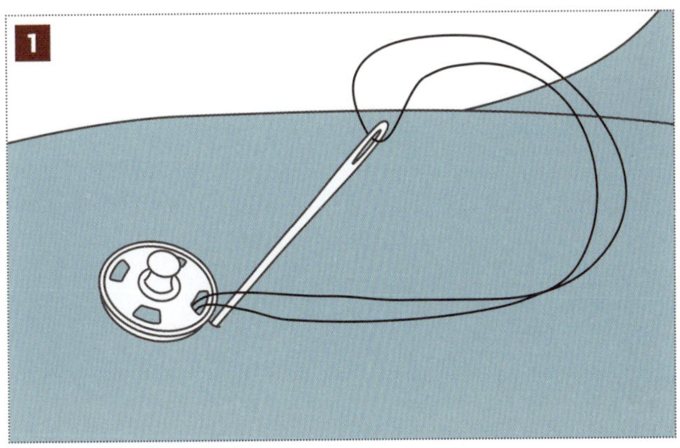

1 Ein Druckknopfteil auflegen und durch eines der Löcher ausstechen. Den Faden über den Knopfrand führen, einstechen und wieder im Loch ausstechen. Das Teil durch alle Löcher festnähen. Das Fadenende sichern und das andere Druckknopfteil annähen.

Knöpfe annähen

Knöpfe sind in unzähligen Varianten erhältlich. Achten Sie beim Ersetzen eines fehlenden Knopfs darauf, dass er zu Stoff und Stil des Kleidungsstücks passt. Knöpfe haben nicht nur eine Funktion, sondern sind auch Teil des Entwurfs. So können beispielsweise Knopflöcher und Knöpfe in kontrastierenden Farben eingesetzt werden.

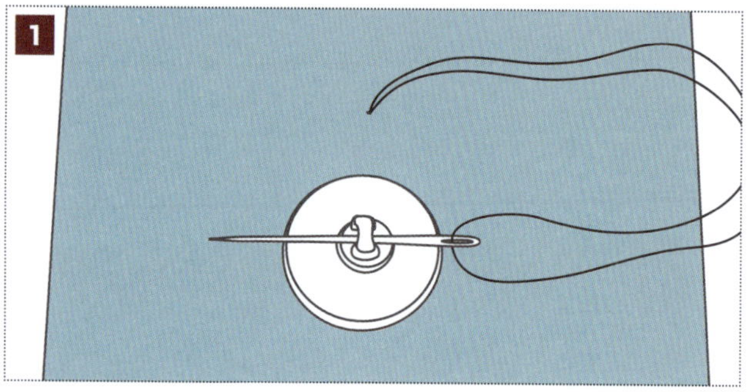

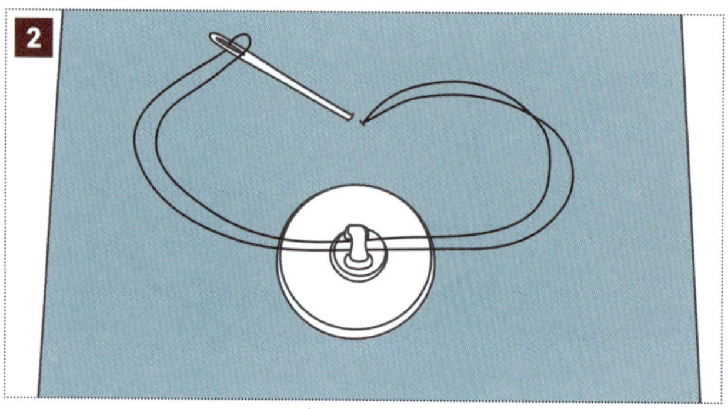

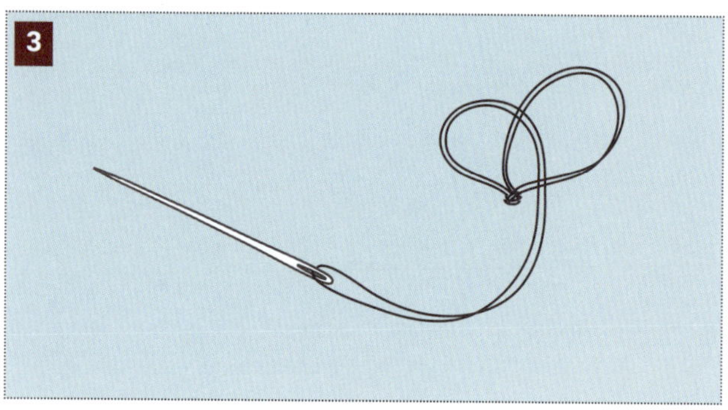

KNÖPFE MIT ÖSEN

1 Die Knopfposition auf der Innenseite des Kleidungsstücks mit einem Kreuz markieren. Einen langen, farblich passenden Faden in eine Handnähnadel einfädeln, zur Hälfte durchziehen und die beiden Enden miteinander verknoten (der Faden liegt also doppelt). In der Mitte der Kreuzmarkierung einstechen und die Nadel zur Außenseite des Kleidungsstücks schieben. Die Nadel durch die Knopföse führen und diese an den Stoff schieben.

2 Die Nadel neben der Ausstichstelle wieder zur Innenseite zurückführen und dann erneut auf die Außenseite und durch die Öse schieben. Den Faden anziehen.

3 Den zweiten Schritt mehrmals wiederholen, bis der Knopf fest sitzt. Den Faden auf der Innenseite des Kleidungsstücks mit einem Knoten sichern.

KNÖPFE MIT LÖCHERN

1 Die Knopfposition auf der Innenseite des Kleidungsstücks mit einem Kreuz markieren. Einen langen, farblich passenden Faden in eine Handnähnadel einfädeln, zur Hälfte durchziehen und die beiden Enden miteinander verknoten (der Faden liegt also doppelt). In der Mitte der Kreuzmarkierung einstechen und die Nadel zur Außenseite des Kleidungsstücks schieben. Die Nadel durch eines der Löcher am Knopf führen und diesen exakt platzieren.

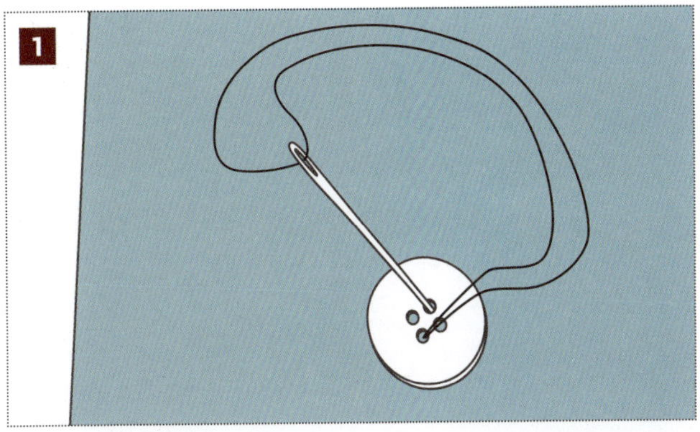

2 Wenn der Knopf vier Löcher hat, in das Loch schräg gegenüber einstechen und die Nadel zur Innenseite durchstechen. Den Knopf mehrmals durch diese beiden Löcher annähen. Dann den Knopf quer dazu durch die anderen beiden Löcher mit mehreren Stichen annähen. Es bildet sich ein kleines Fadenkreuz auf der Vorderseite des Knopfs.

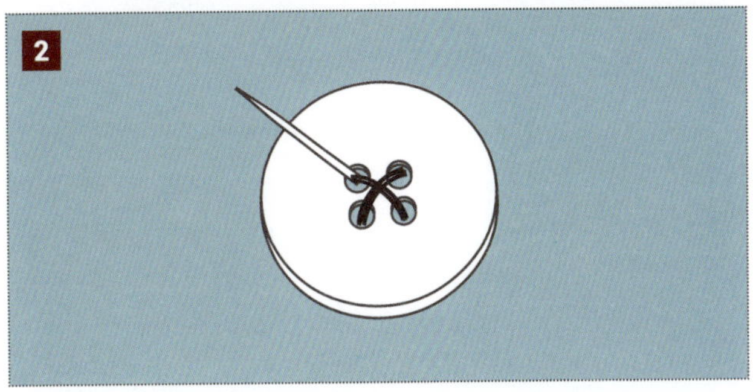

3 Wenn der Knopf zwei Löcher hat, die Nadel durch das andere Loch und wieder auf die Innenseite zur Markierung durchschieben. Die Nadel mehrmals durch das eine Loch nach außen und durch das andere nach innen führen, um den Knopf festzunähen.

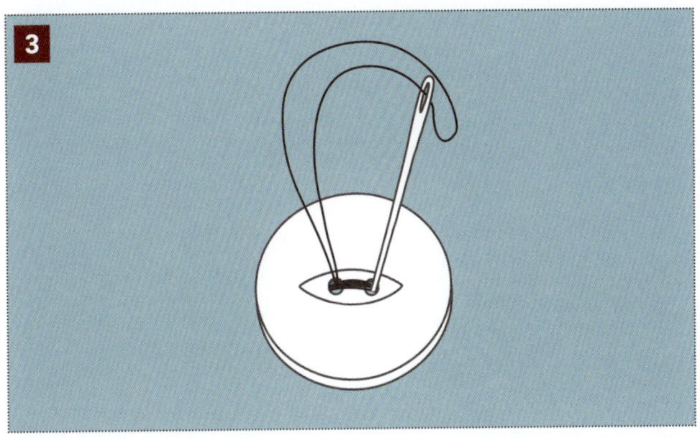

4 Den Faden zum Schluss auf der Innenseite des Kleidungsstücks mit einem Knoten sichern.

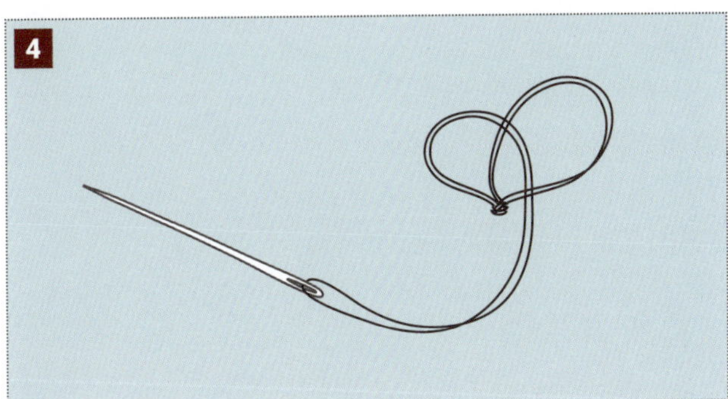

TIPP

Das Garn ist reißfester, wenn Sie es vor dem Annähen des Knopfs wachsen. Die Nadel zuerst einfädeln und dann den Faden über das Wachs ziehen. So bleibt kein Wachs im Nadelöhr hängen.

Knopf mit Garnsteg annähen

Bei zweireihigen Sakkos und anderen Kleidungsstücken mit breiten Über- und Untertritten oder einer breiten Stoffblende wird ein zusätzlicher Knopf auf der Innenseite angenäht, damit das Kleidungsstück gut sitzt, wenn es zugeknöpft ist. Einen Knopf mit Garnsteg anzunähen, ist nicht nur bei solchen Fällen ratsam, sondern generell bei Kleidungsstücken aus dickeren Stoffen wie Mänteln und Jacken.

Dieser Knopf erhält einen Steg, damit die Stofflagen sich etwas gegeneinander verschieben können, wenn sich der Träger bewegt oder hinsetzt. Ein solcher Knopf wird an der Position des obersten Knopflochs auf der Innenseite des Übertritts angenäht. Auf der Außenseite des Untertritts wird an der entsprechenden Stelle ein Knopfloch eingearbeitet. Einen Knopf mit Garnsteg anzunähen, ist einfach.

1 Die Knopfposition auf der Innenseite des Übertritts mit einem Punkt markieren. In diesem Beispiel ist das Kleidungsstück ein Sakko.

2 Einen langen Faden in eine Nadel einfädeln, zur Hälfte durchziehen und die beiden Enden durch einen dicken Knoten miteinander verbinden. Die Nadel direkt am markierten Punkt einstechen und, je nach Modell, durch den Übertritt oder das Futter und die Einlage, jedoch nicht bis zur Außenseite des Kleidungsstücks oder durch einen Taschenbeutel stechen.

3 Einen flachen Knopf mit vier Löchern durch zwei Löcher auf die Nadel aufziehen und die Nadel an der Markierung durch den Stoff schieben. Den Knopf nicht festziehen, sondern etwa 1,5 cm Abstand zwischen Stoff und Knopf halten. Dort entsteht der Steg.

4 Den dritten Schritt mehrmals wiederholen, auf den Abstand achten. Diagonal durch die Löcher nähen, damit sich die Fäden auf dem Knopf überkreuzen.

5 Nach mehrmaligem lockerem Annähen die Nadel nun durch den Knopf, jedoch nicht durch den Stoff schieben. Die Nadel befindet sich also zwischen Stoff und Knopf.

6 Den Faden dann locker um die zwischen Knopf und Stoff gespannten Annähfäden legen. Die Nadel durch die entstandene Schlaufe schieben und den Faden anziehen. Das Fadenbündel wird durch die Schlaufe zusammengezogen.

7 Auf diese Weise mehrmals eine Schlaufe bilden und den Faden anziehen, bis das Fadenbündel mit einer Reihe Schlingstiche vom Stoff bis zum Knopf eingeschlossen ist. Um die Schlingstiche zu sichern, den Faden vernähen, verknoten und abschneiden.

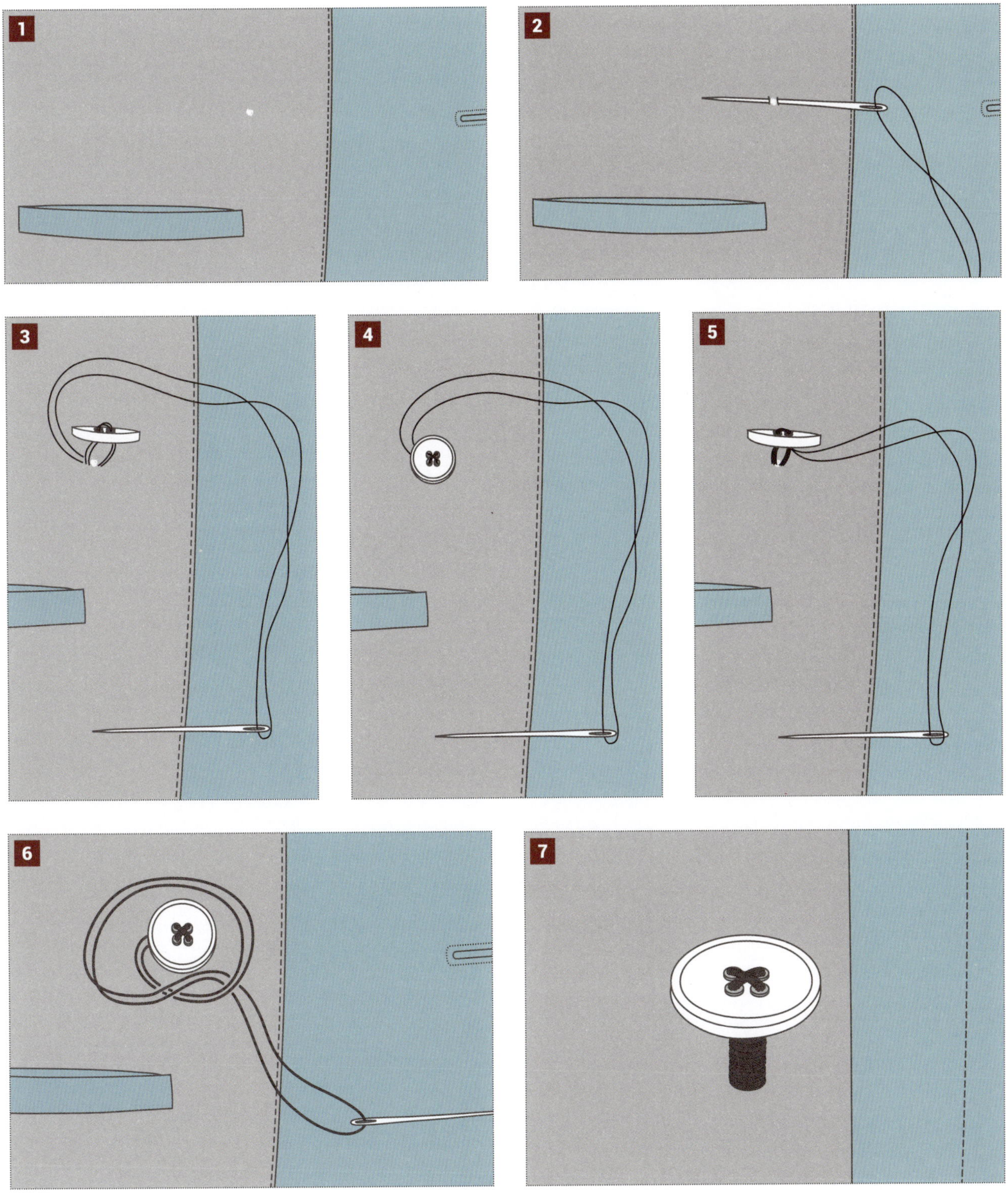
1
2
3
4
5
6
7

HANDSTICHE

Meist werden bei der Fertigung eines Kleidungsstücks verschiedene Hand- und Maschinenstiche eingesetzt (letztere siehe Seite 19). Welche Stiche verwendet werden, hängt vom Stoff und vom Stil sowie dem Verwendungszweck des Kleidungsstücks ab. Im Folgenden werden einige gängige Handstiche vorgestellt.

Heftstich (Vorstich)

Dieser Stich wird besonders häufig verwendet. Er dient dazu, Stofflagen zusammenzuheften und Nahtlinien zu markieren. Die Nadel durch alle Lagen von hinten nach vorne durch den Stoff schieben. Ein kleines Stück weiter links die Nadel wieder nach hinten durch die Stofflagen schieben. Den Vorgang bis zum Ende der Naht wiederholen.

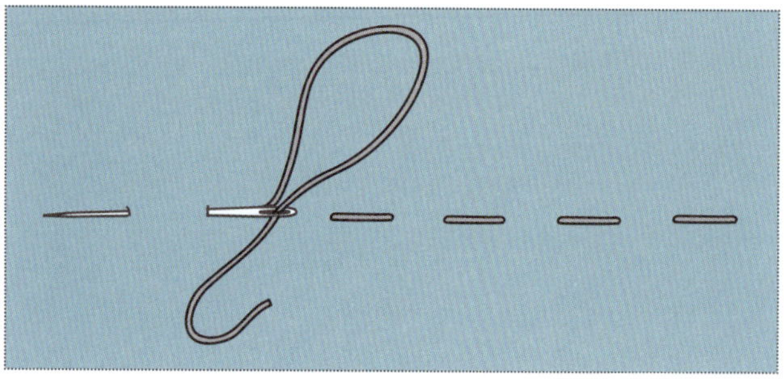

Steppstich (Rückstich)

Dieser Stich ergibt eine stabile Naht. Die Nadel durch alle Lagen von hinten nach vorne durch den Stoff schieben. Etwas rechts von der Einstichstelle die Nadel wieder nach hinten durch den Stoff führen. Dann etwas links vom ersten Stich wieder vorne ausstechen. Den Vorgang wiederholen.

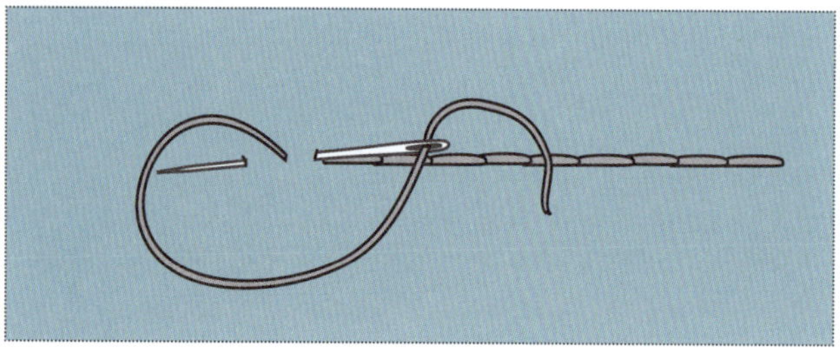

Schlingstich

Ein nützlicher Zierstich zum Versäubern von Kanten. An der Stoffkante von hinten nach vorne bei der gewünschten Nahtbreite einstechen, den Faden um die Kante legen und erneut hinten einstechen. Es bildet sich eine Fadenschlaufe. Die Nadel zur Stoffkante durch die Schlaufe führen, den Faden anziehen. Dicht daneben den nächsten Stich nähen.

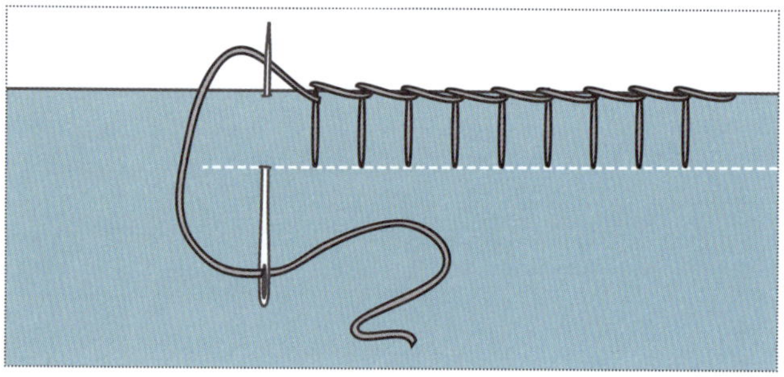

Überwendlichstich

Dieser Stich wird häufig verwendet, um mittelschwere und schwere Stoffe zu versäubern, die leicht ausfransen. Die Nadel von hinten nach vorne durch den Stoff schieben und schräg über die offene Stoffkante führen. Den Stich leicht versetzt neben dem ersten Stich wiederholen.

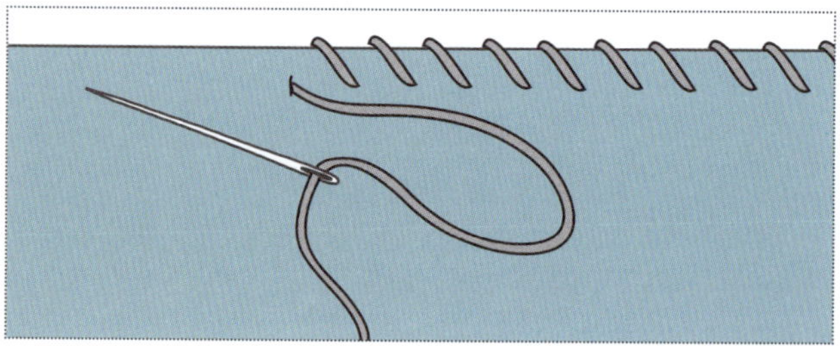

Saumstich

Ein nützlicher Stich zum Annähen von Säumen: Die Nadel von hinten nach vorne durch die (in der Regel eingeschlagene) Oberkante der Saumzugabe schieben. Leicht schräg versetzt neben dieser Bruchkante nur einige Fäden von der linken Seite des Oberstoffs auf die Nadel nehmen, dann den Faden leicht anziehen. Von außen soll der Stich kaum sichtbar sein. Wieder leicht versetzt den Stich wiederholen.

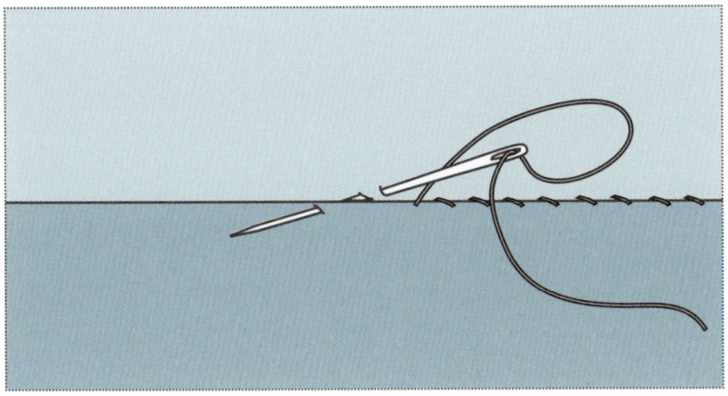

Hexenstich

Hexenstich wird meist bei Säumen verwendet, die dehnbar bleiben sollen (bei schräg geschnittenen Stücken oder elastischen Stoffen). Der Stich wird von links nach rechts genäht. Den Faden in der Saumzugabe verankern. Schräg nach rechts oben einige Fäden des Oberstoffs quer auf die Nadel nehmen. Für den nächsten Stich schräg nach rechts unten in der Saumzugabe einige Fäden quer aufnehmen.

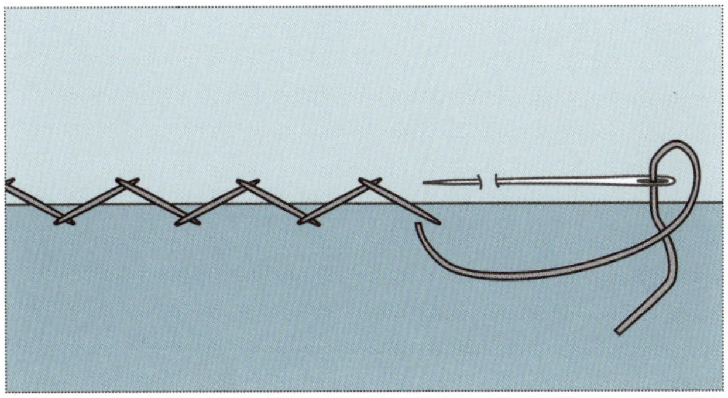

Staffierstich

Ein nützlicher Stich zum Annähen von Säumen: Den Faden in der Saumzugabe verankern, mit einem kleinen Stich senkrecht nach oben neben dem Saumumschlag einige Fäden des Oberstoffs auf die Nadel nehmen (der Stich soll von außen kaum sichtbar sein). Für den nächsten Stich leicht versetzt wieder in die Saumzugabe stechen; den Stich wiederholen.

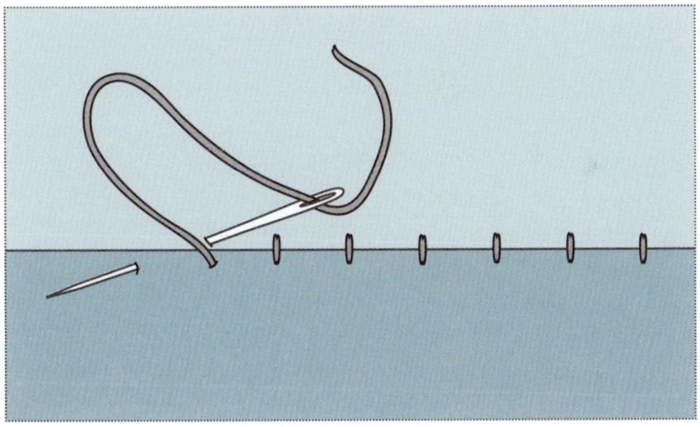

Stehstich

Dieser Stich eignet sich gut, um mehrere Stofflagen an einer bestimmten Stelle zu fixieren. Die Nadel von hinten nach vorne durch den Stoff schieben. Mit etwas Abstand zum ersten Ausstichloch wieder durch die Lagen zurückstechen. Den Vorgang noch dreimal wiederholen.

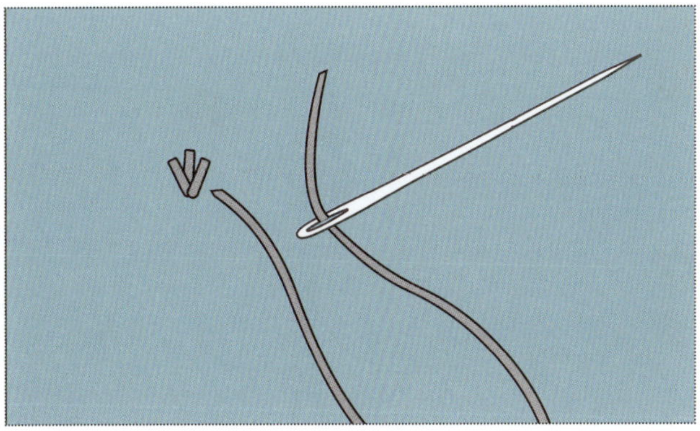

KÖRPERMASSE

Um die eigenen Maße exakt zu ermitteln, ist es am besten, sich von einer anderen Person messen zu lassen. Das Eigenmaß vom Nacken bis zur Taille lässt sich zum Beispiel ohne Hilfe nur schwer bestimmen. Je nachdem, welches Kleidungsstück Sie ändern möchten, suchen Sie sich die entsprechenden Maße dann aus dieser Übersicht heraus.

Damenmaße

Der Taillenumfang bezieht sich auf die schmalste Stelle des Oberkörpers. Normalerweise ist diese leicht zu erkennen. Bei Damen wird der obere sowie der stärkste Hüftumfang gemessen, bei Herren genügt ein Maß für den Hüftumfang.

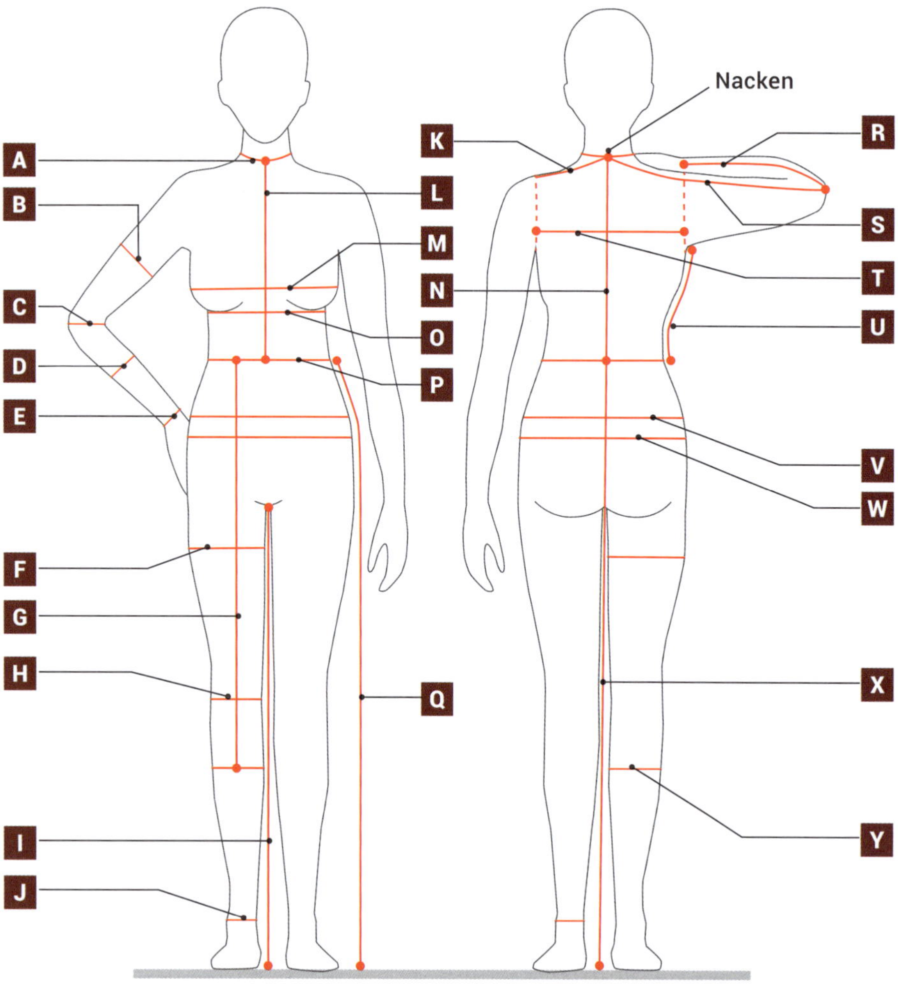

- **A** Halsumfang *(für Kragen)*
- **B** Oberarmumfang
- **C** Ellenbogenumfang
- **D** Unterarmumfang
- **E** Handgelenkumfang
- **F** Oberschenkelumfang
- **G** Länge Taille–Wade
- **H** unterer Knieumfang
- **I** innere Beinlänge
- **J** Knöchelumfang
- **K** Nackenwirbel–Schulter
- **L** Hals–Taille
- **M** Brustumfang
- **N** Nacken–Taille
- **O** Unterbrustumfang
- **P** Taillenumfang
- **Q** Taille–Boden *(seitlich)*
- **R** Schulter–Handgelenk *(Arm angehoben und Ellenbogen abgewinkelt)*
- **S** Nacken–Ellenbogen *(sonst wie bei R messen)*
- **T** Rückenbreite *(Armausschnitt–Armausschnitt)*
- **U** Länge Achsel–Taille
- **V** oberer Hüftumfang
- **W** stärkster Hüftumfang
- **X** Nacken–Boden
- **Y** Wadenumfang

Herrenmaße

Bei Herren ist die Position der Taille nicht immer offensichtlich. Gegebenenfalls müssen Sie entscheiden, ob Sie die Taille an der stärksten Stelle des Bauchs messen oder darunter. Für hochwertige Herrensakkos ist es wichtig (anders als bei Damenkleidung), sowohl die halbe als auch die volle Rückenbreite genau zu messen.

TIPP *Die Maße einer Person schwanken meist ebenso wie das Gewicht. Daher ist es ratsam, sich nicht auf alte Angaben zu verlassen, sondern unmittelbar vor einer Änderung Maß zu nehmen. Es wäre ärgerlich, wenn das Kleidungsstück nach der Änderung erneut angepasst werden müsste.*

- **A** Halsumfang *(für Kragen)*
- **B** Brustumfang
- **C** Taillenumfang
- **D** Hüftumfang
- **E** Oberschenkelumfang
- **F** oberer Knieumfang
- **G** unterer Knieumfang
- **H** Knöchelumfang
- **I** halbe Rückenbreite
- **J** Rückenbreite
- **K** Oberarmumfang
- **L** Ellenbogenumfang *(abgewinkelt)*
- **M** Unterarmumfang
- **N** Handgelenkumfang
- **O** innere Kielänge
- **P** innere Beinlänge
- **Q** Schulter–Handgelenk *(Arm angehoben und Ellenbogen abgewinkelt)*
- **R** Rückenmitte–Ellenbogen *(sonst wie bei Q messen)*
- **S** Nacken–Taille
- **T** Nacken–unterer Knieumfang
- **U** Wadenumfang
- **V** Nacken–Boden

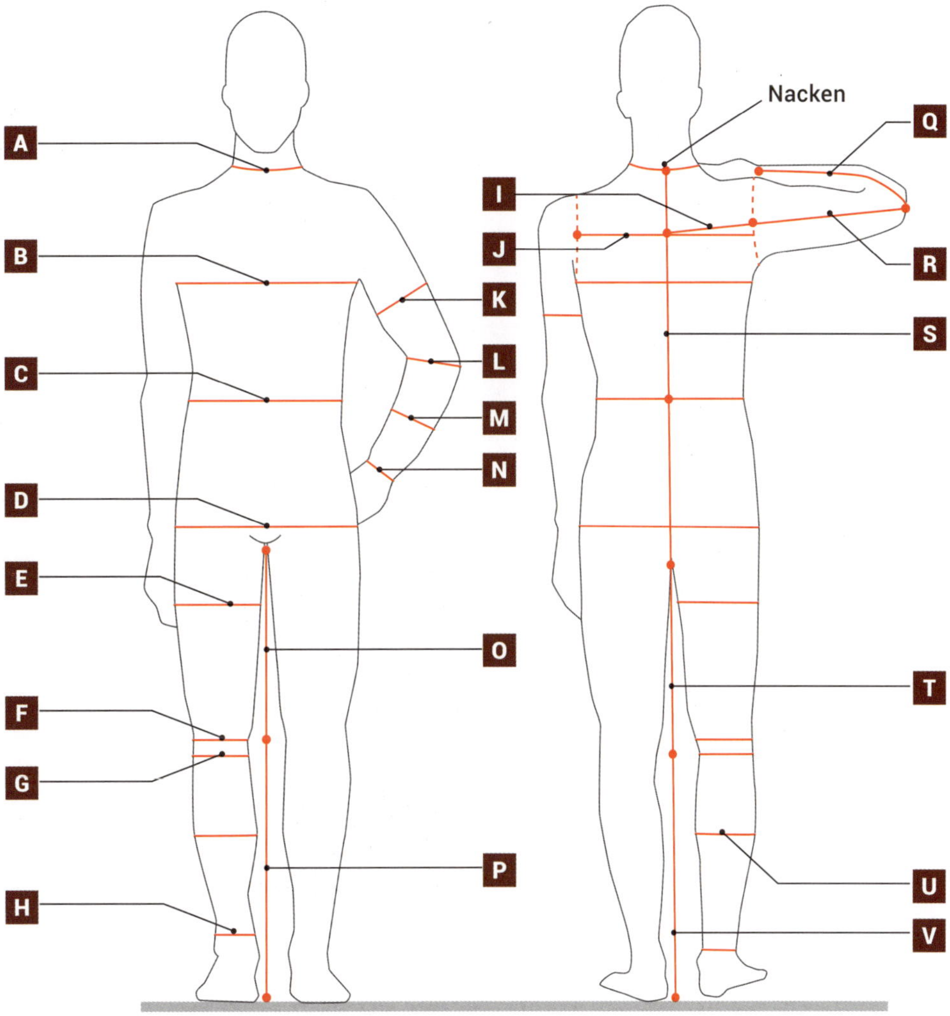

KAPITEL ZWEI

RÖCKE

Die meisten Änderungen an Röcken lassen sich oft später nicht mehr rückgängig machen, zum Beispiel, wenn Sie ein langes Modell stark gekürzt haben. Sehen Sie sich deshalb den Rock gut an, bevor Sie die Nähutensilien zur Hand nehmen und eine Änderung durchführen. Ist er glatt oder hat er Falten? Welcher Stoff wurde verwendet? Ist er elastisch? Ist das Material leicht und fließend oder dick und schwer? Ist der Rock gefüttert? Wie ist der Bund gearbeitet? Alle diese Fragen helfen Ihnen zu erkennen, wie Sie den Rock am besten ändern können.

Rock kürzen

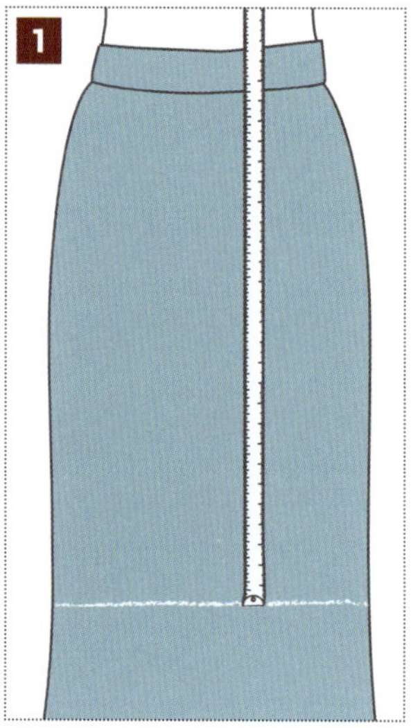

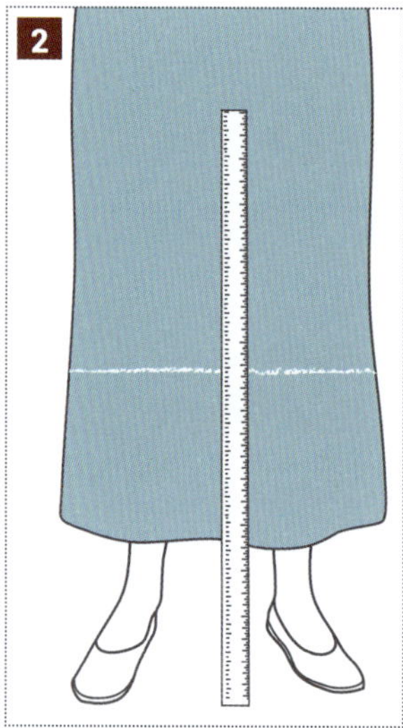

DIESE METHODE EIGNET SICH AUCH FÜR KLEIDER

Einen Rock zu kürzen ist eine der leichtesten Änderungen und lässt sich zudem schnell durchführen. Der Näherfolg ist garantiert, wenn man einen langen Rock ändert, indem man einfach ein Stück abschneidet und den Saum umnäht. Doch auch eine Änderung, die einfach erscheint, muss gut überlegt werden – das gilt für Einsteiger ebenso wie für erfahrene Gewandmeister und Schneiderinnen. Beachten Sie immer die Regel: Zweimal messen, einmal schneiden!

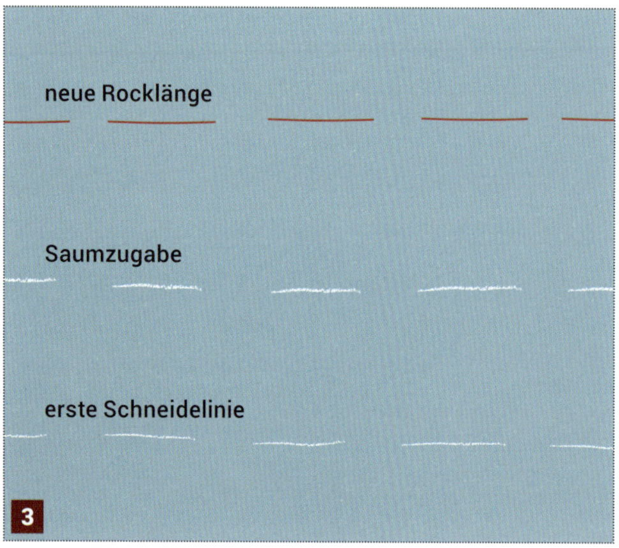

1 Die geplante Rocklänge von der Taille aus am Kleidungsstück abmessen und mit Kreide markieren.

2 Den Rock anprobieren und mit einer Schneiderelle oder einem Meterstab den Abstand vom Boden bis zur Markierung messen. Das Maß notieren.

3 Dieses Maß vom Boden aus rundherum mit Kreide am Rock anzeichnen und zusätzlich mit Stecknadeln markieren. Den Rock ausziehen, dann die markierte Saumlinie heften und die Stecknadeln herausziehen. Passend zum Rockstoff die Saumart festlegen (siehe Seite 24) und dann die Saumzugabe entsprechend markieren. 5 cm (oder weniger, je nach Saumart) unterhalb der Markierung für die Saumzugabe eine weitere Linie ziehen, sofern der Rock lang genug ist. Nun sind drei Linien markiert: die neue Rocklänge, die Saumzugabe und die erste Schneidelinie.

TIPP *Die Rocklänge sollte am besten vom Boden aus gemessen werden, da man einen festen, ebenen Untergrund hat und die Taillenhöhe somit immer gleich bleibt. Von der Taille aus gemessen ist die Rocklänge häufig nicht rundherum gleich. Die Trägerin sollte sich beim Messen möglichst nicht bewegen.*

4 Den Rock an der ersten Schneidelinie abschneiden, aber NICHT an der Linie für die Rocklänge oder die Saumzugabe. Wenn der Rock angezogen wird, springt der Stoff etwas nach oben. Je schwerer der Stoff ist, desto stärker ist dieser Effekt.

TIPP *Das oben beschriebene Zurückspringen ist bei langen Röcken aus offen gewebten Stoffen noch auffälliger, wenn man sie stark kürzt. Die Schwerkraft wirkt sich auch bei schräg geschnittenen Röcken (im 45-Grad-Winkel) stärker aus als bei solchen im geraden Fadenlauf. Wird ein solcher Rock gekürzt, springen die Fasern leicht zurück, allerdings nicht bis in ihre ursprüngliche Lage, da sich der Stoff ausgedehnt hat (siehe Schräg geschnittenen Saum ändern, Seite 58).*

5 Die zusätzlichen 5 cm dienen als Ausgleich, falls der Rock jetzt kürzer ist als zu dem Zeitpunkt, als die Länge markiert wurde. Die Rocklänge und die Saumzugabe bei einer Anprobe erneut rundherum prüfen. Gegebenenfalls die Saumlinie neu stecken und mit einer anderen Garnfarbe heften. Die Saumzugabe, falls nötig, neu anzeichnen und den Rock an dieser Markierung abschneiden. Die Saumzugabe umschlagen und beliebig säumen (siehe Seite 30–33). Hier ist das Befestigen der Kante mit Saumstich abgebildet.

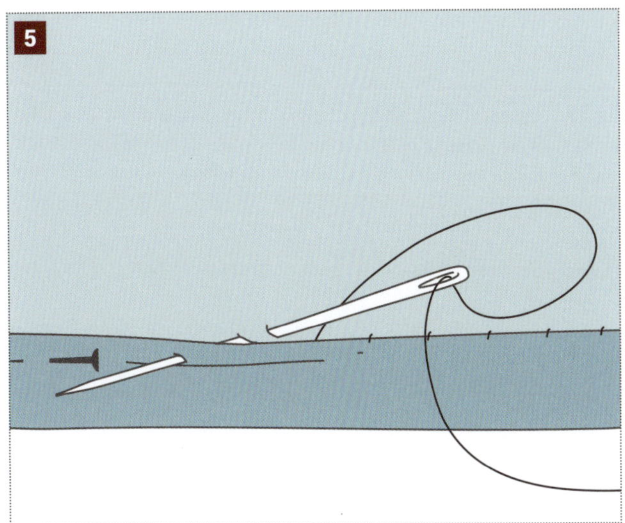

TIPP *Es macht Spaß, ein Kleidungsstück zu ändern und zu verschönern. Doch nehmen Sie sich nicht gleich Ihren Lieblingsrock oder ein teures Teil vor, sondern üben Sie mit einem alten Rock oder einem Schnäppchen, bis Sie sich sicher fühlen.*

Rock verlängern

1 Die Saumnaht vorsichtig auftrennen und die Saumzugabe auffalten. Den Rock anprobieren und überlegen, wie lang er werden soll. Es ist wichtig, zu prüfen, ob die vorhandene Saumzugabe für die gewünschte Änderung ausreicht.

2 Am Rock mit einer Schneiderelle oder einem Meterstab die neue Saumlinie abstecken, den Meßstab dabei senkrecht auf den Boden stellen.

3 Den Rock wieder ausziehen und die gesteckte Saumlinie heften. Den alten Saum ausbügeln.

4 Die verbliebene Saumzugabe messen und prüfen, ob die Zugabe für die geplante Saumart ausreicht (siehe auch Saumarten, Seite 30).

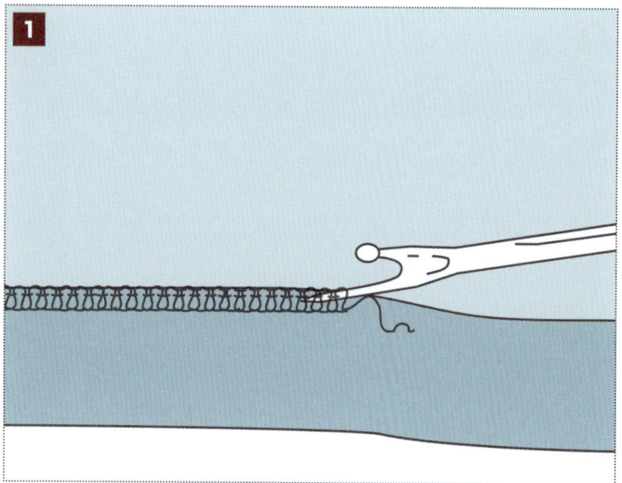

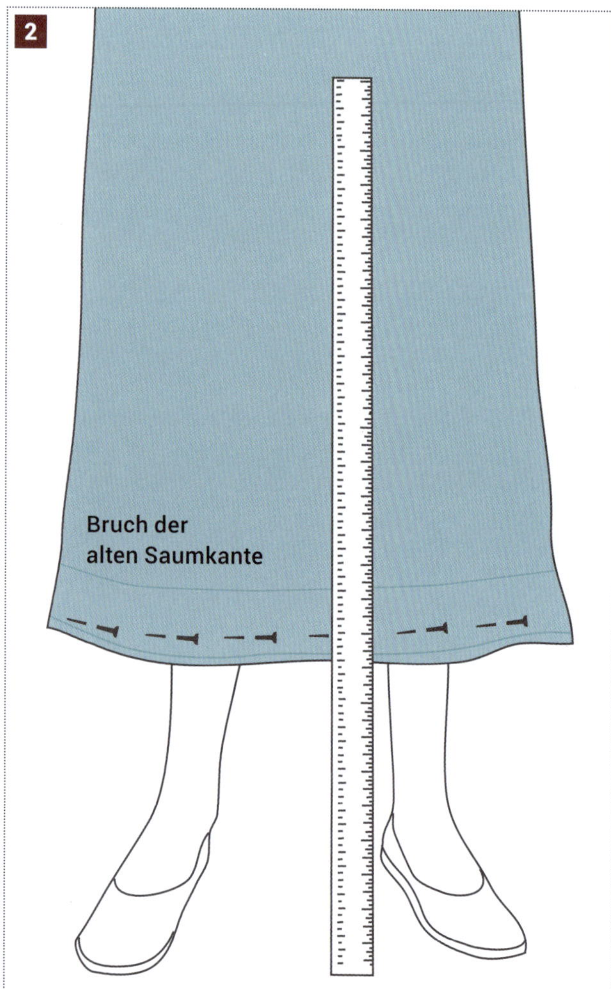

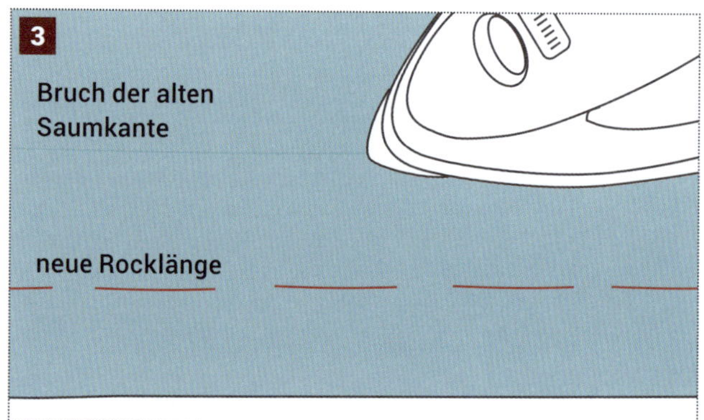

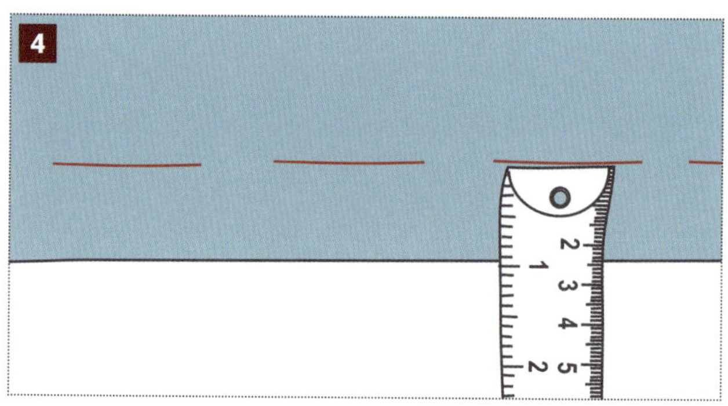

5 Die verbliebene Saumzugabe umschlagen und festheften. Zusätzlich zu dieser Heftnaht gibt es eine Heftmarkierung an der Unterkante des Rocks. Den Saum von der linken Seite leicht mit Dampf bügeln.

6 Den Rock säumen (siehe Seite 31) und die Saumkante bügeln, dabei an der Naht vorsichtig vorgehen, sonst drückt sich die festgenähte Bruchkante womöglich zur rechten Seite durch.

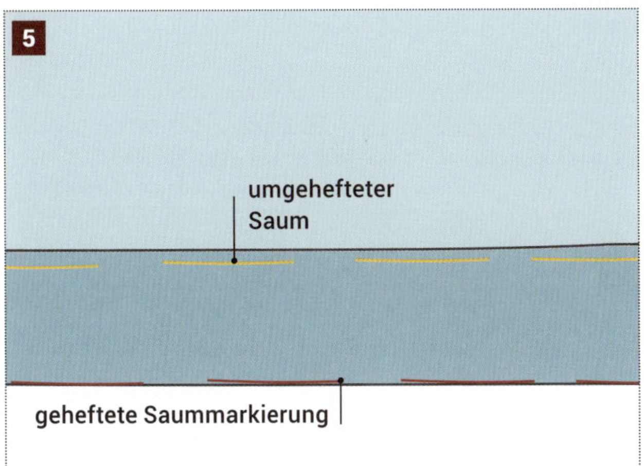

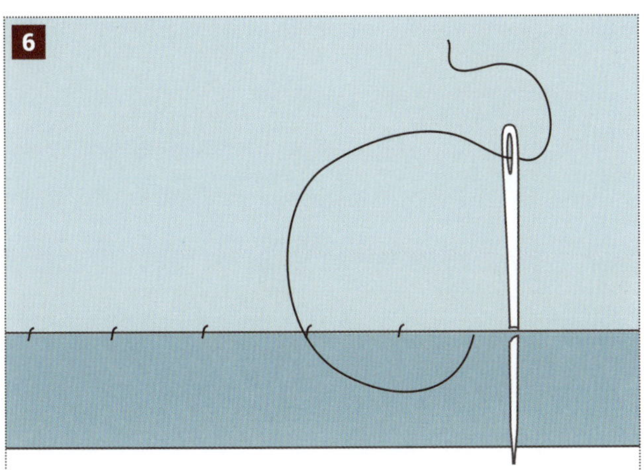

PLISSIERTE RÖCKE

Bei der industriellen Fertigung werden die Rockteile zugeschnitten und gesäumt, *bevor* sie mit Spezialmaschinen bei hohen Temperaturen plissiert werden. Die so eingebügelten Falten und Bruchkanten lassen sich weder mit einem Bügeleisen noch mit einer Bügelstation entfernen, wenn Sie einen Saum herauslassen möchten.

Sie können einen plissierten Rock kürzen, indem sie den Saum (mit viel Mühe) wie üblich ändern, doch die Plissierung lässt sich nicht mit einem Bügeleisen einbügeln.

Sie müssen den Saum entweder von einem Fachgeschäft neu plissieren lassen oder eine Industrie-Bügelanlage verwenden, wie sie in Schneidereien üblich sind. Auch Reinigungen können die Falten gegebenenfalls neu einbügeln, allerdings waschen sich diese allmählich wieder aus, da sie nicht bei der entsprechenden Temperatur und mit dem nötigen Druck fixiert wurden.

Eine andere Möglichkeit, einen plissierten Rock zu kürzen, besteht darin, den Bund abzutrennen, den Rock an der Oberkante abzuschneiden und dann wieder an den Bund zu nähen. Dabei muss jedoch die neue Oberkante des Rocks, je nach Schnitt, mehr oder weniger stark eingehalten werden.

Schräg geschnittenen Saum ändern

Die bisherigen Methoden zum Verlängern oder Kürzen von Säumen bezogen sich auf gerade geschnittene Röcke. Die Saumkante ist dabei im Fadenlauf (parallel zur Webkante) oder im Querfadenlauf (im rechten Winkel zum Fadenlauf) zugeschnitten. Parallel zur Webkante verlaufen die Kettfäden, quer zur Webkante die Schussfäden. Gerade zugeschnittene Stoffteile liegen glatt am Körper und benötigen Abnäher, damit sie sich der Figur anpassen.

Bei einem schräg geschnittenen Rock sind die Anforderungen höher. Die Webfäden verlaufen diagonal über den Körper, der Stoff wird dehnbarer und passt sich der Figur ohne Abnäher an. Diese Eigenschaft wird gerne bei Wäsche und Abendkleidern genutzt. Je leichter der Stoff, desto anschmiegsamer das Kleidungsstück. Lassen Sie einen schräg geschnittenen Rock nach dem Auftrennen und vor dem Säumen unbedingt über Nacht aushängen.

gerader Fadenlauf

schräger Fadenlauf

TIPP *Es mag einfach erscheinen, schräg geschnittene Säume zu ändern – doch sie haben ihre Tücken. Unabhängig von der Näherfahrung wird eine solche Änderung nur mit Zeit und Geduld gelingen. Üben Sie die Methode gegebenenfalls zunächst mit einem schräg geschnittenen Stück Stoff.*

1 Den Rock anprobieren und die neue Länge vom Boden aus mit einer Schneiderelle rundherum abmessen und mit Stecknadeln markieren.

2 Den Rock ausziehen, auf die Arbeitsfläche legen und die gesteckte Saumlinie heften. 5 cm Saumzugabe markieren und den restlichen Stoff abschneiden.

3 Den Rock an einem Bügel oder einer Schneiderbüste 24 Stunden hängen lassen, damit sich der Stoff entspannt. Bei einer erneuten Anprobe die Rocklänge rundherum prüfen (**a**). Wenn sich die Saumlänge stark verändert hat, die Saumkante neu stecken und mit einer anderen Garnfarbe heften (**b**).

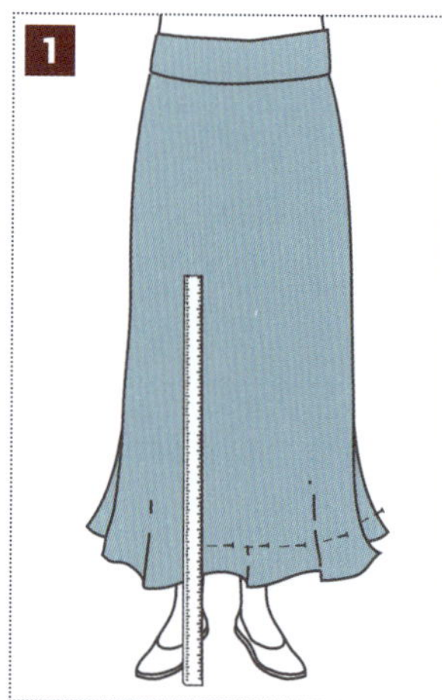

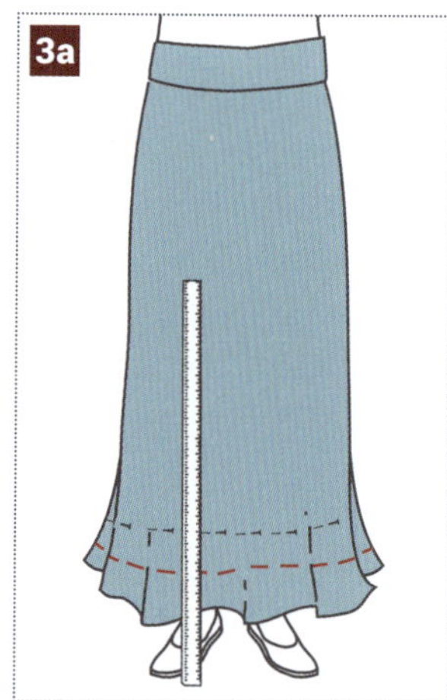

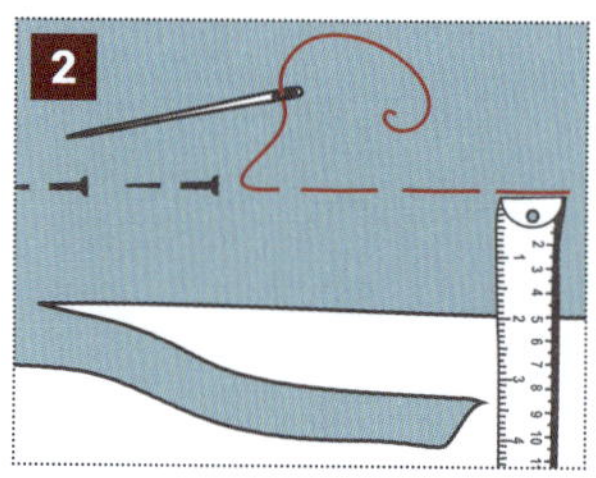

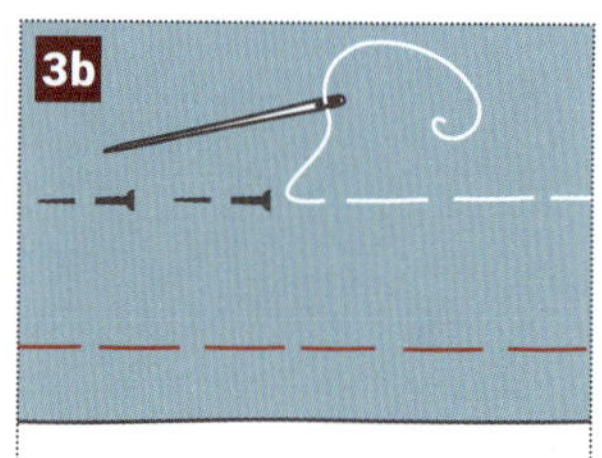

4 Den Rock wieder auf die Arbeitsfläche legen. Die Saumzugabe auf 1 cm zurückschneiden. Bei schräg geschnittenen Säumen ist, je nach Stoffdicke, eine möglichst schmale Zugabe sinnvoll, um das Nähen des Saums zu erleichtern.

5 Wenn Sie eine Overlockmaschine zur Verfügung haben (siehe Seite 19), die Saumzugabe damit versäubern. Dann die Zugabe etwas breiter als die Overlocknaht umschlagen und feststecken. Den Saum etwa 5 mm neben der Stoffkante absteppen. Diese Naht ist von außen sichtbar.

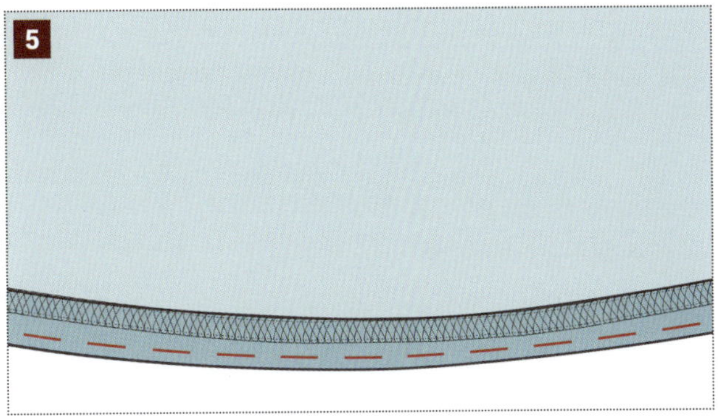

6 Wenn keine Overlockmaschine zur Verfügung steht, den Stoff rundherum 3 cm neben der Kante heften, damit er sich beim Handnähen nicht ausdehnt oder wellt. Diese Heftnaht wird später wieder entfernt. Den Saum mit angefeuchteten Fingern an der Kante einrollen und mit Saumstich annähen (siehe Seite 32). Diese Technik eignet sich gut für feine Stoffe.

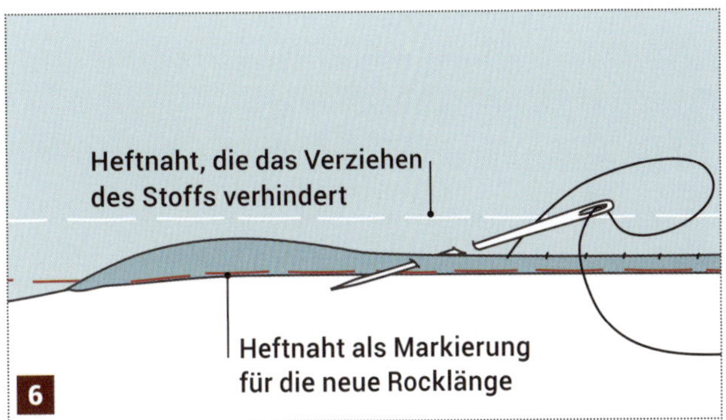

7 Den Saum mit Dampf bügeln und alle Heftfäden herausziehen. Sollte sich die Saumkante wellen, vorsichtig ausbügeln. Hat sich der Saum dagegen ausgedehnt, diesen mit Dampf wieder einbügeln.

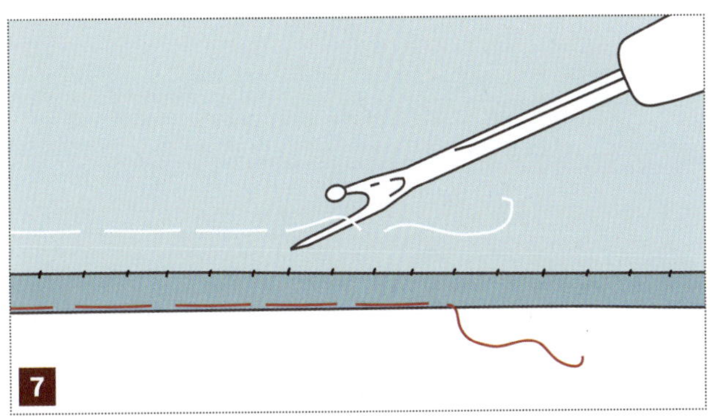

TIPP

Wenn Sie bei Schritt 5 den Saum mit kurzem Geradstich absteppen, besteht die Gefahr, dass die Maschinennaht später bei Beanspruchung reißt, weil nur der Stoff nachgibt, aber nicht die Naht, die auseinandergezogen wird. Stellen Sie einen leichten Zickzackstich ein, dadurch wird die Naht leicht dehnbar.

Gummiband im Bund anpassen

DIESE METHODE EIGNET SICH AUCH FÜR HOSEN

1 Den Rock auf die Arbeitsfläche legen, den Bundumfang messen und das Maß notieren. Damit lässt sich später prüfen, ob das Gummiband um das richtige Maß gekürzt wurde. Den Rock nach links wenden. Die Verbindungsnaht des Gummibands suchen und an der nächstgelegenen Seitennaht ein Stück auftrennen. Das Band als Schlaufe 2,5 cm herausziehen und mit einer großen Sicherheitsnadel feststecken.

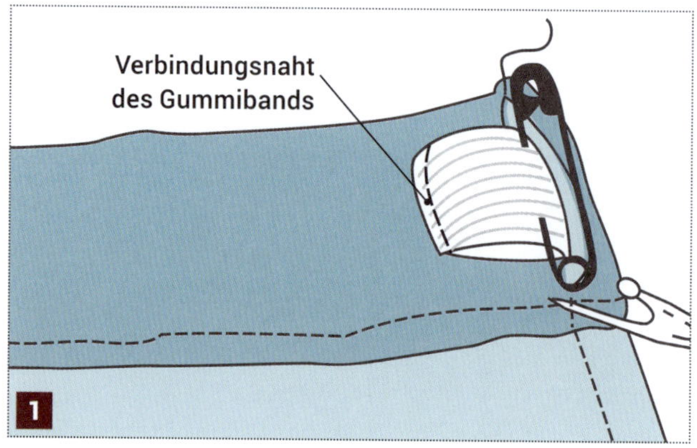

2 Den Rock von der linken Seite anprobieren. Das Gummiband dann so weit herausziehen, bis der Rock angenehm in der Taille sitzt, und die Schlaufe mit einer zweiten Sicherheitsnadel feststecken.

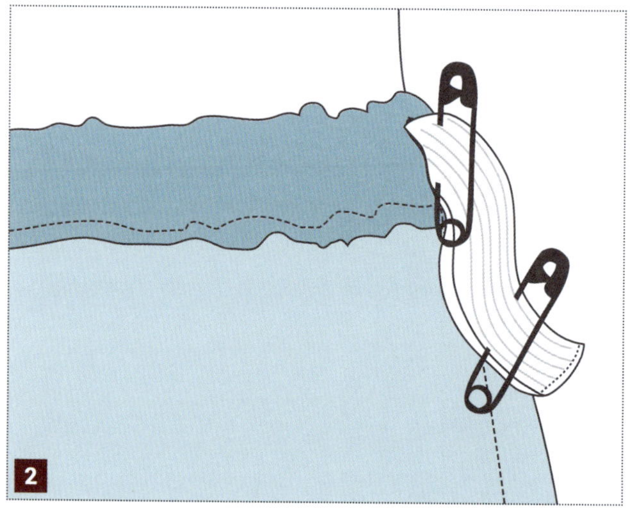

3 Den Rock wieder auf die Arbeitsfläche legen. Die erste Sicherheitsnadel herausnehmen (die 2,5-cm-Markierung) und die Länge der Schlaufe vom Ende bis zur zweiten Sicherheitsnadel messen. Das Maß notieren. Die Position der Sicherheitsnadel auf beiden Seiten mit Bleistift auf dem Gummiband markieren. Die zweite Sicherheitsnadel herausziehen.

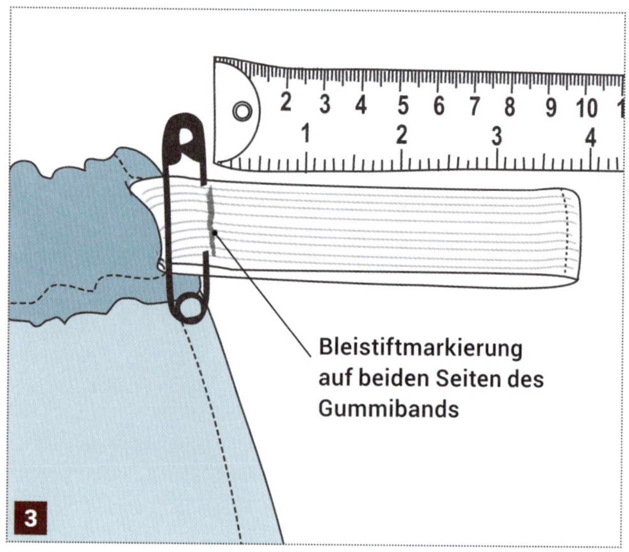

TIPP *Mit dieser Methode lässt sich ein Bund mit Gummizug leicht enger machen. Ebenso leicht können Sie den Bund erweitern, indem Sie das Gummiband durch ein längeres ersetzen. Ein Bund mit Gummizug besitzt Mehrweite und kann innerhalb dieses Spielraums enger und weiter gemacht werden, ohne gleich das ganze Kleidungsstück zu ändern. Auf der gegenüberliegenden Seite wird beschrieben, wie ein neues Band in den Bundtunnel eingezogen wird.*

4 Das Gummiband so weit wie möglich herausziehen, ohne es zu überdehnen, und 2,5 cm neben der Bleistiftmarkierung abschneiden. Dabei die ursprüngliche Verbindungsnaht mit abschneiden. Gegebenenfalls zunächst die Markierung von Schritt 3 versetzen, damit diese Naht mit abgeschnitten wird.

5 Die Enden des Gummibands so aufeinander legen, dass die Bleistiftmarkierungen von Schritt 3 übereinander liegen. Die Enden mit mehreren Stepplinien fest verbinden. Am Bund ziehen, damit das Gummiband wieder in den Tunnel rutscht. Dann den Rock anprobieren und prüfen, ob er bequem sitzt.

6 Die Kräuselung am Bund gleichmäßig verteilen. Die kleine Öffnung in der Seitennaht von Hand mit Saumstich (siehe Seite 49) schließen. Den Bundumfang messen und prüfen, ob er dem neuen Maß entspricht.

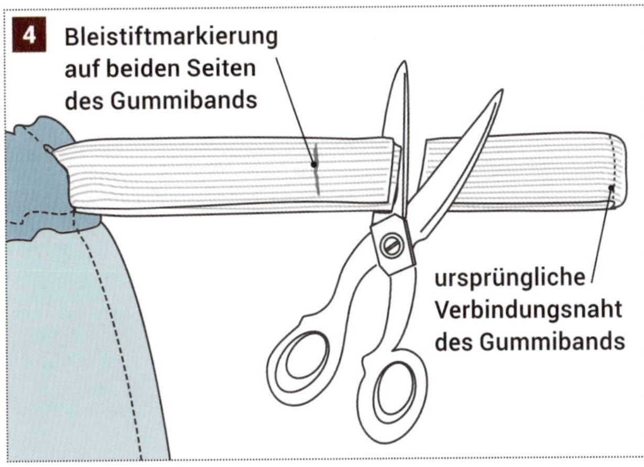

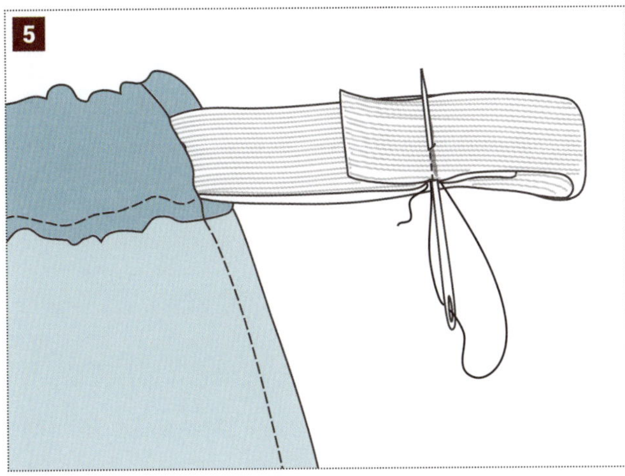

TIPP *Wenn das Gummiband alt oder ausgeleiert ist, tauschen Sie es am besten gleich durch ein neues aus. Das alte Band herausziehen, dann ein neues in passender Länge abschneiden, an einem Ende eine Sicherheitsnadel befestigen und dieses damit in den Tunnel einziehen. Das Band mit einer Sicherheitsnadel zusammenhalten und den Bund wie oben fertigstellen.*

Neues Zugband einziehen

Bei Freizeit- und Sportbekleidung wird häufig ein Band in einen Tunnel im Taillenbund eingezogen. Entweder sind zwei senkrechte Knopflöcher in den Tunnel eingearbeitet oder die Naht in der vorderen Mitte wird ein Stück offen gelassen. Ein Zugband lässt sich leicht austauschen.

DIESE METHODE EIGNET SICH AUCH FÜR HOSEN

1 Am Rock den Bundumfang messen und ein Band oder eine Kordel in der doppelten Länge abschneiden. An einem Bandende eine Sicherheitsnadel befestigen, die durch den Tunnel passt. Die Sicherheitsnadel mit dem Band durch eines der beiden Knopflöcher (oder die Öffnung in der Naht) in den Tunnel einziehen und durchschieben, bis sie aus dem anderen Knopfloch wieder herauskommt.

2 Die beiden Bandenden jeweils verknoten, damit sie nicht in den Tunnel rutschen können. Das Band verschieben, bis die Enden gleich lang herabhängen.

3 Den Rock anprobieren, das Zugband straffziehen und zu einer Schleife binden. Die Enden gegebenenfalls kürzen und neu verknoten.

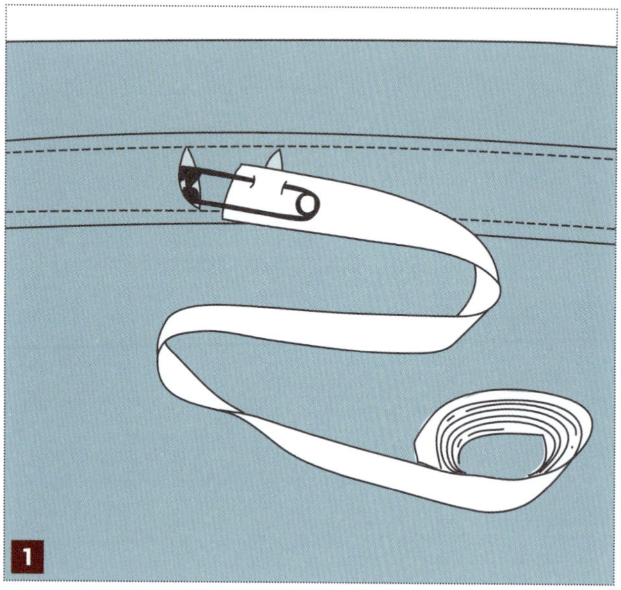

1

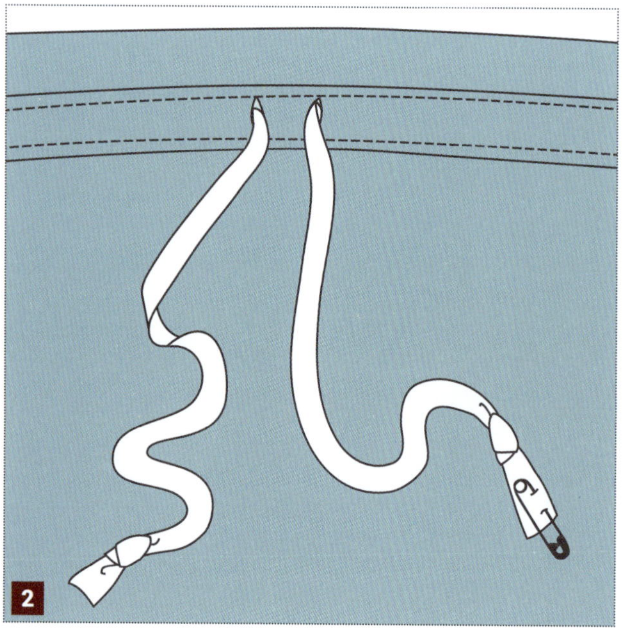

2

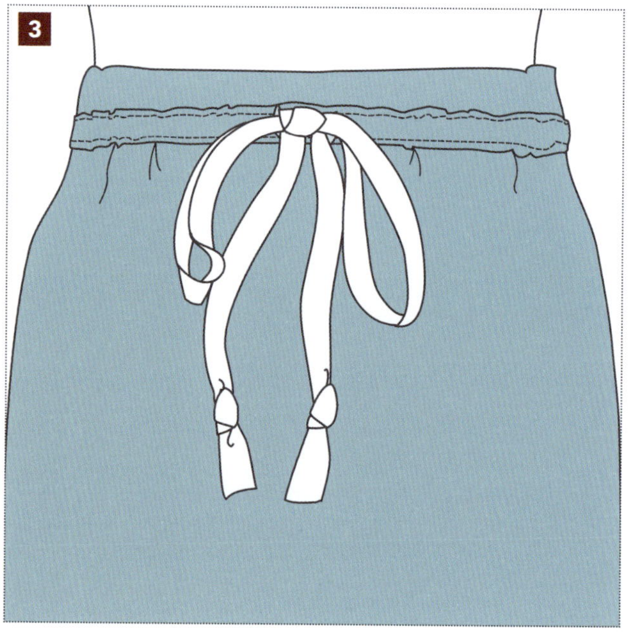

3

Taille an den Abnähern verschmälern

Wenn ein Rock Abnäher hat, können Sie ihn an diesen weiter beziehungsweise enger machen. In der Regel werden die Abnäherpaare am vorderem und am rückwärtigen Teil geändert. Wenn keine Abnäher vorhanden sind, können Sie welche einfügen und den Rock damit der Figur anpassen. Jede Änderung, die Sie am Oberstoff vornehmen, müssen Sie bei gefütterten Kleidungsstücken auch am Futterstoff vornehmen, damit das Teil gut sitzt.

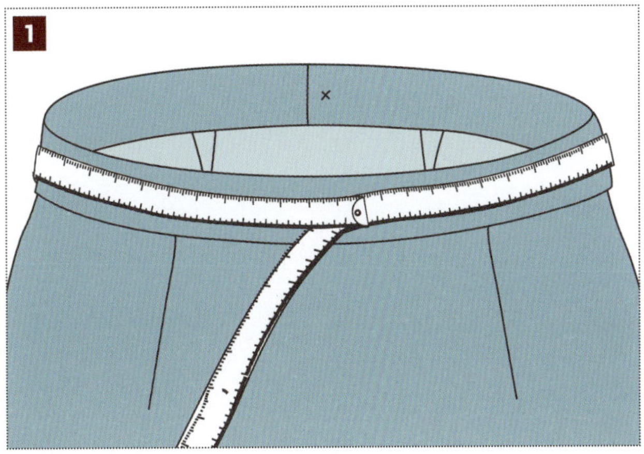

TIPP *Je größer der Abnäherinhalt, desto größer der Abnäherwinkel. Dabei wölbt sich jedoch oft der Stoff an der Abnäherspitze. Optisch günstiger ist es, die Stoffmenge auf zwei Abnäher aufzuteilen und die Abnäherpaare an vorderem und rückwärtigem Teil jeweils symmetrisch anzuordnen.*

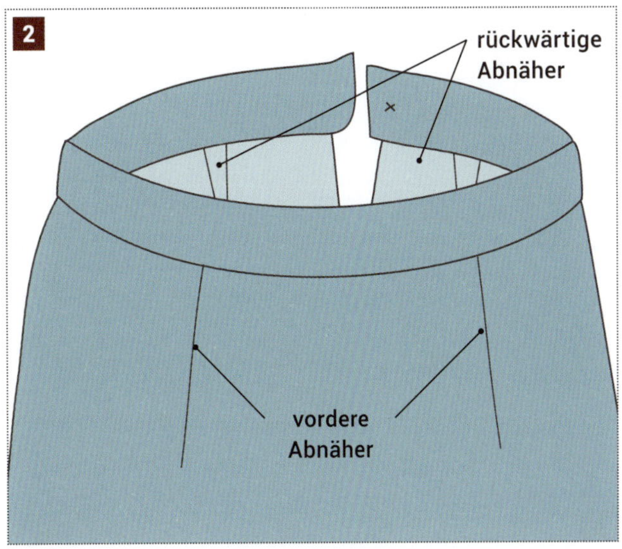

1 Den Taillenumfang des Trägers messen und die gewünschte Taillenweite des Rocks festlegen. Die Differenz zwischen den beiden Maßen ergibt den Betrag, um den die Taille enger gemacht werden muss.

2 Dieses Maß durch die Anzahl der Abnäher im Rock teilen. Wenn keine Abnäher vorhanden sind, das Maß durch vier teilen (normalerweise hat ein Rock an vorderem und rückwärtigem Teil je zwei Abnäher). Das Ergebnis so anpassen, dass die vorderen Abnäher etwas kleiner werden als die hinteren. Die Größe der Abnäher ist von den jeweiligen Körperproportionen abhängig (siehe auch Box, Seite 65).

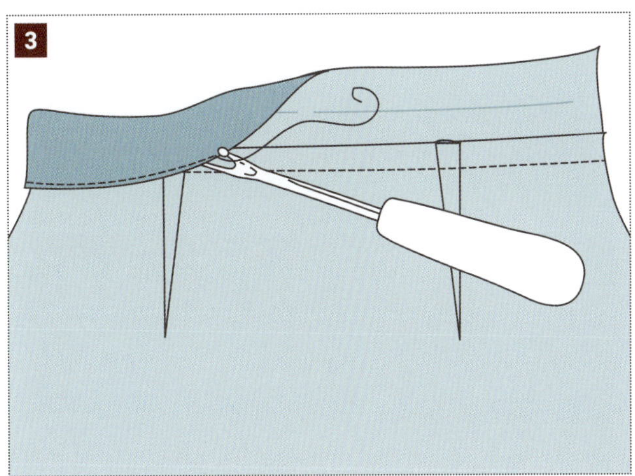

3 Den Rock nach links wenden. Anschließend den Bund vollständig vom Rock abtrennen.

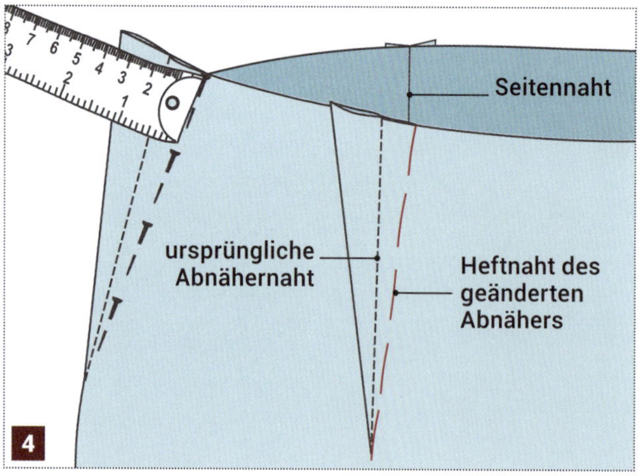

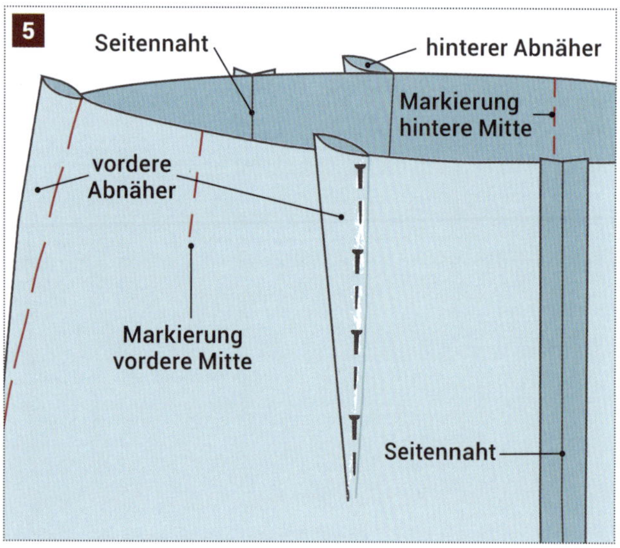

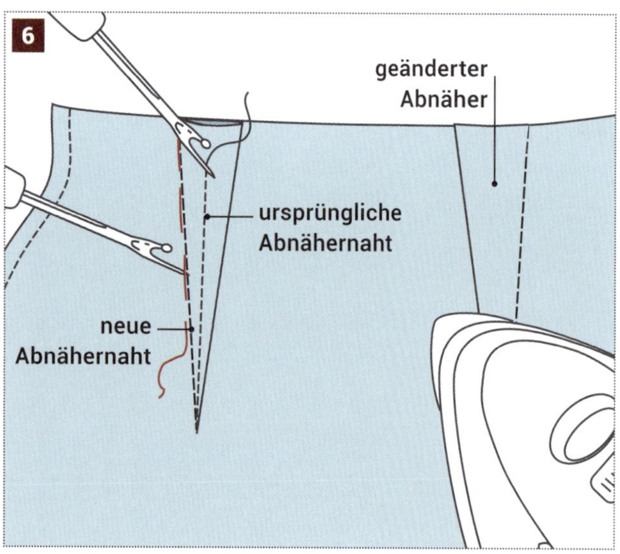

4 Die Abnäher jeweils um das festgelegte Maß an der Taille breiter abstecken. Dann die flach gebügelten Abnäher von der Taille bis zur Abnäherspitze heften.

5 Wenn an der Taille keine Abnäher vorhanden sind, mit einem Maßband die vordere und hintere Mitte abmessen und mit Heftstichen markieren. Dann jeweils die Mitte zwischen vorderer beziehungsweise hinterer Mitte und Seitennaht abmessen und als Abnäherposition verwenden. Abnäher sind in der Regel 7,5–12,5 cm lang, je nach Körperform. Die Abnäher mit den festgelegten Maßen stecken, mit Kreide markieren und heften (siehe auch Abnäher nähen, Seite 40–41).

6 Wenn alle geänderten oder neuen Abnäher geheftet sind, die Passform bei einer Anprobe prüfen und angleichen, falls nötig. Die Abnäher dann mit der Nähmaschine schließen. Falls auf der rechten Seite alte Abnähernähte sichtbar sind, diese auftrennen und die Heftfäden herausziehen. Den Abnäherinhalt zur vorderen beziehungsweise hinteren Mitte bügeln.

7 Nun wird der Taillenbund um den gesamten zusätzlichen Abnäherinhalt gekürzt. Wenn die Abnäher also beispielsweise zusätzlich um insgesamt 4 cm abgenäht wurden, muss der Bund um dieses Maß gekürzt werden. Dazu den Bund an den Rock stecken, die Mehrweite an den Seitennähten jeweils in eine Falte legen und abstecken. Die Falten abnähen (siehe Taillenbund kürzen, Seite 72). Wenn der Rock einen seitlichen Verschluss hat, kann die Mehrweite auf der anderen Seite in einer einzigen Falte abgenäht werden.

Wenn die Falten am Bund auftragen würden, kann die gesamte Mehrweite auch an einem Bundende abgeschnitten werden. Wenn der Bund mit einem Knopf geschlossen wird, muss die Mehrweite auf der Knopfseite abgeschnitten werden. Den Knopf abtrennen und an das neue Bundende annähen.

8 Den Bund wieder an den Rock heften und wie bei Schritt 4 und 5 auf Seite 72–73 annähen. Die Heftfäden herausziehen und den Rock bügeln.

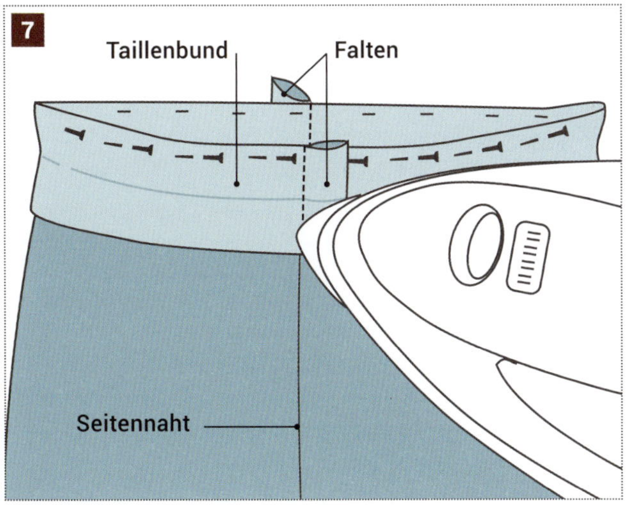

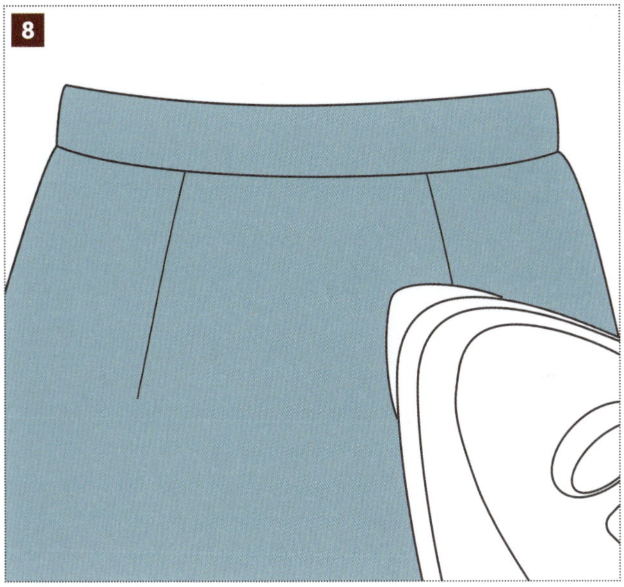

DEN ABNÄHERINHALT BERECHNEN

Das folgende Beispiel zeigt, wie der Abnäherinhalt (die gesamte Tiefe) auf das vordere und rückwärtige Rockteil aufgeteilt werden kann. Die vorderen Abnäher sollten je nach Figur kürzer und schmaler sein als die hinteren. Diese müssen sich an die Rundung am Gesäß anpassen. Daher sind diese Abnäher meist etwas breiter und länger.

Wenn der Rock beispielsweise insgesamt 44 mm enger werden soll und die Trägerin einen flachen Bauch und ein schmales Gesäß hat, können die beiden vorderen Abnäher in der Taille jeweils 10 mm tief sein. Die beiden hinteren Abnäher wären dann jeweils 12 mm tief. Insgesamt sind damit 44 mm auf vier Abnäher aufgeteilt.

Wenn die Person einen flachen Bauch, aber ein breites Gesäß hat, könnten die vorderen Abnäher 8 mm tief sein und die hinteren Abnäher 14 mm tief. Insgesamt sind damit ebenfalls 44 mm auf vier Abnäher aufgeteilt.

Taille an den Abnähern erweitern

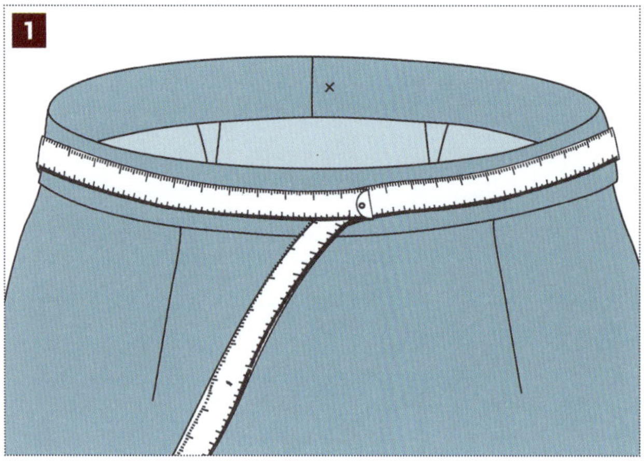

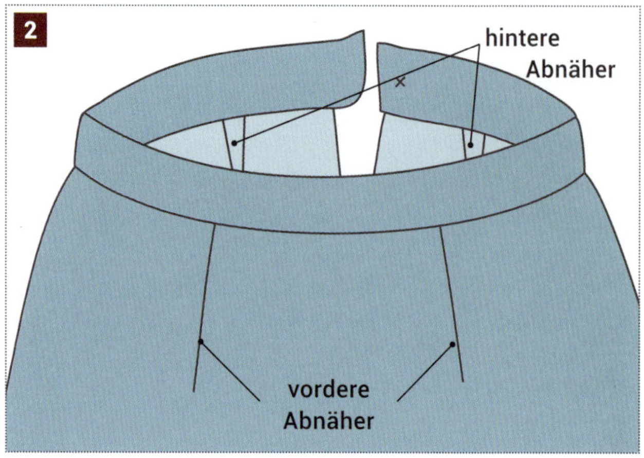

1 Zuerst den Taillenumfang des Trägers sowie den ursprünglichen Bundumfang des Kleidungsstücks messen. Die Differenz zwischen den beiden Maßen ergibt die fehlende Weite, die herausgelassen wird.

2 Dieses Maß durch die Anzahl der Abnäher im Rock teilen. Das Ergebnis so anpassen, dass aus den vorderen Abnähern weniger Inhalt herausgelassen wird als aus den hinteren. Die Breite der vorderen und hinteren Abnäher an der Taille hängt von den Proportionen des Trägers ab (siehe Box, Seite 65).

3 Den Rock nach links wenden. Den Bund vollständig abtrennen. Bei gefütterten Kleidungsstücken muss jede Änderung am Oberstoff auch am Futter vorgenommen werden, um eine gute Passform zu erzielen.

4 Jeden Abnäher an der Taille um das halbe festgelegte Maß schmäler stecken (das Maß bezieht sich jeweils auf den gesamten Abnäherinhalt) und dann jeweils von der Taille bis zur Abnäherspitze heften.

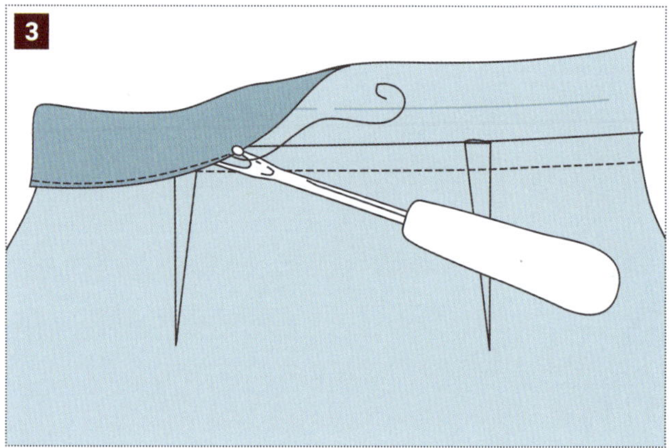

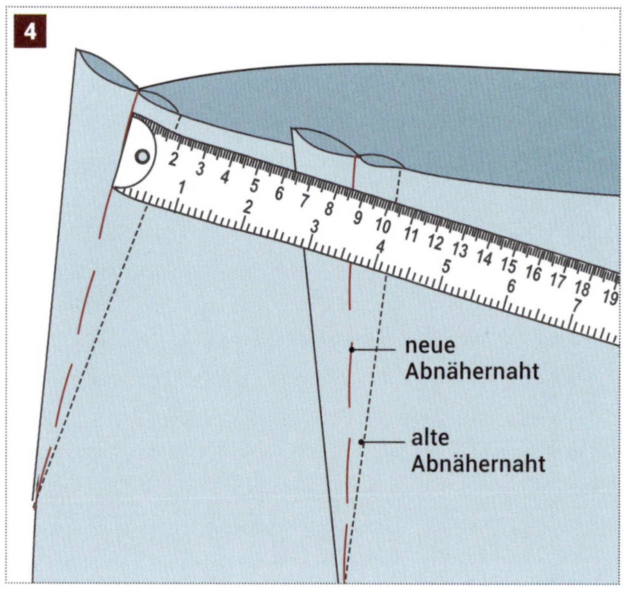

5

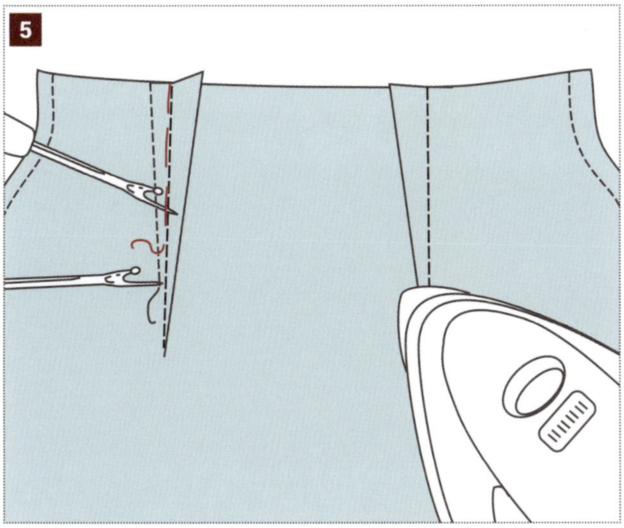

6

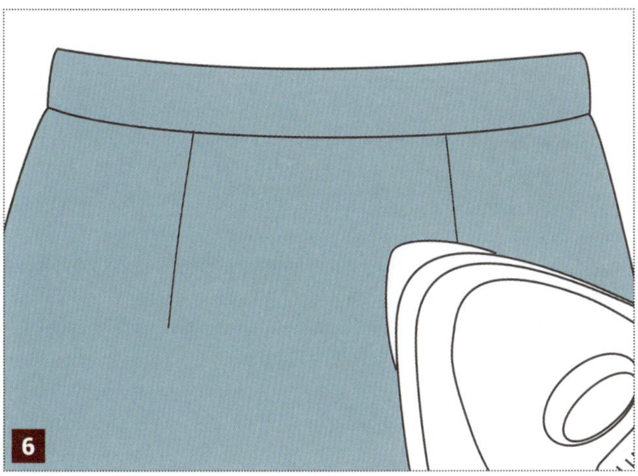

5 Wenn alle Abnäher geheftet sind, die alten Abnähernähte auftrennen. Den Rock anprobieren und die Heftnähte bei Bedarf anpassen. Die Abnäher mit der Nähmaschine schließen (siehe Seite 40) und danach die Heftfäden herausziehen. Den Abnäherinhalt jeweils zur vorderen beziehungsweise hinteren Mitte bügeln.

6 Damit der Bund wieder an den Rock genäht werden kann, muss ein Stück Stoff angesetzt werden (siehe auch Seite 74–75). Den Rock abschließend bügeln.

FUTTER

Ein Futter vervollständigt ein Kleidungsstück und wird innen an den Oberstoff genäht. Damit das Kleidungsstück gut sitzt, müssen alle Änderungen am Oberstoff an der entsprechenden Stelle am Futterstoff ebenfalls vorgenommen werden. Es wirkt sich negativ auf die Passform aus, wenn die Änderungen im Futter an anderen Stellen oder gar nicht ausgeführt werden. Das Futter wird immer so eingenäht, dass es mit der linken Seite auf jener des Oberstoffs liegt.

Hüfte an den Seitennähten erweitern

Ein Rock lässt sich auch durch Herauslassen oder Abnähen der Seitennähte erweitern. Diese müssen gleichmäßig geändert werden. Wenn ein Futterrock vorhanden ist, muss auch dieser entsprechend angepasst werden. Eine solche Änderung ist allerdings bei schräg geschnittenen Röcken häufig nicht möglich, da sie wenig Nahtzugabe besitzen, um nicht aufzutragen und schön zu fallen.

TIPP *Am leichtesten lassen sich Seitennähte ändern, wenn der Rock in der vorderen oder hinteren Mitte geschlossen wird. Damenröcke haben leider oft einen Reißverschluss in der linken Seitennaht. Es ist zeitaufwendig, diesen herauszutrennen, und der Stoff kann dabei beschädigt werden. Auch hat die Seitennaht mit Reißverschluss oft zu wenig Nahtzugabe, um eine Änderung durchführen zu können. Eine Anleitung für eine einseitige Änderung finden Sie in der Box auf Seite 71.*

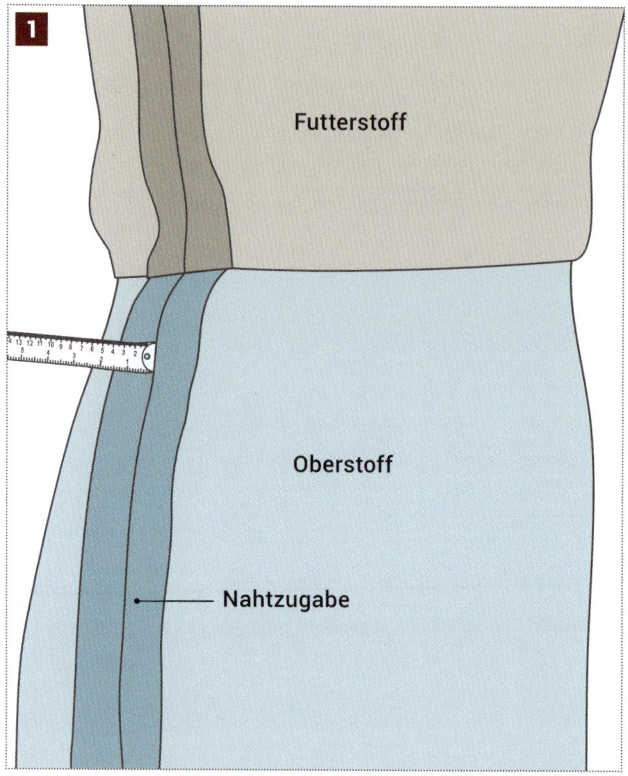

1 Zunächst sollte geprüft werden, ob die Nahtzugaben für eine Änderung breit genug sind. Dann festlegen, um welches Maß der Rock erweitert werden soll, damit er bequem sitzt. Dieses Maß notieren und durch vier teilen. Wenn der Rock im Hüftbereich um 5 cm erweitert werden soll, wird die Nahtzugabe auf Hüfthöhe bei allen Teilen seitlich um 1,25 cm verkleinert (siehe Box Beidseitig ändern, Seite 70).

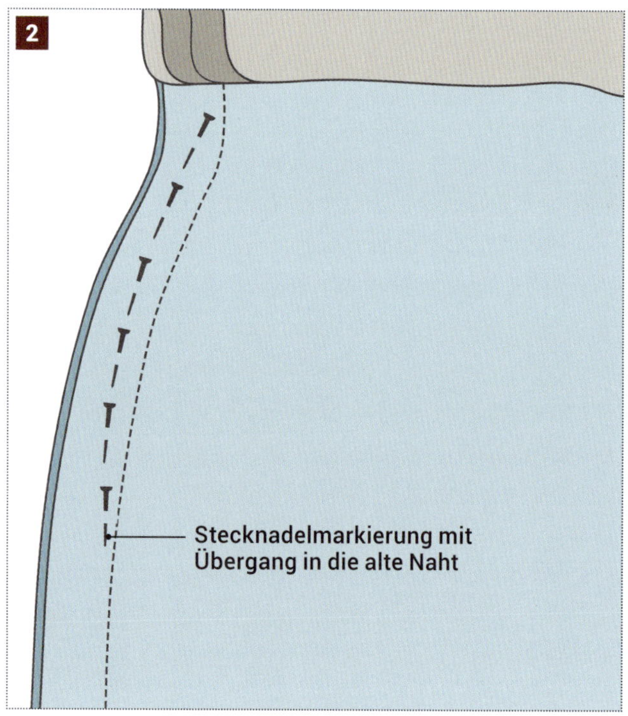

2 Den Rock nach links wenden, die Nahtzugaben aufeinander legen und bügeln (den Bund dafür an der Seite ein Stück abtrennen). Den Rock auf die Arbeitsfläche legen und auf Hüfthöhe 1,25 cm außerhalb der Naht die neue Seitennaht stecken. Auf dieser Rockseite wird die Hüftweite damit um 2,5 cm vergrößert. Die neue Naht allmählich in die alte übergehen lassen. Anschließend den Futterrock entsprechend ändern.

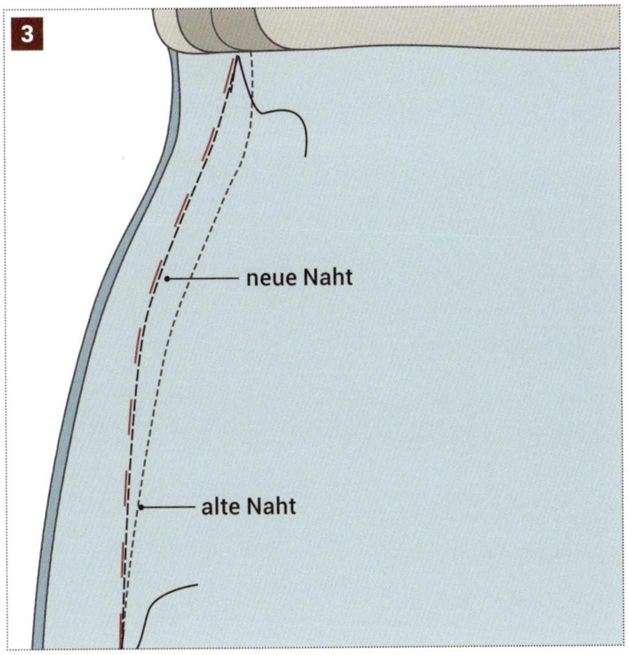

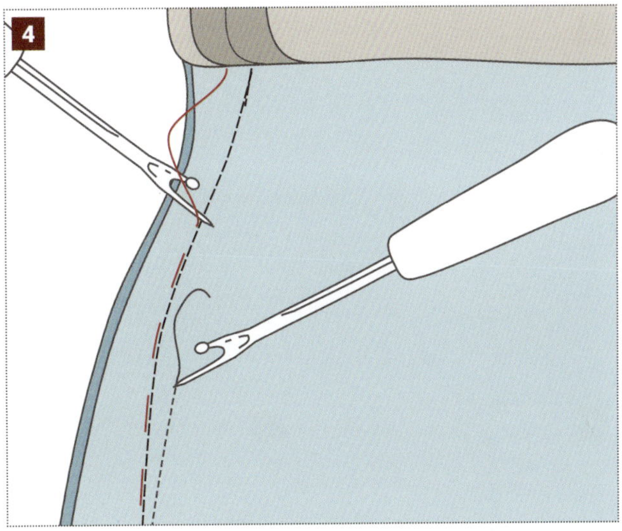

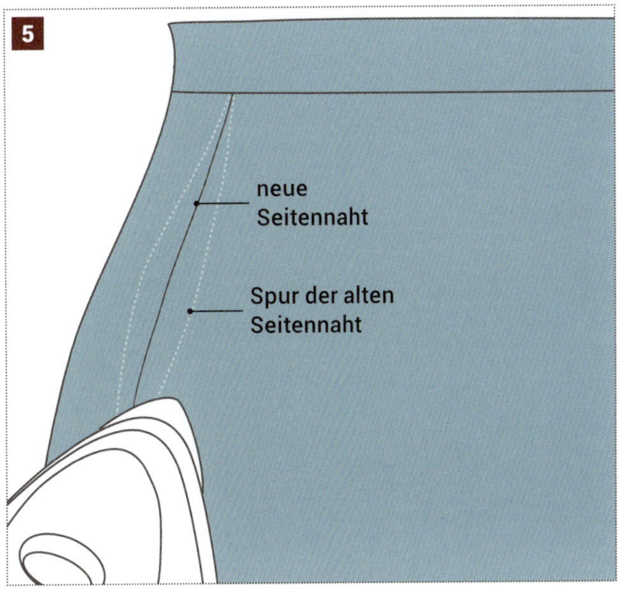

3 Die gesteckte Naht heften und mit der Nähmaschine schließen. Anfang und Ende mit Rückstichen sichern.

4 Die alte Steppnaht und die Heftnaht bis zum Übergang in die neue Naht auftrennen, die Fäden der alten Naht jedoch nicht abschneiden, sonst bilden sich Löcher am Übergang. Stattdessen die Fäden nur vorsichtig lösen und die Fadenenden gut verknoten.

5 Zunächst auf die beiden Nahtzugaben zusammen bügeln, dann die Naht ausbügeln. Auf der Außenseite des Rocks ist die Spur der alten Naht zu sehen, an der Hüfte etwa 1,25 cm neben der neuen Naht. An beiden Seitennähten wurden 2,5 cm herausgelassen, insgesamt also 5 cm. Den Bund von Hand mit Saumstich (siehe Seite 49) oder mit der Nähmaschine wieder annähen, wo er für die Änderung abgetrennt wurde.

TIPP *Wenn der Rock aus einem Florstoff besteht, wie Cord oder Samt, lässt sich die Spur der alten Naht mit einer weichen Bürste verwischen. Vintage-Kleidung ist womöglich außen stärker ausgeblichen als in der Nahtzugabe. Beachten Sie, dass der farbliche Unterschied bei dieser Änderung zutage tritt.*

Hüfte an den Seitennähten verschmälern

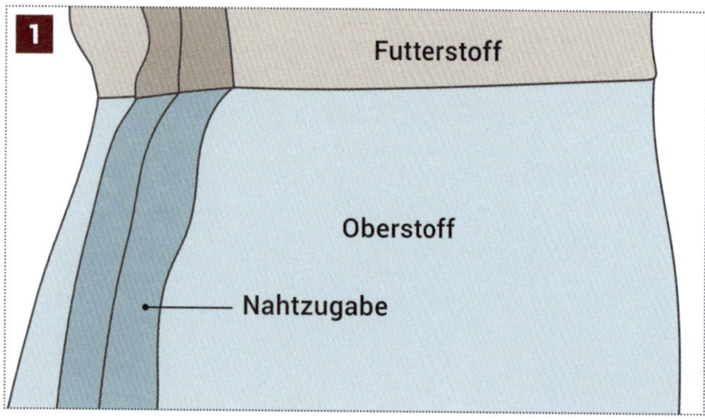

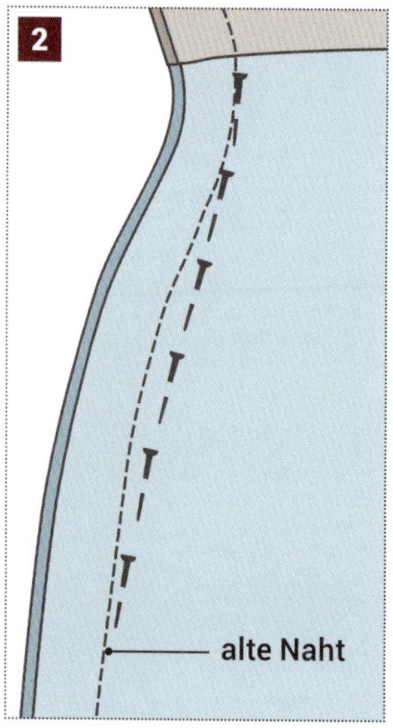

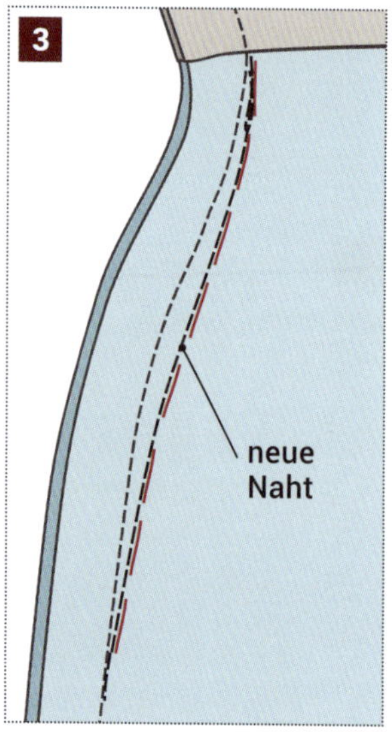

BEIDSEITIG ÄNDERN

Dieser Begriff bedeutet, dass bei einem Kleidungsstück beide Seiten gleichermaßen geändert werden. Wird ein Rock an den Seitennähten geändert, muss das Gesamtmaß der Erweiterung oder Verschmälerung durch vier geteilt werden. Das Maß wird also auf die Seitennähte aufgeteilt und dort wiederum auf die beiden Nahtzugaben.

1 Zunächst sollte geprüft werden, ob Taschen oder Verzierungen an der Seitennaht von der Änderung betroffen sind. Dann festlegen, um welches Maß der Rock enger werden soll, damit er bequem sitzt.

2 Das Gesamtmaß, das abgenäht werden soll, durch vier teilen. Wenn der Rock beispielsweise insgesamt 5 cm enger werden soll, wird dieser Betrag durch vier geteilt. Beide Seitennähte werden also jeweils um 1,25 cm abgenäht. Den Rock nach links wenden, die Nahtzugaben aufeinander legen und bügeln (gegebenenfalls den Bund dafür ein Stück abtrennen). Den Rock flach ausbreiten und auf Hüfthöhe die 1,25 cm breitere Naht stecken, diese dabei oben und unten allmählich in die alte Naht übergehen lassen.

3 Die gesteckte Naht heften, dann die Nadeln herausziehen. Die neue Naht mit der Nähmaschine schließen, Anfang und Ende mit Rückstichen verriegeln.

4 Die alte Nahtlinie bis zum Übergang in die neue Naht auftrennen, die Fäden jedoch nicht abschneiden, sonst bilden sich Löcher am Übergang. Die Fäden der alten Naht am Übergang zur neuen nur vorsichtig lösen und die Fadenenden gut verknoten.

5 Die Nahtzugaben auseinanderbügeln. Die Spur der alten Naht ist in den beiden Zugaben zu sehen. Beide Seitennähte wurden 2,5 cm abgenäht, insgesamt also 5 cm. Der Rock wurde nun beidseitig geändert (siehe Box links). Den Vorgang gegebenenfalls mit den gleichen Maßen am Futter wiederholen. Falls nötig, den Bund an den abgetrennten Stellen wieder feststeppen und mit Saumstich (siehe Seite 49) annähen.

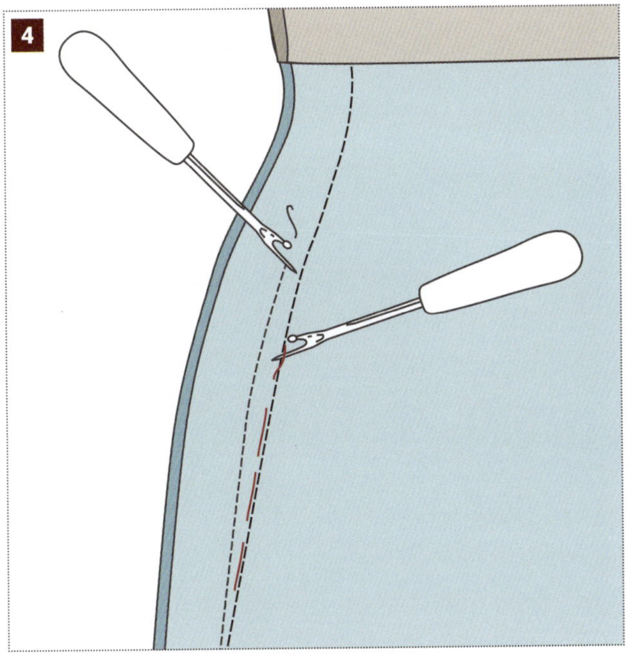

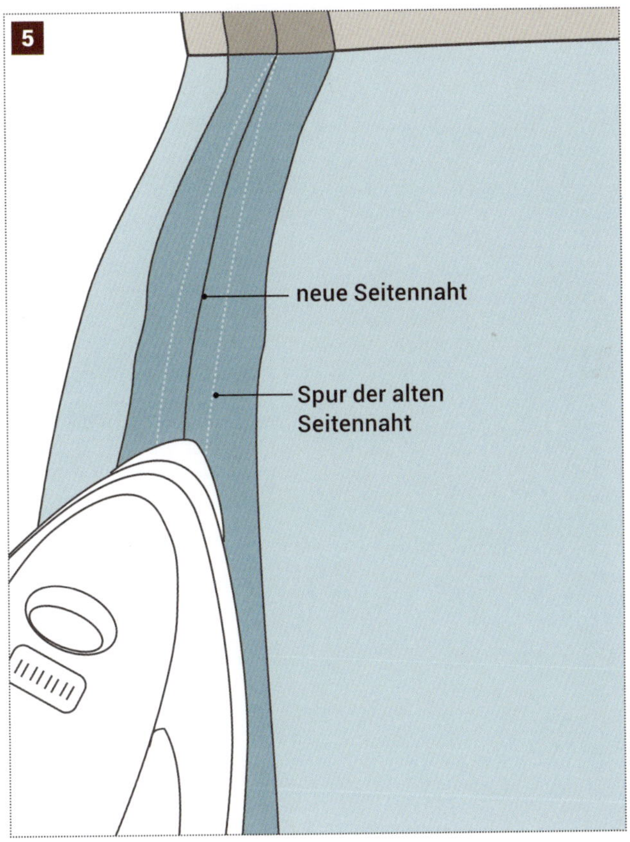

EINSEITIGE ÄNDERUNGEN

Es ist zwar besser, einen Rock beidseitig zu ändern, doch lässt sich dies auch einseitig durchführen, wenn nötig. Es müssen jedoch bestimmte Bedingungen erfüllt sein:

- Es gibt kein auffälliges oder symmetrisches Muster, das durch die Änderung aus dem Gleichgewicht käme.
- Der Bund hat ausreichend Nahtzugabe, damit er lang genug ist, um anschließend wieder angenäht werden zu können, wenn die Seitennaht herausgelassen wurde.
- Nach dieser Änderung wird die Rocklänge nicht mehr verändert.
- Die ursprüngliche Nahtlinie ist nach der Änderung nicht so stark sichtbar, dass der Rock dadurch unschön aussieht.
- Der Rock besitzt ausreichend Nahtzugabe für die Änderung.
- Der Futterrock, falls vorhanden, hat ausreichend Nahtzugabe, um die gleiche Menge herauszulassen, sonst kann nur der Oberstoff geändert werden und das Futter bleibt zu eng.
- Der Rock ist gekräuselt und hat keine gelegten oder gebügelten Falten.

Taillenbund kürzen

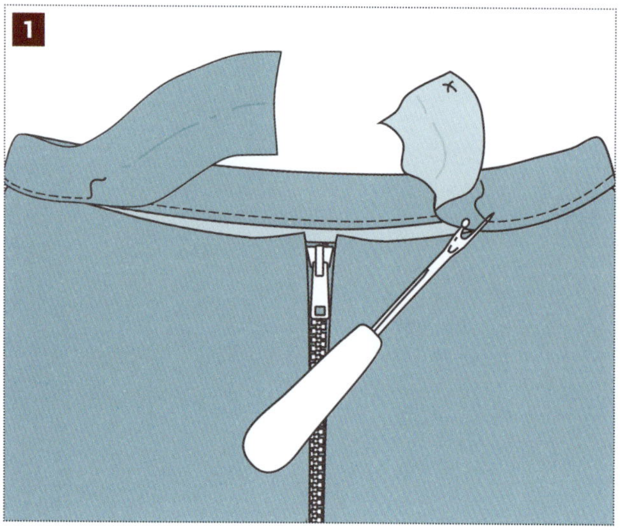

Diese Technik ist für leichte bis mittelschwere Stoffe geeignet. Bei schweren Stoffen würde eine Falte, die zu einer Seite gebügelt ist, auftragen. In diesem Fall wird die abgenähte Falte aufgeschnitten und ausgebügelt oder die Mehrweite an einem Bundende abgeschnitten. Der Bund muss dazu abgetrennt werden. Bei einem Knopfverschluss wird die Mehrweite auf der Knopfseite abgeschnitten, der Knopf abgetrennt und zum Schluss an das neue Bundende genäht.

1 Den Bund abtrennen und den Rock ändern, entweder an den Abnähern (siehe Seite 63) oder an den Seitennähten (siehe Seite 70).

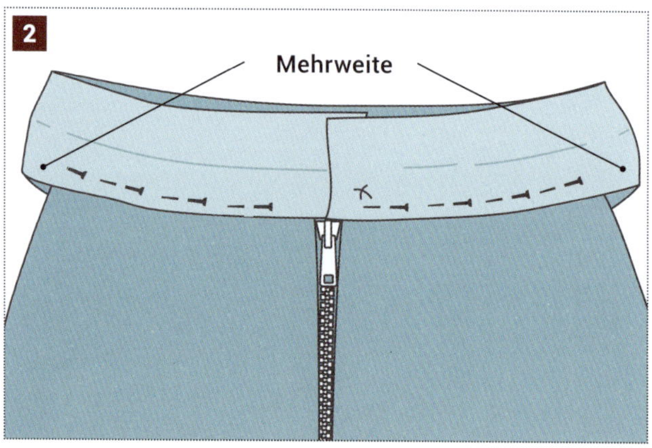

2 Den Bund wieder an den Rock stecken, die Rockmitte an die Bundmitte. Wenn der Rock enger gemacht wurde, steht der Bund jetzt an beiden Seiten über.

3 Die Mehrweite am Bund auf zwei gleich große Falten an den Seitennähten verteilen und heften. Die Falten senkrecht abnähen. Die Heftfäden herausziehen und die Falten zum Vorderteil flachbügeln.

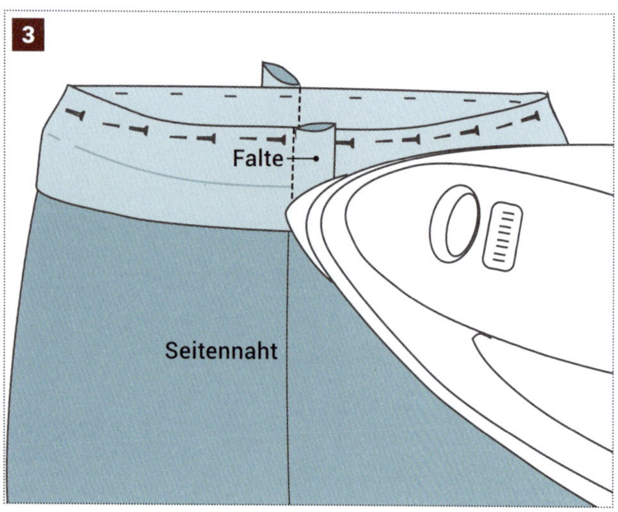

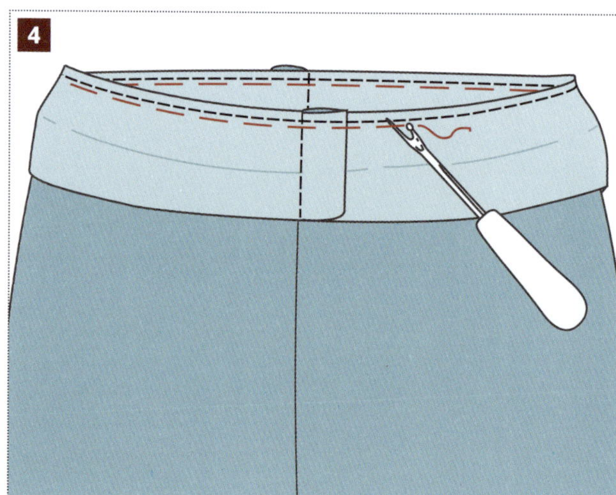

BUNDARTEN

Ein Rockbund besteht meist aus einem einzigen Stoffstreifen, der an die obere Rockkante gesetzt und mit Knopf und Knopfloch oder mit Haken und Steg geschlossen wird. Meist verfügt der Bund nur über wenig Nahtzugabe. Wenn Sie ihn verlängern möchten (siehe Seite 74), benötigen Sie ein passendes Stück von einer anderen Stelle des Rocks, wie einen abgeschnittenen Saum.

Der Bund wird in der Regel auf der linken Stoffseite mit einem Einlagestoff verstärkt, damit er der Zugspannung standhält und dem Rock Stabilität verleiht. Die Einlage richtet sich nach der Art des Oberstoffs, meist wird Bügeleinlage verwendet, die es in verschiedenen Stärken gibt. Wenn der Bund besonders stabil und zugfest sein soll, kann anstelle von Einlage auch spezielles Hutband aus Baumwolle oder Polyamid eingesetzt werden.

Die Bundbreite hängt vom jeweiligen Modell ab, sowohl elegante als auch legere Röcke haben meist einen 2–4 cm breiten Bund.

Zweiteilige Bünde, die leichter zu ändern sind, gibt es seltener bei moderner Kleidung. Sie sind in der Massenproduktion kaum zu finden, da dabei eine zusätzliche Naht und Nahtzugabe erforderlich sind, was mehr Arbeitsaufwand bedeutet. Einen geteilten Bund entdeckt man meist nur noch bei hochwertiger Mode sowie bei Vintage-Kleidung und Maßanfertigungen.

4 Die Außenseite des Bunds Kante an Kante an die Außenseite des Rocks heften und anschließend von der Innenseite des Bunds mit der Nähmaschine annähen. Die Heftfäden herausziehen.

5 Die andere Bundseite zur Rockinnenseite klappen und die Nahtzugaben zum Bund legen. Die innere Bundseite anheften und mit der Nähmaschine oder von Hand von der Innenseite annähen. Zum Schluss die Heftfäden herausziehen.

5

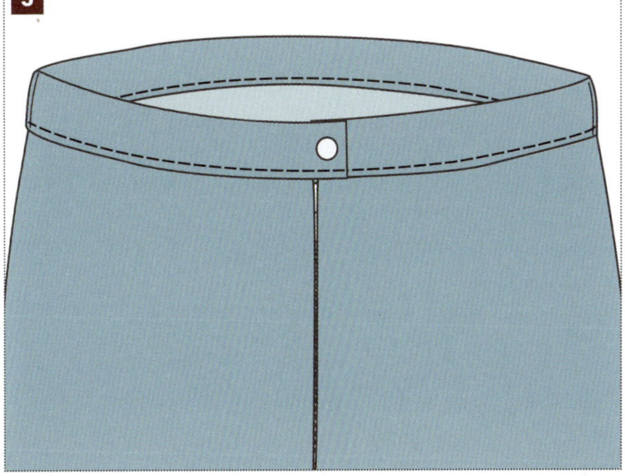

Taillenbund verlängern

Wenn Sie einen Rock in der Taille weiter gemacht haben, können Sie den Bund anhand der folgenden Anleitung in der Länge entsprechend anpassen.

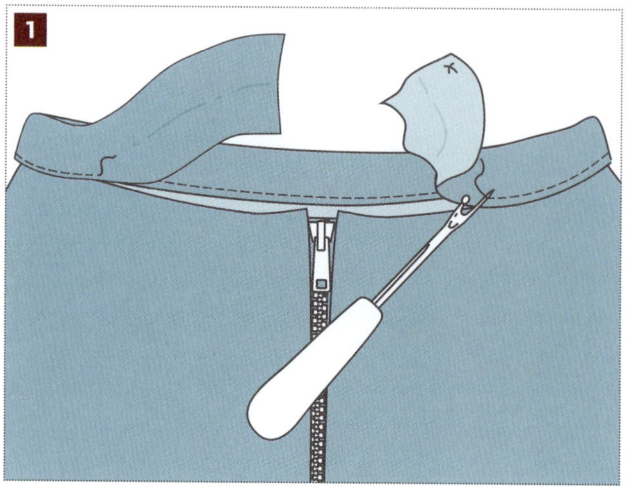

1 Den Bund abtrennen und den Rock entweder an den Abnähern (siehe Seite 66) oder an den Seitennähten (siehe Seite 68) ändern. Den Verschluss, wie Knopf oder Haken und Steg, abtrennen.

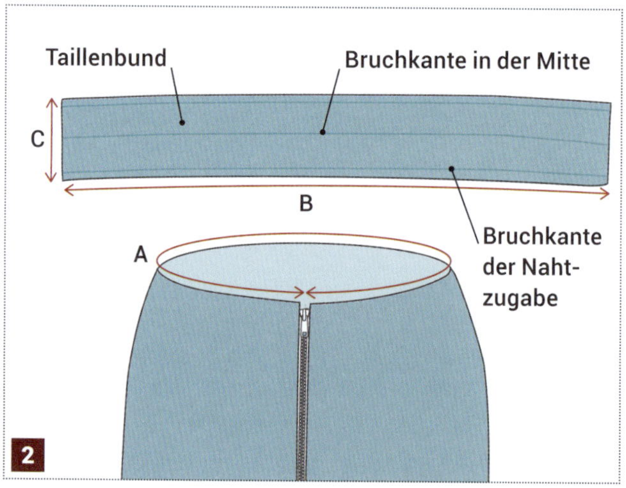

2 Die neue Taillenweite des Rocks messen (**A**) und den Umfang des abgetrennten Bunds (**B**). Den Bund ausbügeln und die Breite einschließlich Nahtzugaben messen (**C**). Das Maß für die Verlängerung des Bunds (**D**) errechnen, dazu Maß B von Maß A abziehen.

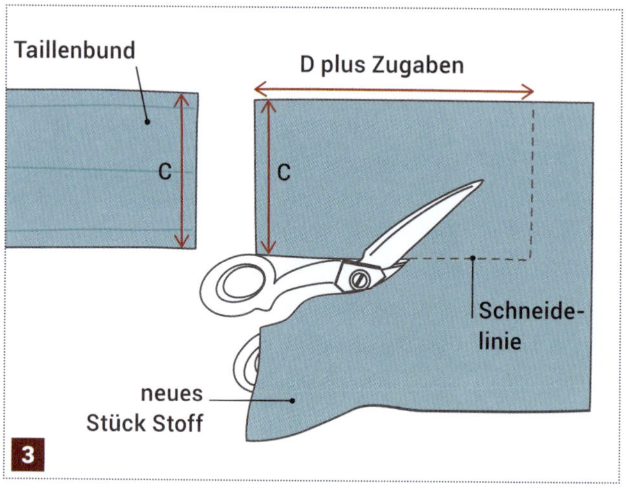

3 Ein Stück Stoff wählen, das möglichst gut zu dem ursprünglichen Bundstoff passt. Manchmal steht noch ein Stück abgeschnittener Saum zur Verfügung. Dem Maß D Zugabe für die Naht und die Überlappung an einem Ende hinzurechnen und die Bundverlängerung in dieser Länge und der Breite C zuschneiden.

TIPP

Bei Stoffen mit einem Musterrapport, wie etwa Karos oder Streifen, sollten Sie versuchen, die Verlängerung so zuzuschneiden, dass der Musterrapport fortgeführt wird.

4 Das Bundende auswählen, das frei ist von Knopflöchern und Verschlüssen, die sich nicht entfernen lassen, ohne Löcher zu hinterlassen (wie etwa vernietete Druckknöpfe). Wenn die beiden Bundenden übereinandergelegt sind, ist dies der Untertritt. Die Bundverlängerung rechts auf rechts an dieses Bundende stecken, heften und mit der Nähmaschine annähen. Die Heftnaht auftrennen. Den Bund auffalten und die Ansatznaht ausbügeln.

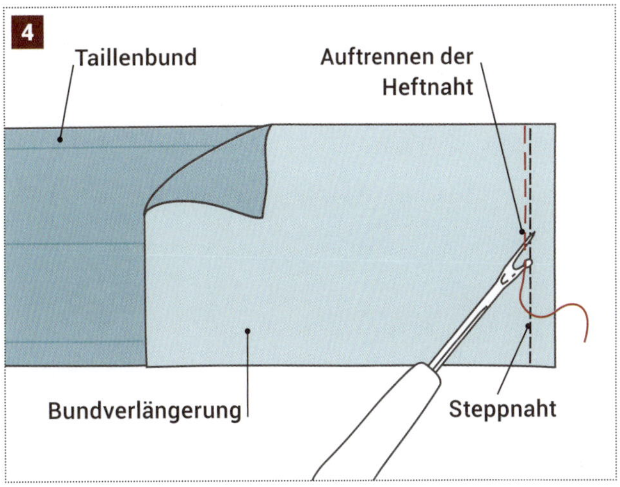

5 Den Bund mit der Außenseite an diese des Rocks heften und von der Bundinnenseite mit der Nähmaschine annähen. Die Heftfäden herausziehen.

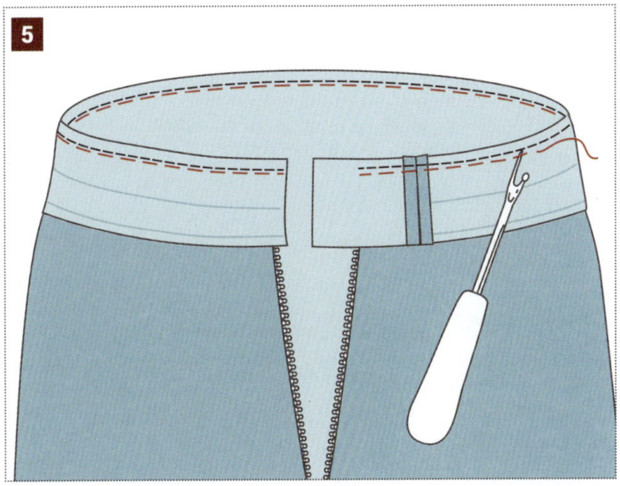

6 Die noch offene Bundseite nach innen klappen und alle Nahtzugaben zum Bund legen. Die innere Bundseite anheften und mit der Nähmaschine oder von Hand von der Rockinnenseite annähen. Die Heftfäden herausziehen. Die Verschlussteile, wie Knopf oder Haken und Steg, wieder annähen.

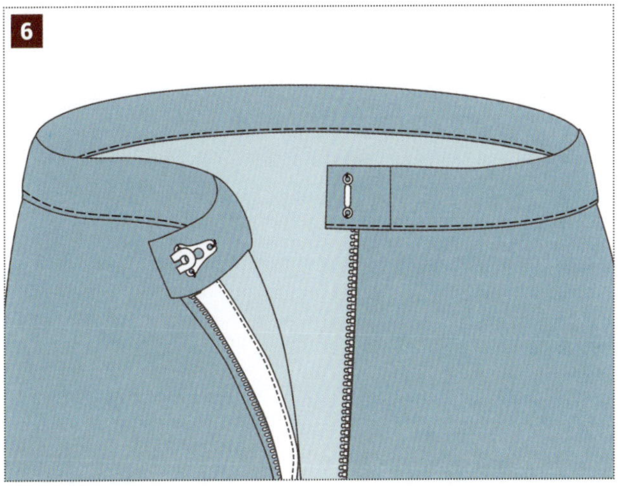

TIPP *Manche Röcke haben keinen Bund, sondern sind an der Oberkante mit einem Beleg verstürzt: Auf der Innenseite befindet sich ein Stoffstreifen in der gleichen Form wie der Rock. Sie können die Weite an den Abnähern ändern, wenn der Beleg ebenfalls Abnäher hat, oder Sie ändern die Weite an den Seitennähten, wenn die Nahtzugabe ausreicht.*

Reißverschluss austauschen

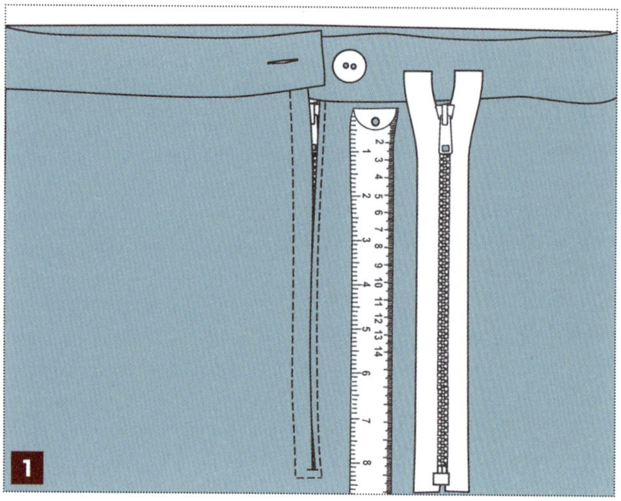

DIESE METHODE EIGNET SICH AUCH FÜR HOSEN

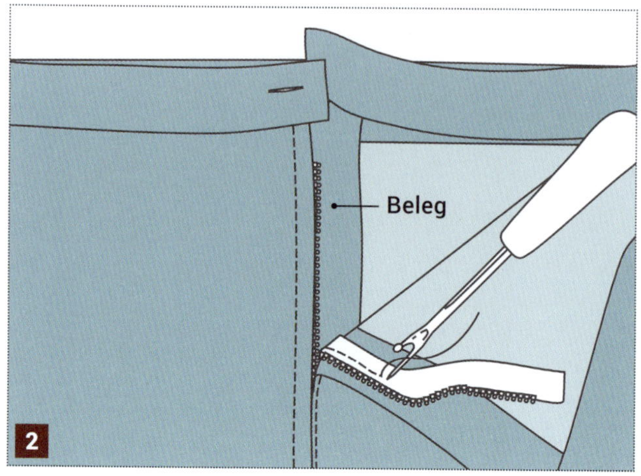

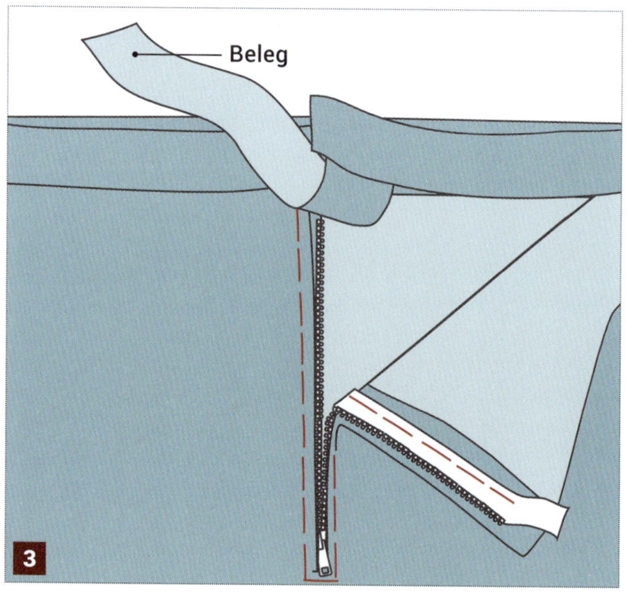

Reißverschlüsse an Röcken oder Hosen nutzen sich im Lauf der Zeit ab, da sie beim Tragen unter starker Zugspannung stehen. Deshalb ist das Einsetzen eines neuen Reißverschlusses eine der häufigsten Änderungen. Verschlüsse (wie Knöpfe) werden bei Herrenbekleidung so angebracht, dass sie von rechts zu fassen sind, bei Damenkleidung von links.

1 Die Länge des Reißverschlusses, der ausgetauscht werden soll, von den obersten Krampen bis zum Ende der Öffnung messen. Einen Reißverschluss in derselben Länge und in passender Farbe wählen.

2 Die Position des alten Reißverschlusses prüfen. Gegebenenfalls Knopf oder Haken und Steg entfernen, damit der Reißverschluss herausgetrennt werden kann. Den Bund und das Futter (falls vorhanden) so weit wie nötig abtrennen, damit die Reißverschlussenden freigelegt sind. Lose Fäden entfernen. Dann den Reißverschluss abtrennen, dabei löst sich meist ein dahinter befestigter Beleg, der verhindert, dass beim Schließen des Reißverschlusses ein darunterliegendes Kleidungsstück oder Haut eingeklemmt wird.

3 Den neuen Reißverschluss geöffnet an die Stelle des alten stecken. Die Reißverschlussenden in die Lücke im Bund schieben und den Reißverschluss mit kleinen Stichen festheften, jedoch nicht den Beleg. Er wird erst befestigt, wenn der Reißverschluss eingenäht ist.

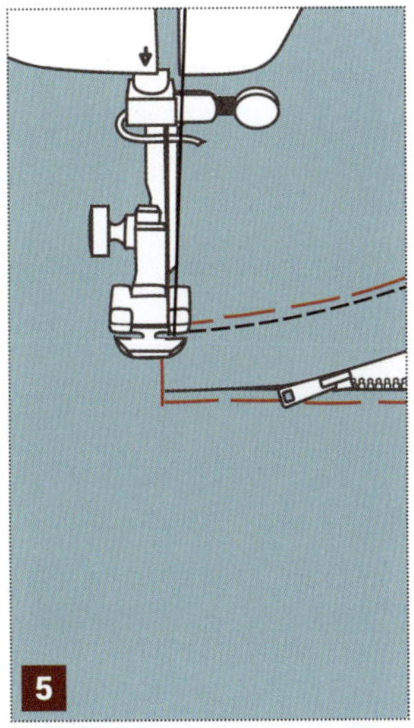

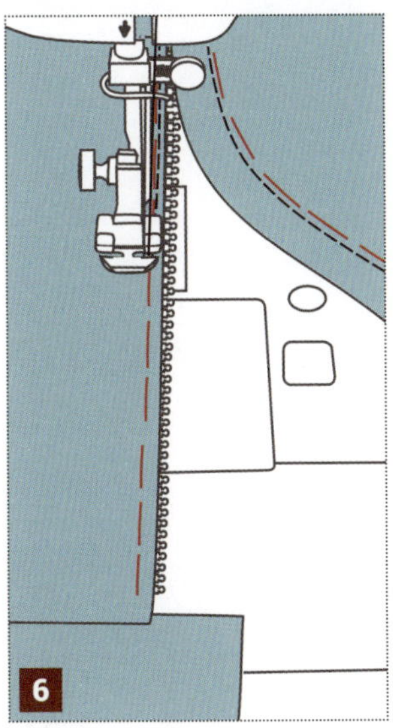

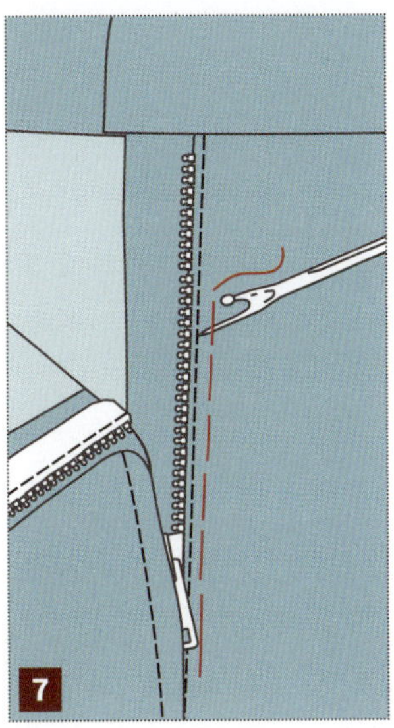

4 Den Reißverschluss schließen und prüfen, ob die Seiten gleich lang sind. Einen Reißverschlussfuß in die Nähmaschine einsetzen.

5 Das Futter gegebenenfalls zur Seite stecken. Den Reißverschluss öffnen und feststeppen, dabei auf der Übertrittseite beginnen (dort, wo der Reißverschluss verdeckt ist). An der Heftnaht orientieren und von oben etwa bis zur Mitte steppen, dann die Nadel stecken lassen, das Füßchen anheben und den Reißverschluss zuziehen. Weitersteppen, am unteren Ende auf das erhabene Endteil achten, um nicht darüberzusteppen. Die Nadel im Stoff stecken lassen, diesen um 90 Grad drehen und mit dem Handrad langsam die Stiche quer über das Reißverschlussende setzen. Dabei auf keinen Fall direkt über das Endteil steppen, sonst bricht die Nadel.

6 Den Stoff wieder um 90 Grad drehen, den Übertritt zur Seite schieben und auf der anderen Seite des Reißverschlusses etwa bis zur Mitte steppen. Den Reißverschluss wieder öffnen und weiternähen. Beim Untertritt dicht an der Stoffkante steppen und darauf achten, nicht auf den Reißverschluss abzurutschen.

7 Den Beleg, falls vorhanden, hinter den Reißverschluss heften, dabei das Futter nicht mitfassen. Den Beleg feststeppen, dann die Heftnaht auftrennen. Den losen Futterstoff von Hand an dieser Maschinennaht befestigen, damit der Rock von innen sauber aussieht.

8 Den Bund mit der Nähmaschine wieder annähen. Den Rock mit dem neuen Reißverschluss bügeln, dann die Fadenenden abschneiden. Den Verschluss, wie Knopf oder Haken und Steg, wieder annähen.

KAPITEL DREI

KLEIDER

Für jede Gelegenheit gibt es das richtige Kleid, und nicht nur deshalb ist diese Art von Kleidungsstück weltweit so beliebt. Seine Variationen sind zahlreich, je nach Verwendungszweck, ob für den Alltag oder für besondere Anlässe, oder als Spezialkleidung wie Trachten und Uniformen. Zu den häufigsten Änderungen gehören: Reißverschluss erneuern, Ärmel kürzen, Ausschnitt ändern, Weite oder Länge ändern.

Nahtverdeckten Reißverschluss austauschen

DIESE METHODE EIGNET SICH AUCH FÜR RÖCKE,
SIEHE AUCH VERSCHLÜSSE, SEITE 42

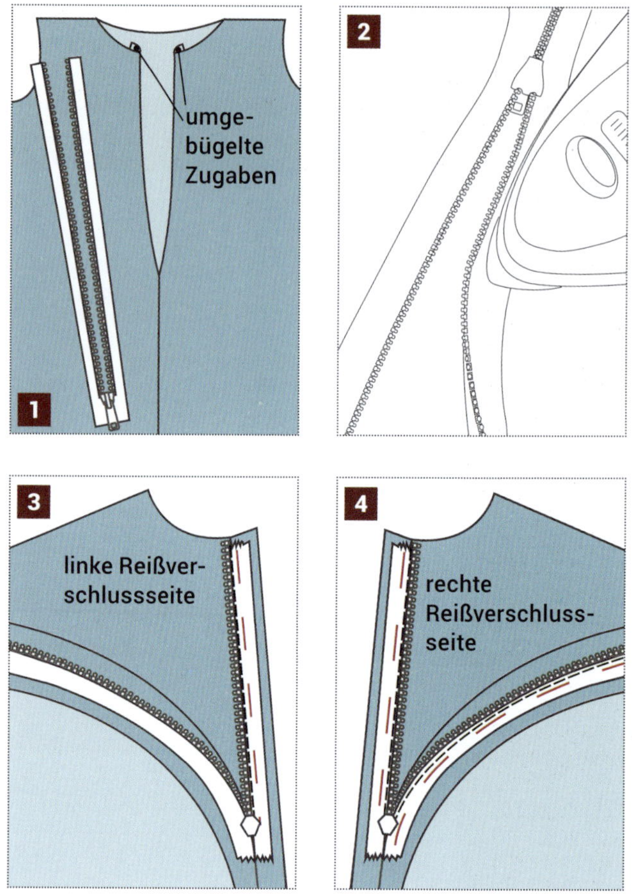

Ein nahtverdeckter Reißverschluss ist an der Kleidung außen nur am Schiebergriff sichtbar. Dafür wird im Gegensatz zu einem üblichen Reißverschluss nur wenig Nahtzugabe zum Einnähen benötigt. Diese Variante eignet sich besonders für leichte Stoffe. Kleiderreißverschlüsse für die rückwärtige Mitte vom Nacken bis zur Hüfte sind 36–56 cm lang. Seitliche Reißverschlüsse bei Kleidern sitzen meist links und werden unterhalb der Achsel bis zur Hüfte eingenäht.

TIPP *Zum Einnähen benötigen Sie einen Spezialfuß für nahtverdeckte Reißverschlüsse, sonst können Sie nicht dicht genug an den Reißverschlussspiralen entlangsteppen. Diese werden vom Spezialfuß flachgedrückt. Das untere Reißverschlussende wird dann mit einem normalen Reißverschlussfuß angenäht.*

1 Eventuell vorhandene Haken mit Steg abtrennen und beiseitelegen. Etwaiges Futter so weit abtrennen, dass der Reißverschluss entfernt werden kann. Dessen Position an der Oberkante genau abmessen und notieren, wie dicht die Spirale an der Stoffkante liegt. Den Reißverschluss heraustrennen, den Schlitz von losen Fäden befreien und in den ursprünglichen Zustand bügeln. Dabei sollen die Nahtzugaben auf beiden Seiten als leichte Bruchlinie zu sehen sein.

2 Den neuen Reißverschluss vollständig öffnen, mit der Außenseite auflegen und vorsichtig bügeln (die Spiralen können schmelzen). Die Spirale zur Seite drücken, sie gleitet dann besser durch den Spezialfuß.

3 Das Kleid nach links wenden. Die offene linke Reißverschlusshälfte mit der Außenseite auf die linke Schlitzseite legen. Die Spirale direkt neben der Bruchkante der alten Naht anlegen, nach den Maßen von Schritt 1 wie den alten Reißverschluss positionieren. Darauf achten, dass das obere Reißverschlussende nicht am Ausschnitt übersteht, es sollte knapp unterhalb der Nahtzugabe liegen. Die Reißverschlussseite festheften. Einen Nähfuß für nahtverdeckte Reißverschlüsse einsetzen. Am oberen Reißverschlussende mit dem Nähen beginnen und die Spirale durch die linke Rille im Spezialfuß gleiten lassen, sie wird dabei zur Seite gedrückt. Bis zum Schieber steppen, der Griff sollte nach unten zeigen. Die Naht verriegeln.

4 Den vorherigen Schritt bei der rechten Seite des Reißverschlusses wiederholen und diesmal die Spirale durch die rechte Rille im Spezialfuß gleiten lassen. Jetzt ist der Reißverschluss beidseitig eingenäht und es sollte geprüft werden, ob die Seiten symmetrisch sind, der Ausschnitt gleichmäßig ist und der Stoff glatt liegt. Die Heftfäden herausziehen.

5 Den Schiebergriff zur rechten Seite herausziehen. Den Reißverschluss schließen und prüfen, ob die beiden Stoffkanten lückenlos nebeneinander liegen. Wenn Lücken vorhanden sind, Schritt 3 und 4 wiederholen, allerdings die Spiralen mit der Hand zur Seite drücken. So kann noch näher an der Spirale genäht werden und die Stoffkanten liegen dichter zusammen.

6 Dort, wo der Schiebergriff herausgeholt wurde, ist in der Naht eventuell eine kleine Lücke entstanden. Den Spezialfuß gegen einen normalen Reißverschlussfuß austauschen. Die Nahtzugaben rechts auf rechts legen und die Lücke in der Naht schließen.

7 Futter und Verschlussteile, die bei Schritt 1 abgetrennt wurden, gegebenenfalls wieder annähen. Das Kleid nach rechts wenden und sorgfältig bügeln.

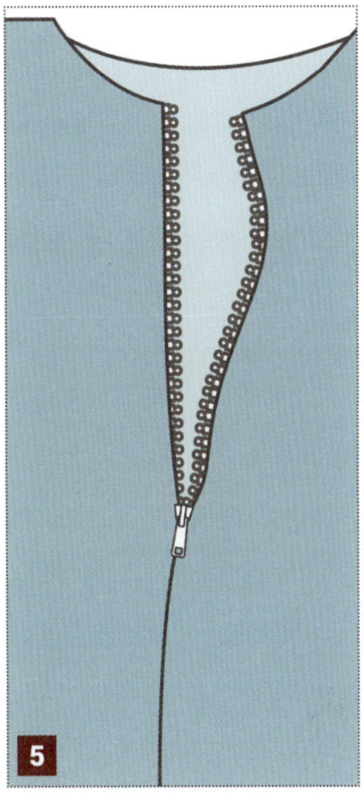

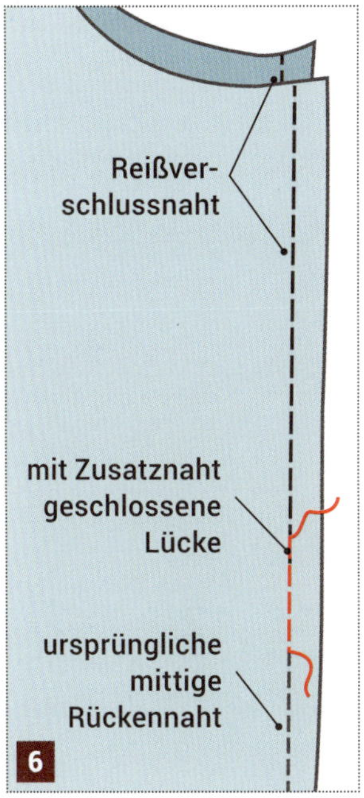

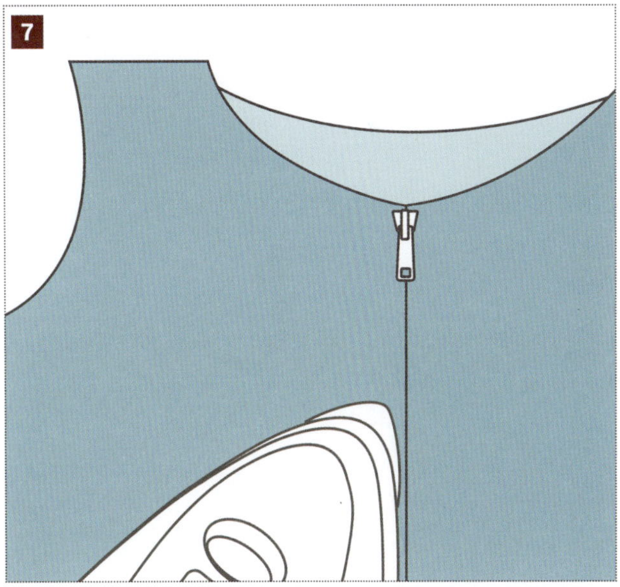

TIPP *Wenn Sie einen besonders feinen oder leichten Stoff verwenden, müssen Sie gegebenenfalls die Schlitzkanten absteppen, damit sie sich beim Tragen nicht verziehen und wellen.*

Ärmel mit Bündchen oder Blende kürzen

Wenn die Ärmel bei Ihrem Lieblingskleid zu lang sind, müssen Sie sie nicht unbedingt aufkrempeln, sondern können sie ganz einfach kürzen. Bei der folgenden Methode werden die Ärmel oberhalb des Bündchens oder der Blende gekürzt, sodass diese unverändert bleiben.

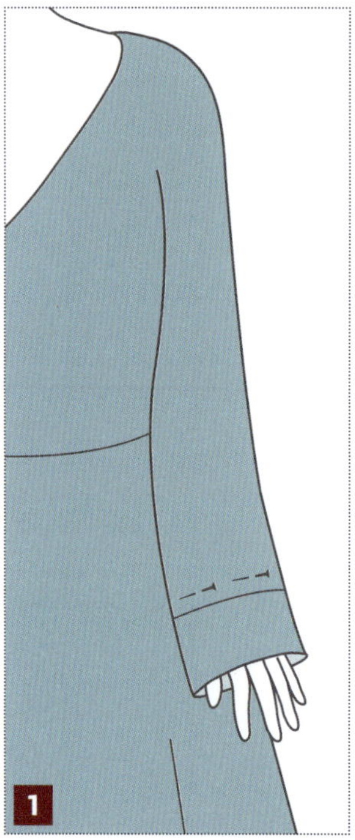

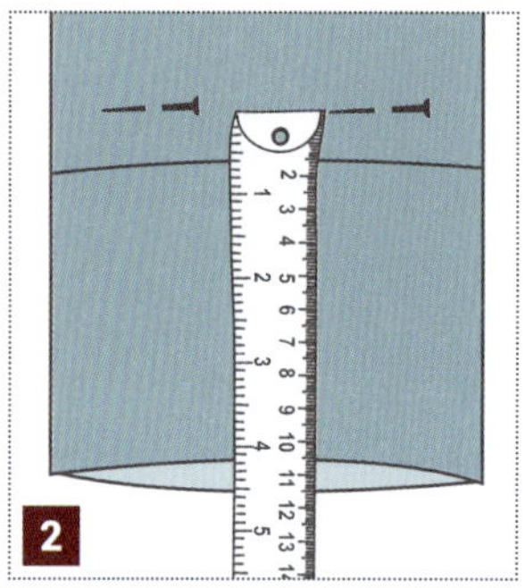

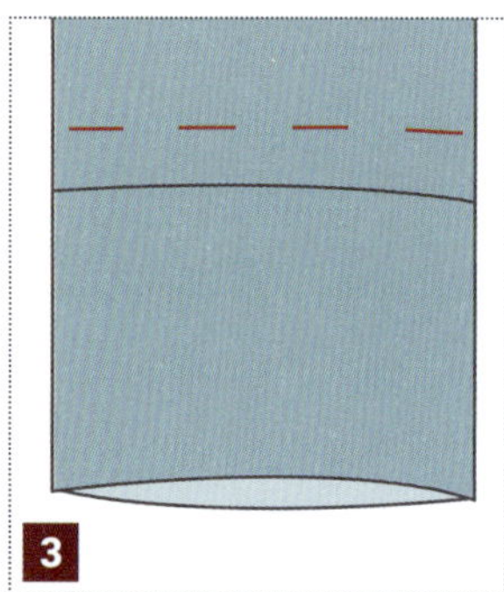

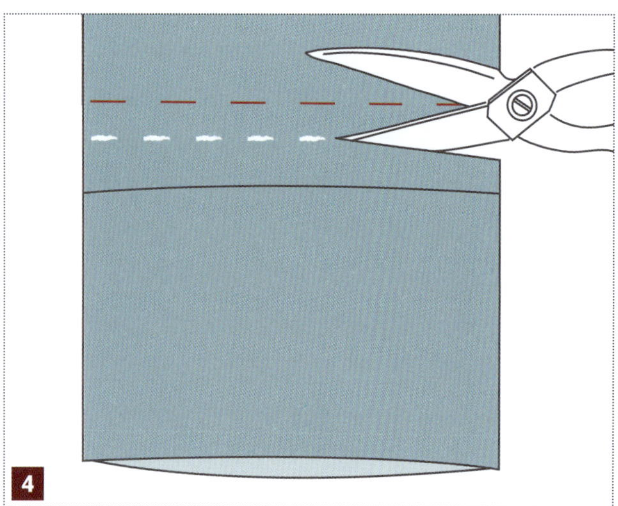

1 Das Kleid anprobieren und die Ärmel kürzer stecken, um festzulegen, um welches Maß sie geändert werden. Den Betrag von der Bündchenoberkante am Ärmel abmessen und mit Stecknadeln markieren.

2 Das Kleid auf die Arbeitsfläche legen. Das Maß von Schritt 1 mithilfe des Maßbands rundherum mit kleinen Stecknadeln am Ärmel markieren.

3 Die gesteckte Linie mit kleinen Heftstichen nachnähen und dann die Stecknadeln herausziehen.

4 Unterhalb der Heftlinie 1 cm Nahtzugabe mit Kreide markieren. Den Ärmel an der Kreidelinie abschneiden.

5 Den am Bündchen verbliebenen Ärmelstoff abtrennen. Die Bündchenoberkante an der aufgetrennten, noch sichtbaren Nahtlinie mit Heftstichen markieren.

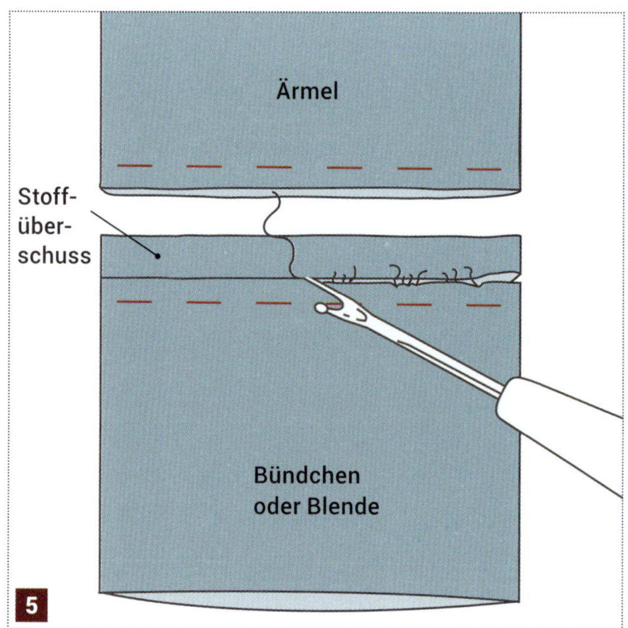

6 Den Ärmelumfang an der Unterkante und den Bündchenumfang an der Oberkante messen. Wenn der Ärmel zu weit ist, diesen abnähen (alte Nähte auftrennen), damit er die gleiche Weite hat wie das Bündchen.

7 Den Ärmel mit den Nähten deckungsgleich an das Bündchen anlegen. Das Bündchen mit der Außenseite über die rechte Stoffseite des Ärmels stülpen und mit kleinen Stecknadeln die Heftlinie des Ärmels an der Heftlinie des Bündchens befestigen.

8 Das Bündchen oder die Blende rundherum mit der Nähmaschine an den Ärmel nähen, dabei nach und nach die Stecknadeln herausziehen.

9 Mit einer Overlocknaht oder mit Zickzackstich die Nahtzugaben zusammen versäubern. Abstehende Gewebefäden vorsichtig abschneiden.

10 Das Bündchen nach unten umschlagen und den Ärmel nach links wenden. Die Heftfäden herausziehen. Die Ansatznaht mit der Nahtzugabe in Richtung Ärmel bügeln. Den Ärmel wieder nach rechts wenden und glattbügeln. Den anderen Ärmel genauso kürzen.

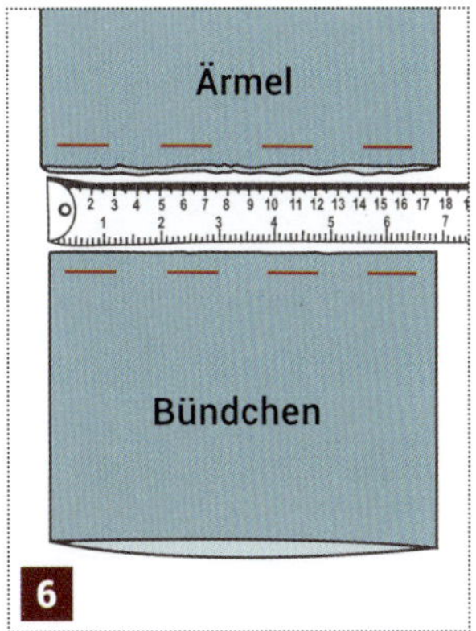

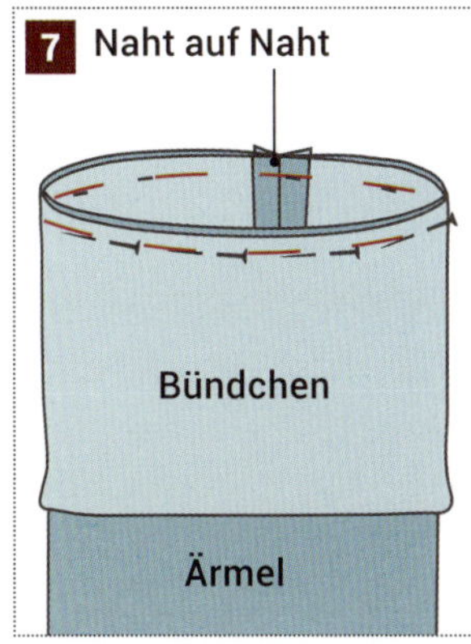

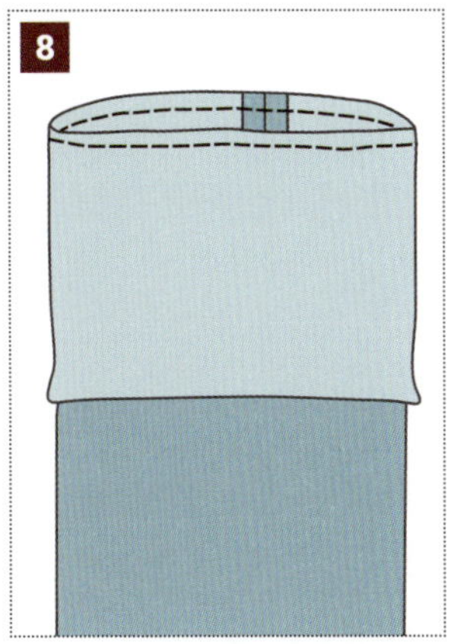

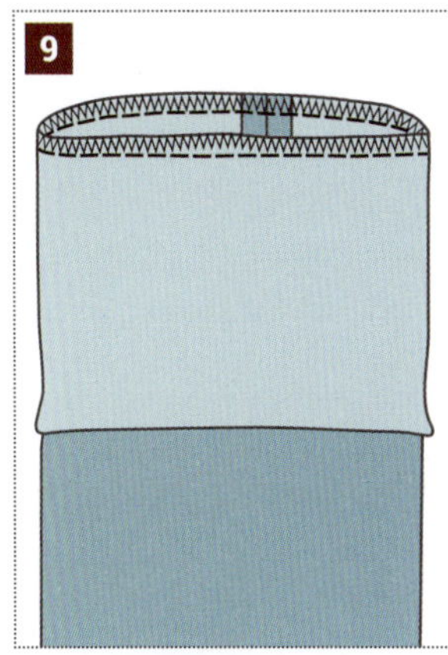

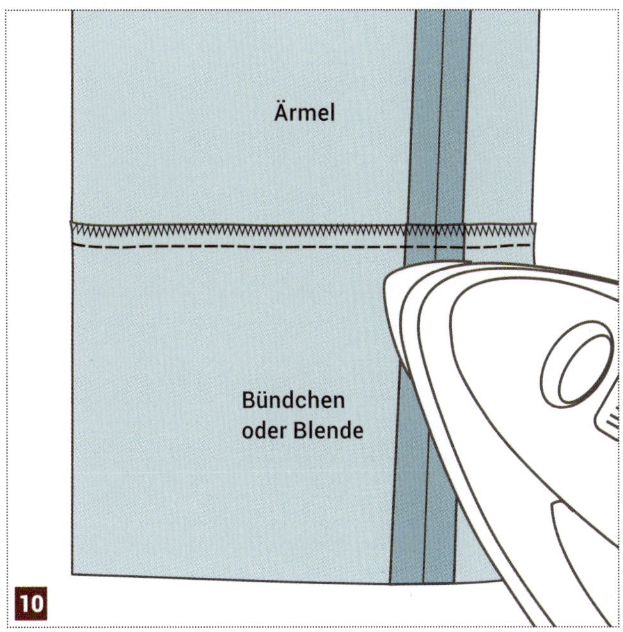

Silhouette ändern

Jede Frau besitzt vermutlich einige Kleider, die sie schon lange nicht mehr getragen hat. Vielleicht haben sich ihre Maße geändert und das Kleid passt nicht mehr, oder der Schnitt ist altmodisch. Anhand der folgenden Anleitung können Sie die Silhouette eines Kleids an den Seitennähten ändern. Auf diese Weise lassen sich auch unschön gewellte Seitennähte ausbessern. Das Beispiel zeigt ein Kleid in A-Linie, das ab Taillenhöhe schmaler genäht wird. Die Änderung sieht nur dann professionell aus, wenn alle Lagen, also auch das Futter, beidseitig geändert werden.

1 Zunächst das Kleid anprobieren und begutachten, wie es an der Trägerin fällt.

2 Den überschüssigen Stoff an einer der Seitennähte abstecken, dabei 5 cm unterhalb der Brusthöhe (oder des Brustabnähers) beginnen. Bei einem gefütterten Kleid zunächst den Oberstoff nach Bedarf abstecken und anschließend erst den Futterstoff. Das Kleid darf dabei nicht auf Brusthöhe enger gemacht werden. Welche Seite abgesteckt wird, ist unwichtig, denn die Änderung wird später beidseitig vorgenommen.

3 Das Kleid nach links wenden, auf der Arbeitsfläche ausbreiten und das Futter hochschieben. Die Position der Stecknadeln beim Oberstoff (und gegebenenfalls beim Futter) auf der linken Stoffseite mit einem Kreidestift oder Schneiderkreide markieren und dann die Stecknadeln herausziehen. Den Saum an Oberstoff und Futter komplett auftrennen und auffalten, damit die gesamte Seitennaht bearbeitet werden kann.

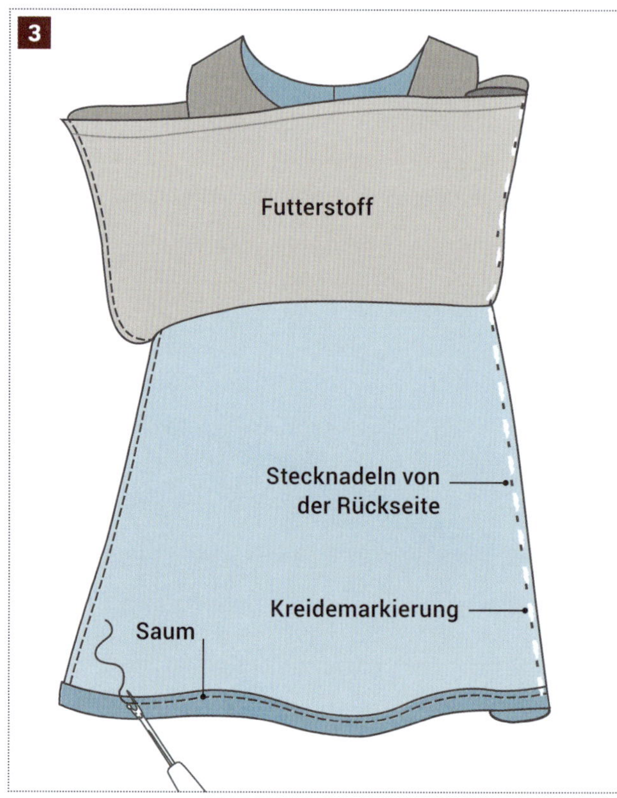

TIP *Diese Art der Änderung ist besonders erfolgversprechend, wenn Sie die überschüssige Weite komplett an den Seitennähten abnähen können. Wenn Sie außerdem andere Nähte ändern müssen, kann es sein, dass der Schnitt des Kleids darunter leidet.*

4 Die neue Naht muss im rechten Winkel auf die Saumkante treffen, sonst wird der Saum schief. Mit Kreide und einem Geodreieck an der neuen Nahtmarkierung vom Saum eine Linie im rechten Winkel ziehen, diese verlängern und 5 cm unterhalb der Brusthöhe in die alte Naht übergehen lassen. Da der Saum leicht gerundet ist, bleibt das Kleid weiterhin leicht ausgestellt, wenn die Seitennähte im rechten Winkel eingezeichnet sind.

5 Die gleiche Änderung auf der anderen Seite des Kleids markieren. Im gleichen Abstand zur alten Seitennaht an der Saumkante mit einem Geodreieck die neue Naht rechtwinklig markieren und 5 cm unterhalb der Brusthöhe in die alte Naht übergehen lassen. Wenn das Kleid ein Futter hat, die Markierungen dort auf die gleiche Weise anbringen.

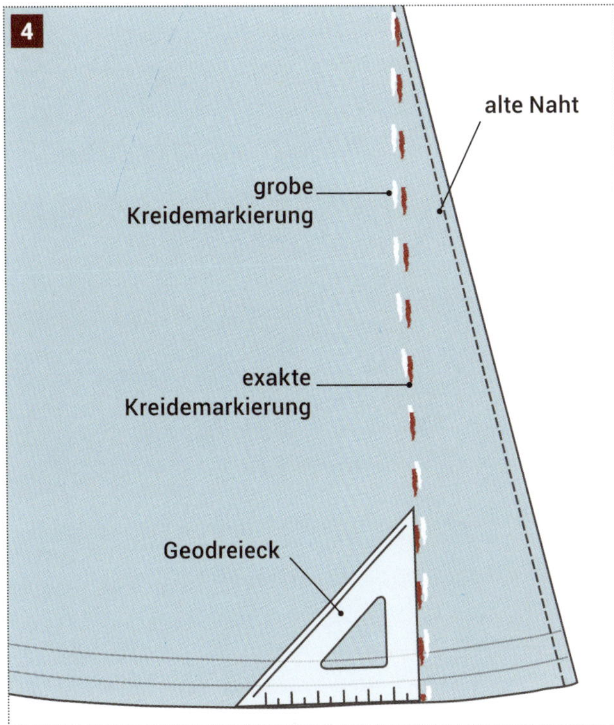

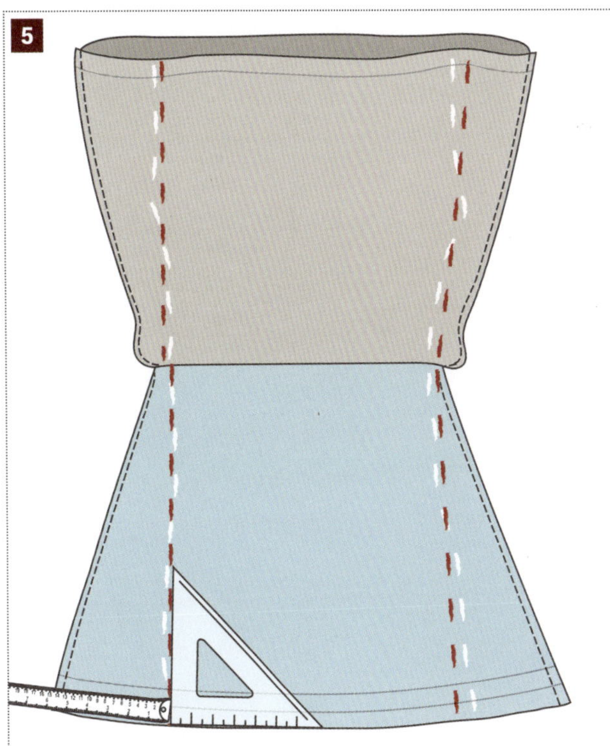

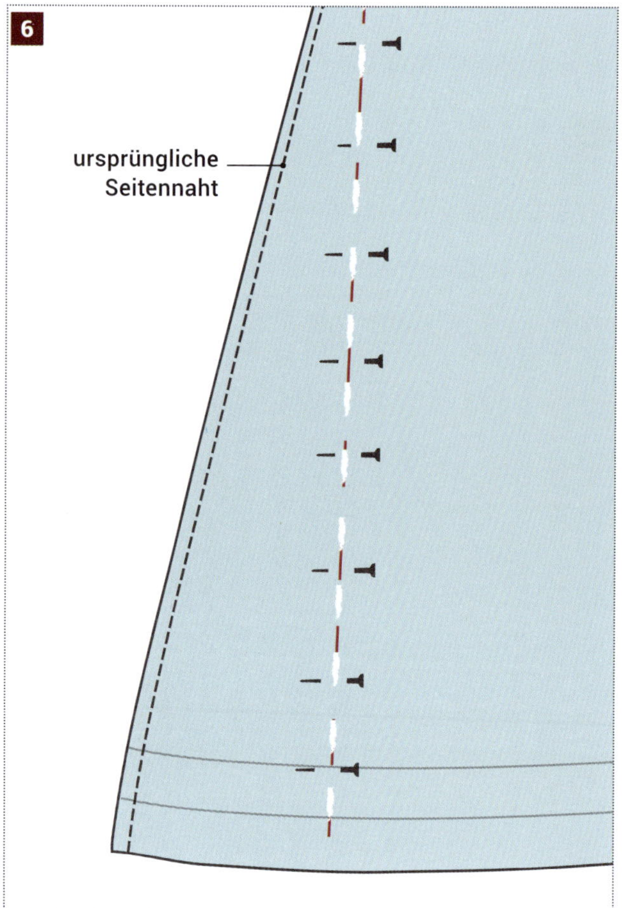

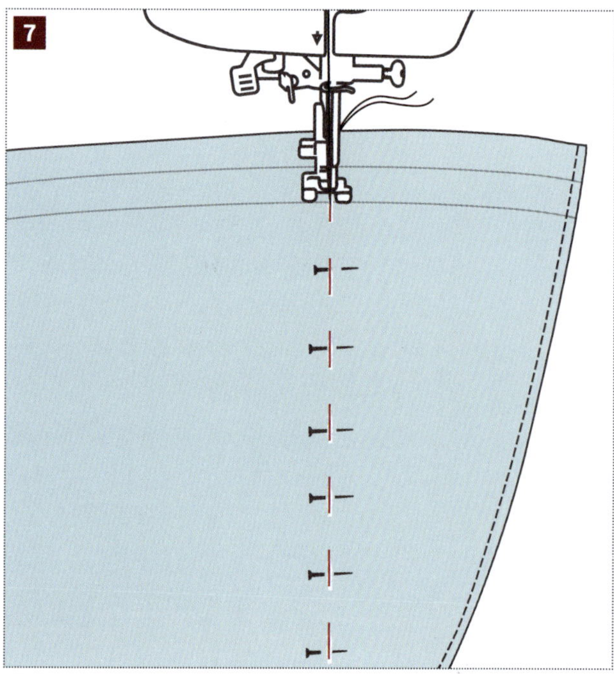

6 Das Kleid mit den Seitennähten nach außen auf die Arbeitsfläche legen. Die beiden Lagen glatt streichen und die markierte Linie möglichst ohne Kräuselung und Falten stecken. Die gesteckte Naht heften, damit sich die Lagen beim Nähen später nicht verschieben.

TIPP *Zu diesem Zeitpunkt prüfen Sie am besten, ob der Saumumfang des Rocks dem des Futters entspricht. So sehen Sie, ob das Futter vielleicht ursprünglich enger geschnitten war als der Oberstoff. Passen Sie den Saumumfang des Futters gegebenenfalls an den des Rocks an.*

7 Am Saum beginnend die gehefteten Nähte an Oberstoff und Futter mit der Nähmaschine steppen, dabei nach und nach die Nadeln herausziehen und die Naht am Ende allmählich in die ursprüngliche übergehen lassen. Die Nähte bei Ober- und Futterstoff jeweils am Anfang und Ende verriegeln.

8 Die Heftfäden herausziehen. Die Breite der ursprünglichen Nahtzugabe messen und dieses Maß an der neuen Naht als Zugabe mit Kreide markieren. Dann den überschüssigen Stoff abschneiden.

9 Die Zugaben der neuen Nähte mit Zickzackstich, Overlockstich oder mit einer Zackenschere versäubern. Die Nähte ausbügeln.

10 Die Säume von Oberstoff und Futter wieder in die ursprüngliche Position umschlagen. Die Säume heften und von Hand mit Saumstich (siehe Seite 49) oder mit der Nähmaschine festnähen. Abschließend bügeln.

11 Das Kleid nach rechts wenden. Die Silhouette ist jetzt weniger ausgestellt als zuvor. Die Heftfäden herausziehen und das Kleid bügeln.

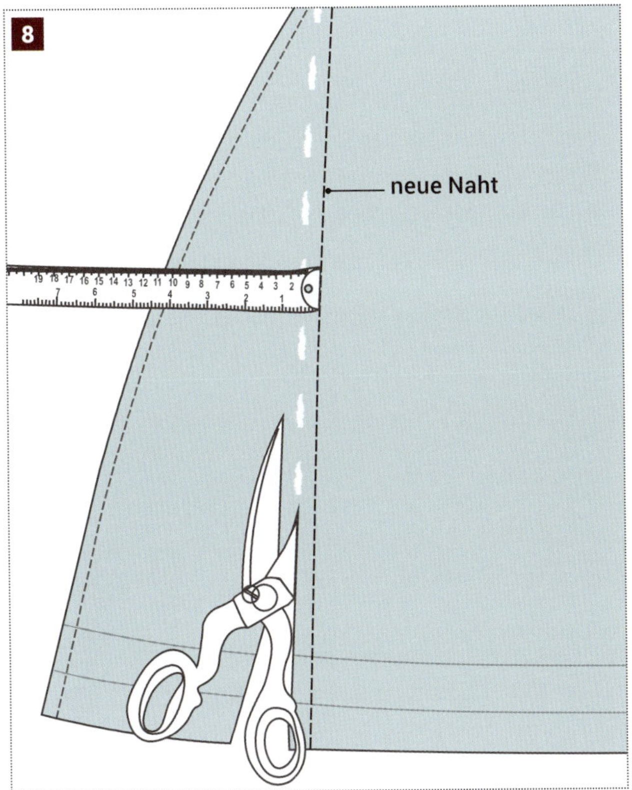
8
neue Naht

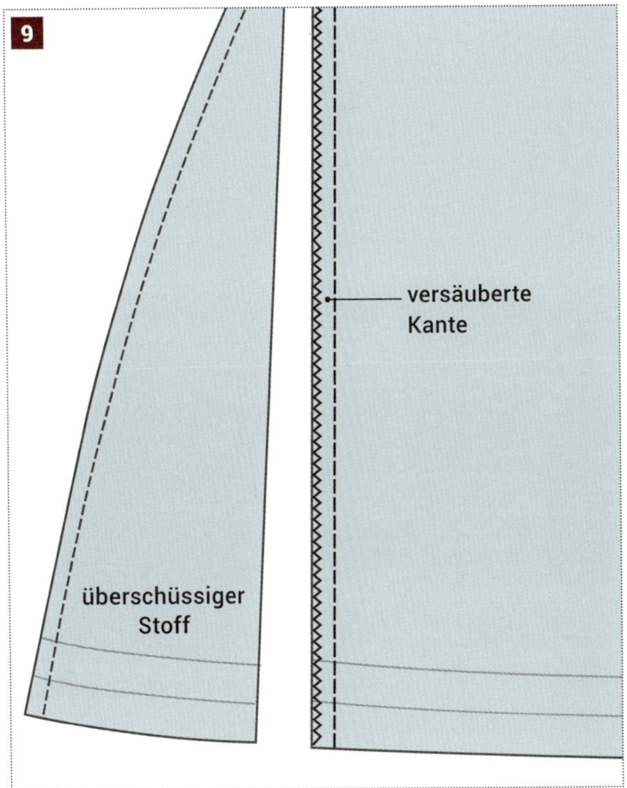
9
versäuberte
Kante
überschüssiger
Stoff

10

11

Halsausschnitt ändern

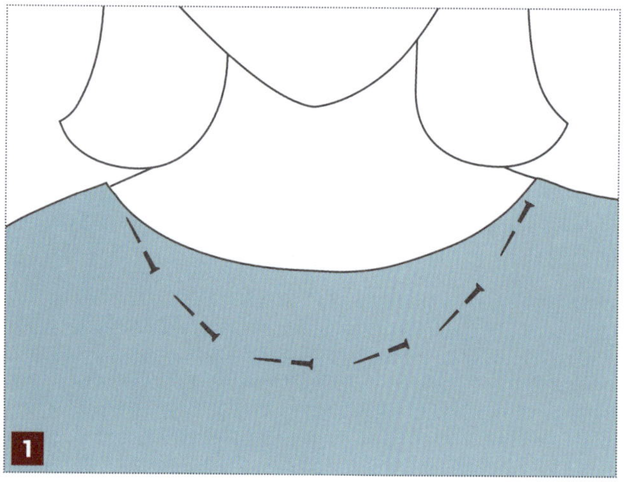

Eine der einfachsten Möglichkeiten, einem Kleid einen neuen Look zu verleihen, besteht darin, den Halsausschnitt zu ändern. Bei dem folgenden Beispiel wird der Ausschnitt eines Shiftkleids vertieft. Diese Methode ist auf jedes Kleid anwendbar, auch wenn es gefüttert oder der Ausschnitt mit einem Beleg verstürzt ist. Hier ist das Kleid gefüttert. Wenn Sie die Schulternaht nicht auftrennen möchten, muss die neue Ausschnittform etwa 2,5 cm unterhalb davon in den vorhandenen Ausschnitt übergehen. Sie benötigen 5 mm breites Formband, um den Ausschnitt zu verstärken.

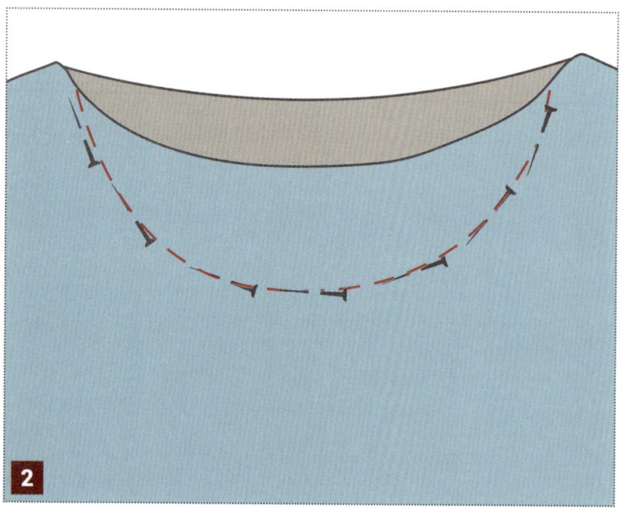

1 Das Kleid anprobieren und festlegen, wie tief der Ausschnitt werden soll. Die neue Form mit Stecknadeln markieren und 2,5 cm unterhalb der Schulternaht in den bisherigen Ausschnitt übergehen lassen.

2 Den Halsausschnitt durch alle Lagen entlang der gesteckten Linie heften. Dies ist die grobe Vorlage für den neuen Halsausschnitt. Die Nadeln herausziehen.

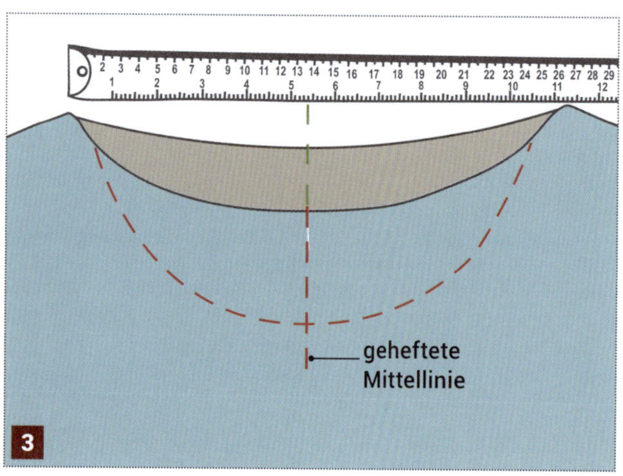

3 Die Breite des vorhandenen Ausschnitts messen und die vordere Mitte mit Kreide markieren, dann diese Linie bis zur Heftlinie des neuen Ausschnitts weiterziehen und mit Heftstichen markieren.

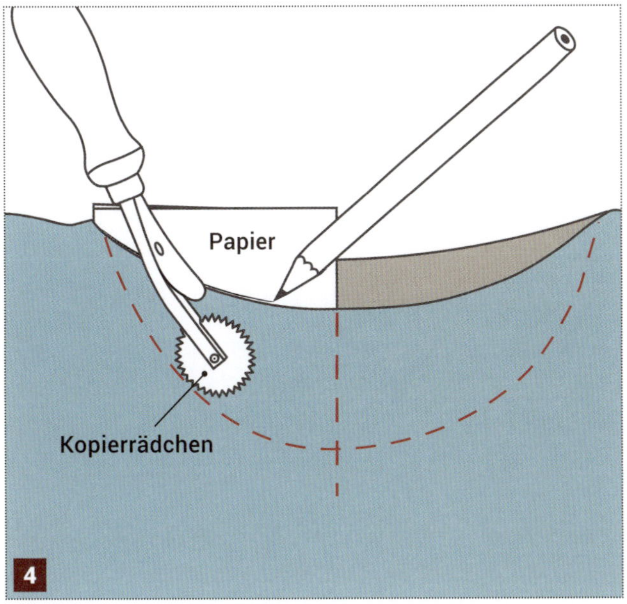

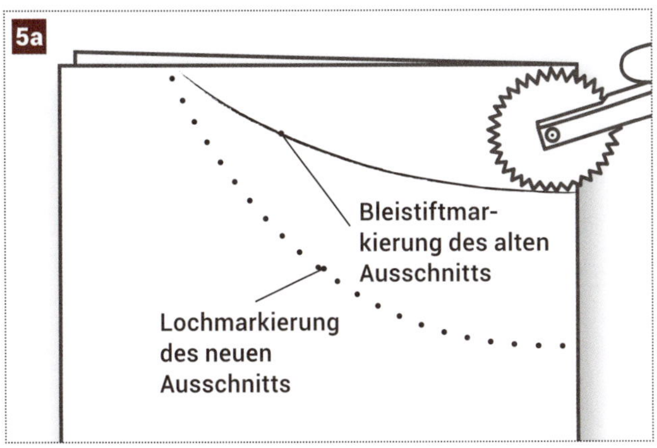

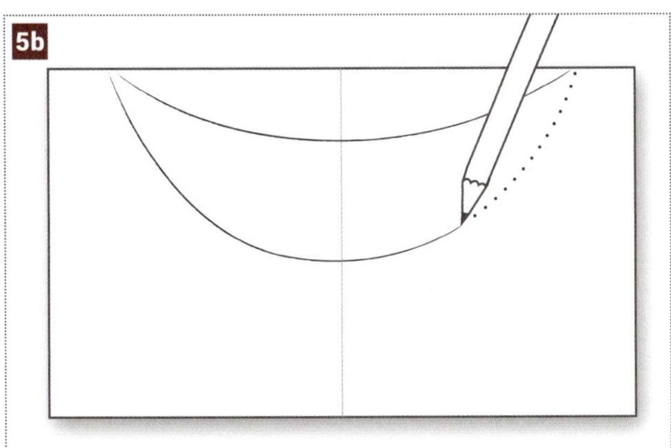

4 Eine Vorlage für den neuen Ausschnitt erstellen: Dazu ein großes Stück Papier, das in Länge und Breite mindestens dem neuen Ausschnitt entspricht, zur Hälfte falten. Es muss von der Mitte bis zur Schulternaht reichen, damit der neue Ausschnitt markiert werden kann. Das Kleid auf der Arbeitsfläche ausbreiten. Das gefaltete Papier in den Ausschnitt schieben, die Bruchkante an die vordere Mitte des Kleids anlegen. Den vorhandenen Ausschnitt mit Bleistift und den neuen mit einem Kopierrädchen auf das Papier übertragen. Dieses dann wieder herausziehen.

5 Der alte Ausschnitt ist jetzt mit Bleistift auf dem doppelt gelegten Papier markiert, und der neue Ausschnitt mit kleinen Löchern. Mit dem Kopierrädchen den alten Ausschnitt auf die andere Papierhälfte übertragen (**a**). Das Papier auffalten und die gelöcherte Linie mit Bleistift nachziehen. Auf dem Papier ist jetzt ein Halbmond (**b**) zu sehen, der aus den Linien für den alten und den neuen Halsausschnitt besteht.

6 Den Halbmond mit einer Papierschere ausschneiden und das restliche Papier entfernen.

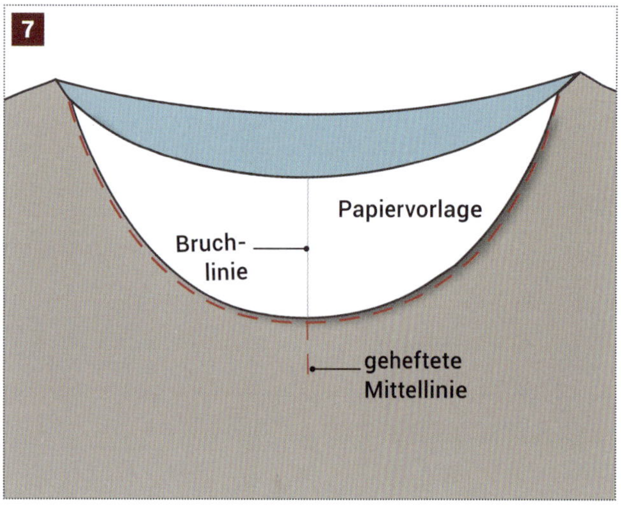

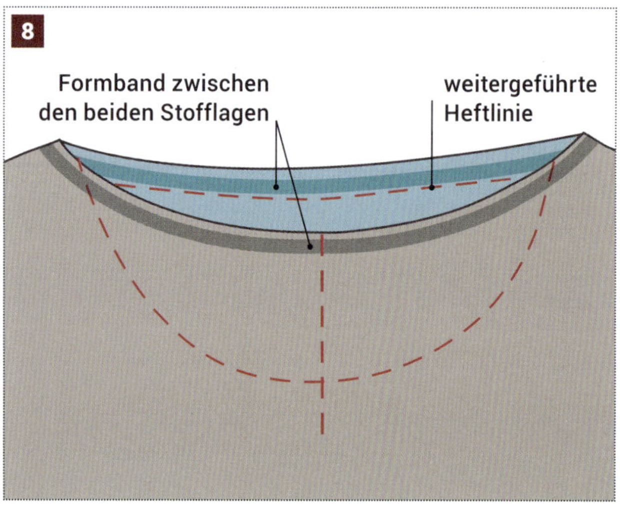

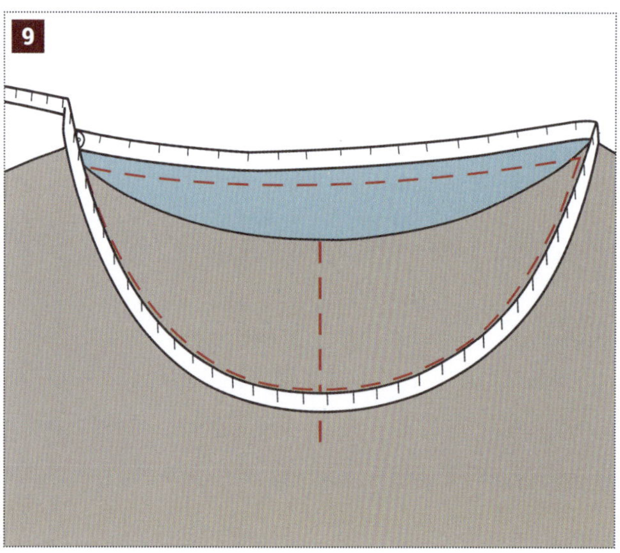

7 Das Kleid nach links wenden, mit dem Futter nach außen. Die Papiervorlage am alten Ausschnitt anlegen, die Bruchlinie auf die geheftete Mittellinie. Wenn nötig, die provisorische Heftlinie des neuen Ausschnitts korrigieren und an die Vorlage anpassen, dabei durch alle Lagen heften.

8 Die Heftlinie am rückwärtigen Halsausschnitt weiterführen, dabei unterhalb der Nahtzugabe und, falls vorhanden, unterhalb der Einlage durch alle Lagen heften. Diese Naht stabilisiert den Ausschnitt, damit er während der Änderung seine Form behält. Ausschnitte werden meist mit einem Beleg oder mit Formband verstärkt, damit sie sich nicht ausdehnen.

9 Den Umfang des neuen Halsausschnitts messen.

10 Auf dem Vorderteil 1,25 cm oberhalb der Heftlinie für den neuen Ausschnitt die Nahtzugabe mit Kreide markieren und diese unterhalb der Schulternähte in den alten Ausschnitt übergehen lassen. Den überschüssigen Stoff des vorderen Halsausschnitts dann an der Kreidemarkierung abschneiden.

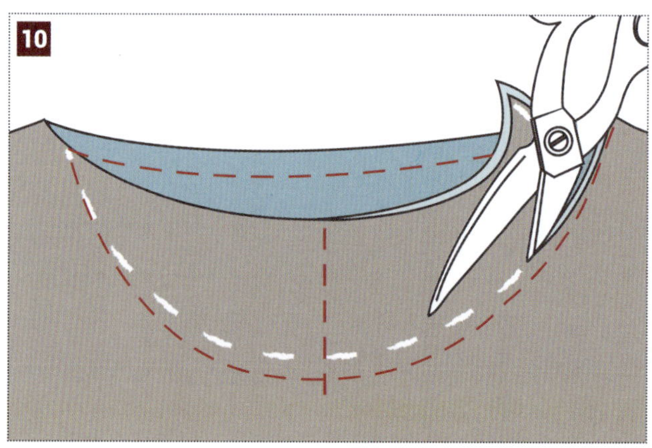

11 Die Verstürznaht am hinteren Halsausschnitt auftrennen und die Nahtzugaben hervorholen. Dort, wo die neue Naht unterhalb der Schulter in die alte übergeht, ist die Nahtzugabe meist breiter.

12 In der bei Schritt 9 gemessenen Länge ein Stück Formband (etwa 5 mm breit) abschneiden. An einer Schulter beginnend das Band um den neuen Ausschnitt stecken, und zwar direkt an der gehefteten Markierung innerhalb des Oberteils. Wenn sich in der Rückenmitte ein Verschluss befindet, das Band von einer Verschlussseite zur anderen legen.

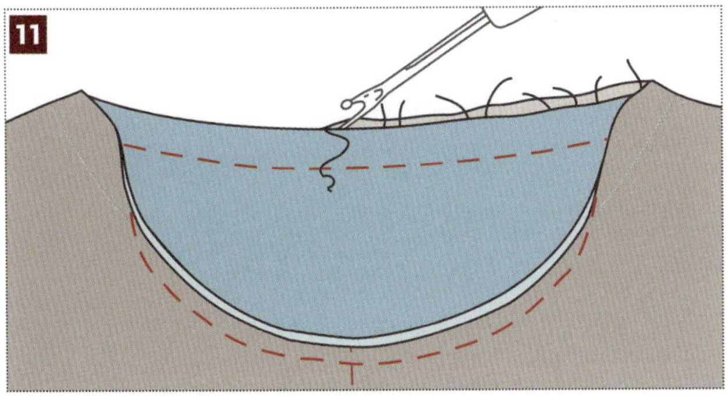

13 Das Band anheften (gegebenenfalls aufbügeln) und an der unteren Kante durch alle Stofflagen feststeppen. Die Stecknadeln und Heftfäden herausziehen.

14 Die Nahtzugaben sorgfältig bis zum Band umschlagen und diese zusammen mit dem Band erneut umschlagen, damit es vom Stoff umschlossen ist. Den Umschlag mit kleinen Saumstichen auf der Innenseite des Kleids annähen. Die Ausschnittkante gegebenenfalls vorher mit einer Overlocknaht oder Zickzackstich versäubern.

15 Das Kleid wieder nach rechts wenden. Den Halsausschnitt sorgfältig bügeln. Das Kleid anprobieren und prüfen, ob der Ausschnitt symmetrisch ist.

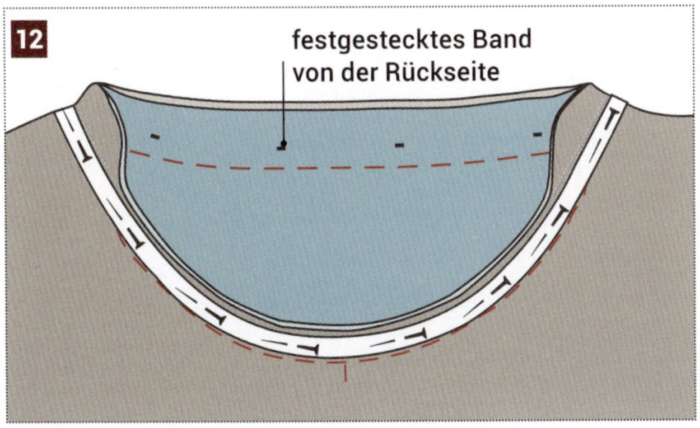

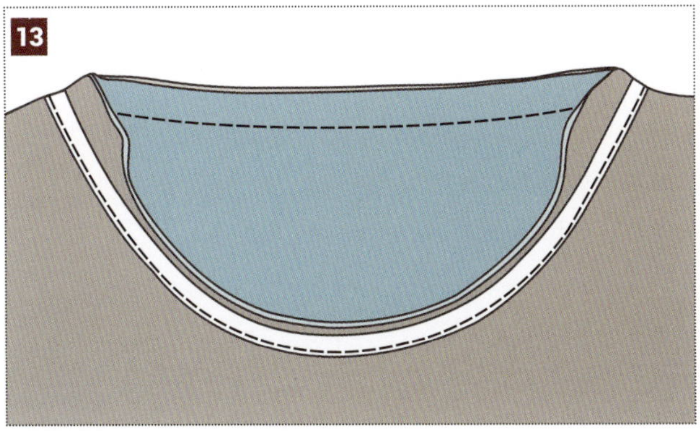

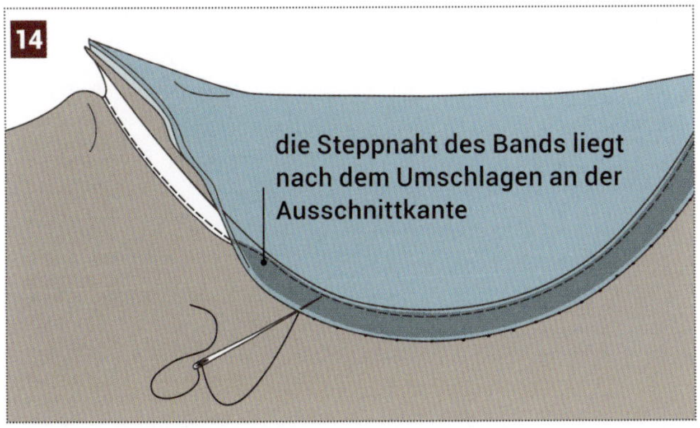

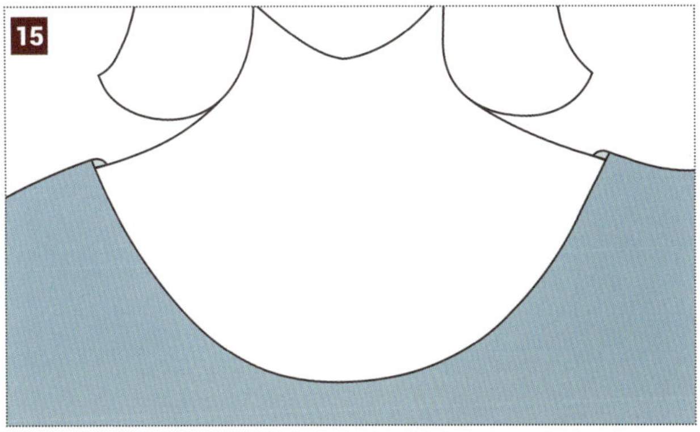

Leichtes Kleid kürzen

Ein Kleid erhält meist neuen Schwung, wenn es gekürzt wird. Leichte Stoffe werden am besten mit einem schmalen Wäschesaum versehen, der wenig Nahtzugabe erfordert. Wenn Sie ein bodenlanges Abendkleid kürzen, kann es zum perfekten Partykleid werden. Nach der folgenden Anleitung können Sie auch einen Saum ausgleichen, der sich mit der Zeit ausgehängt hat und ungleich geworden ist, oder einen Saum abschneiden, der zerrissen ist.

1 Das Kleid anprobieren und mit einer Schneiderelle prüfen, ob der Saum ungleichmäßig lang ist. Die neue Länge festlegen und das Maß notieren. Beim Ausgleichen einer Saumlänge am besten die kürzeste Stelle als Maß nehmen und den restlichen Saum anpassen. Beim Angleichen des Saums auf eine andere Höhe ist an der kürzesten Stelle womöglich nicht genug Stoff für die Änderung vorhanden.

2 Bei der Anprobe mit kleinen Stecknadeln und einer Schneiderelle auf der gewünschten Höhe rundherum eine Linie am Saum markieren. Das Kleid auf die Arbeitsfläche legen. Die gesteckte Linie nachheften, dann die Stecknadeln herausziehen.

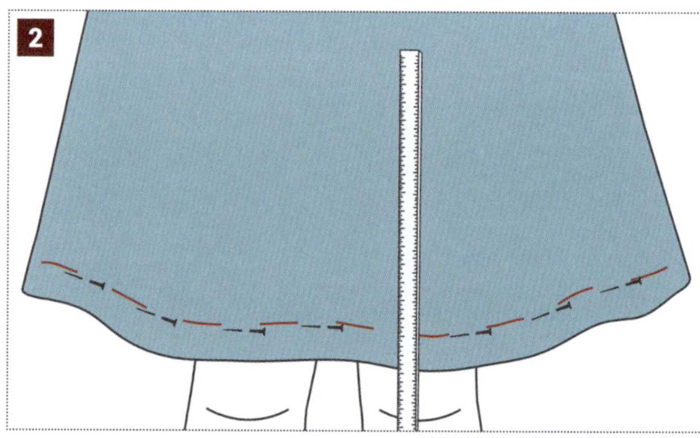

3 Unterhalb der gehefteten Linie 2 cm Nahtzugabe anzeichnen und erst dann den restlichen Stoff abschneiden. Das Kleid erneut anprobieren und prüfen, ob der Saum gerade fällt.

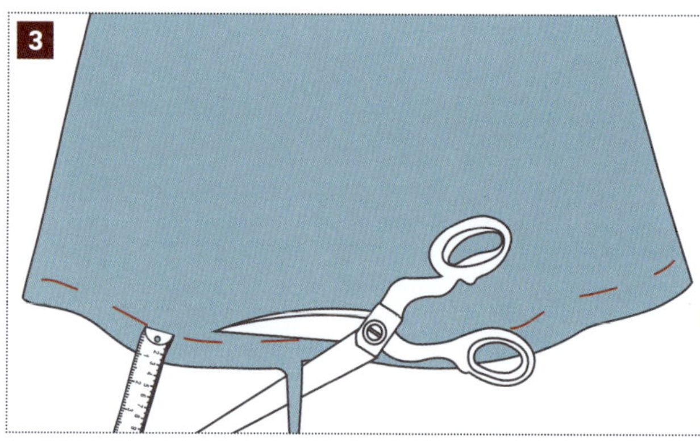

TIPP *Es ist wichtig, die neue Saumlinie bei der Anprobe zu stecken, vor allem bei leichten Stoffen. Wenn Sie die Linie auf der Arbeitsfläche stecken, kann sie zwar korrekt aussehen, doch sobald das Kleid angezogen ist, fällt der Stoff anders und der Saum ist womöglich wieder ungleich. Er muss also am getragenen Kleid gerade sein, nicht auf dem Arbeitstisch!*

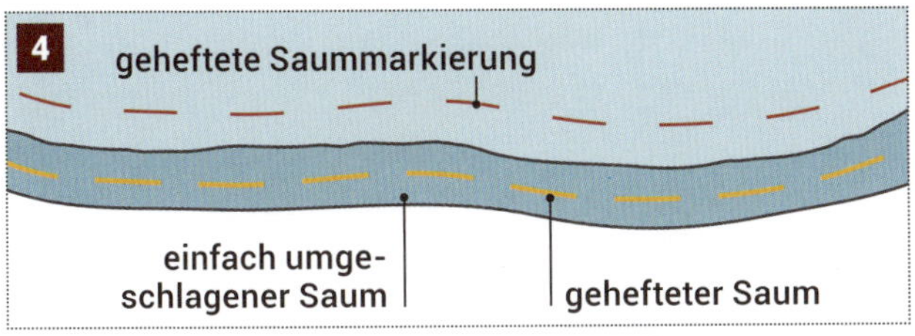

4 Das Kleid wieder ausziehen und die Saumzugabe zur Hälfte umschlagen und festheften. Das kann etwas knifflig sein; mit leicht angefeuchteten Fingern geht es leichter, vor allem bei sehr feinen Stoffen.

5 Die Heftnaht schmalkantig feststeppen.

6 Beide Heftnähte auftrennen. Die Saumzugabe mit einer kleinen scharfen Schere fast bis zur Steppnaht vorsichtig zurückschneiden, dabei darf die Naht nicht verletzt werden. Es ist zwar nur sehr wenig zurückzuschneiden, doch der erste Umschlag muss möglichst schmal sein, damit der Saum sauber aussieht, wenn er erneut umgesteppt wird. Mit einer zu breiten Saumzugabe ist das nicht möglich. Je breiter diese ist, desto breiter wird der Saum – und ein solcher passt meist nicht zu einem feinen Stoff.

7 Den einfach umgeschlagenen Saum bügeln.

8 Den Saum erneut umschlagen und heften; bei Stellen mit schrägem Fadenlauf besonders sorgfältig arbeiten. Den doppelt umgeschlagenen Saum feststeppen, dann die Heftnaht auftrennen. Auf der Innenseite des Saums sind zwei Steppnähte zu sehen und auf der Außenseite eine. Den Saum von links bügeln und bei einer Anprobe noch einmal prüfen.

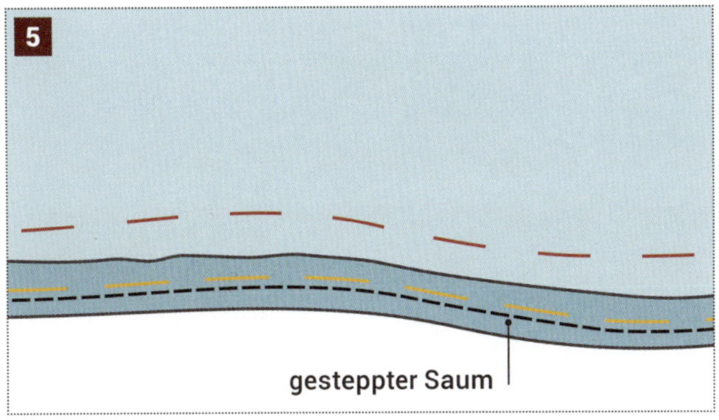

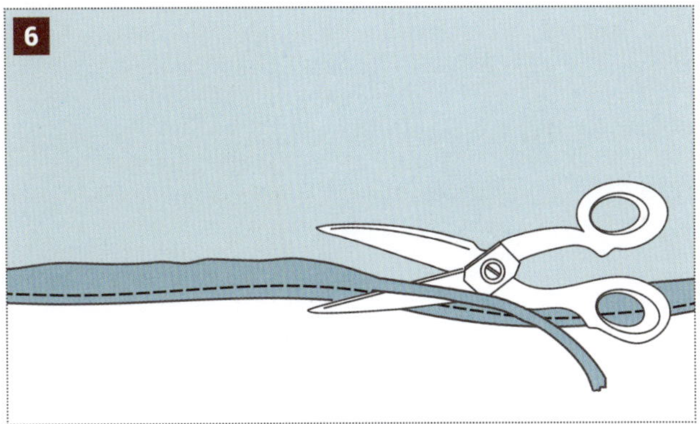

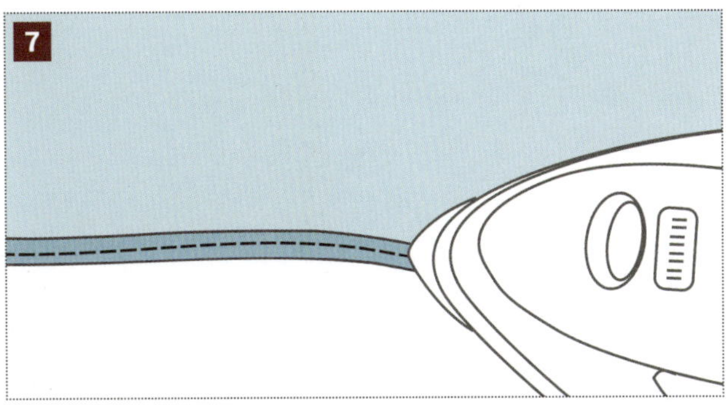

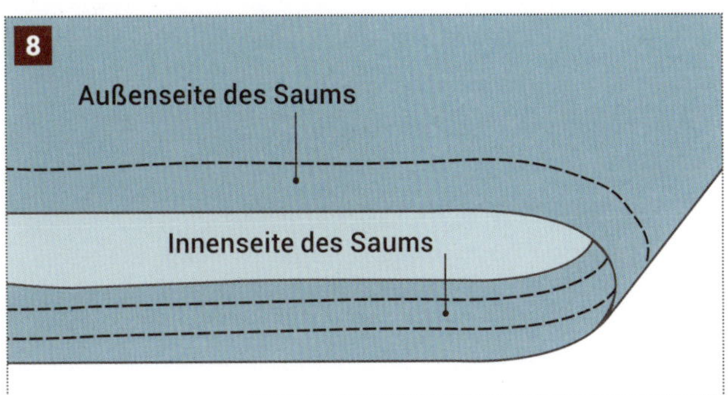

KAPITEL VIER

HOSEN

Hosen gehören zu den vielseitigsten Kleidungsstücken – als Anzughosen, Jeans, kurze Hosen, Hosenröcke und Chinohosen sind sie Bestandteil unserer Alltagsgarderobe. Die Hosentrends ändern sich von Saison zu Saison, und um mit der Mode Schritt zu halten, kann man vorhandene Modelle ändern. Ein schnelles Ergebnis erzielt man, wenn man die Beinweite ändert. Beispielsweise kann eine Hose mit weiten ausgestellten Beinen leicht schmaler gemacht werden.

Hosenbeine verlängern

Das Ändern der Hosenlänge ist einfach und garantiert ein Erfolgserlebnis. Häufig passen Hosen in der Länge nicht oder sind beim Kauf noch nicht passend gesäumt, wie Anzughosen. Eine Hose kann erstaunlich anders wirken, wenn sie die passende Länge erhält. Verlängern lässt sich eine Hose nur um das Maß der vorhandenen Saumzugabe.

1 Die Hose anprobieren und von der vorhandenen Saumkante bis zur gewünschten Hosenlänge messen, das Maß dann notieren. In diesem Beispiel werden die Hosenbeine um 5 cm verlängert.

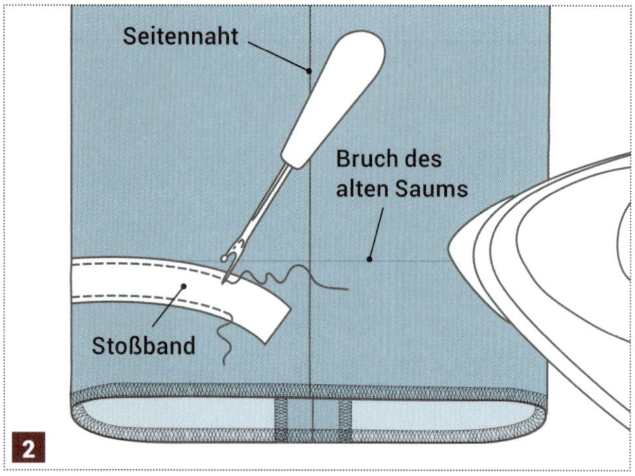

2 Die Hose auf die Arbeitsfläche legen. Die Saumnaht auftrennen und, wenn vorhanden, das Stoßband abtrennen (siehe Tipp unten). Dabei darauf achten, die Versäuberungsnaht an der Stoffkante nicht mit auftrennen. Dann lose Fäden abschneiden und die alte Saumkante ausbügeln.

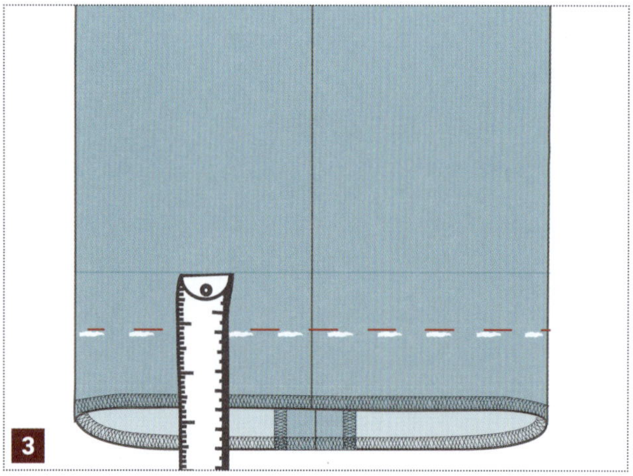

3 Nun sollte geprüft werden, ob die Saumzugabe für die geplante Verlängerung der Hose ausreicht. Von der alten Saumkante das Maß für die Verlängerung abmessen, das in Schritt 1 notiert wurde. Auf der rechten Stoffseite auf dieser Höhe eine leichte Kreidelinie anzeichnen und nachheften. Bügelfaltenhosen werden immer von außen markiert, denn ihre Beine lassen sich von links nicht glatt auflegen, da die eingebügelten Falten an den Kanten einknicken.

TIPP

Auf der Innenseite des Hosensaums ist häufig ein Band aufgenäht, um die Saumkante beim Tragen zu schützen. Es bleibt Ihnen überlassen, ob Sie das Stoßband bei dieser Änderung wieder annähen.

4 Das gegebenenfalls in Schritt 2 abgetrennte Stoßband an der neuen Saummarkierung auf die Saumzugabe heften und dann beidseitig feststeppen. Die Saumzugabe an der gehefteten Markierung nach innen umschlagen und festheften.

5 Die Hose nach links wenden. Die Hosenbeine von Hand säumen (siehe Seite 49), dabei möglichst wenig Oberstoff auf die Nadel nehmen und den Faden nicht zu stark anziehen, damit die Stiche von außen nur als Pünktchen zu sehen sind.

6 Die Hose wieder nach rechts wenden. Kreidereste abbürsten und Heftfäden sowie lose Fadenenden entfernen. Die neue Saumkante bügeln und den alten Bruch noch einmal ausbügeln, jedoch nicht die versäuberte Kante der Saumzugabe, damit sie sich nicht auf die rechte Seite durchdrückt.

TIPP *Bei Hosenstoffen mit Elastananteil sollte der Saum am besten mit Hexenstich angenäht werden (siehe Seite 49). Dadurch bleibt die Naht beim Tragen dehnbar und reißt weniger leicht.*

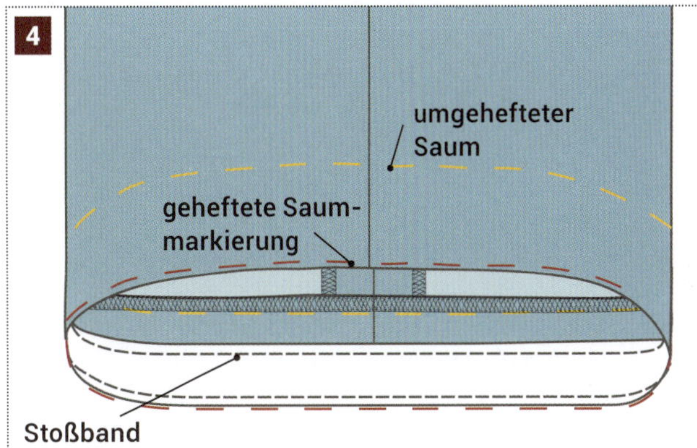

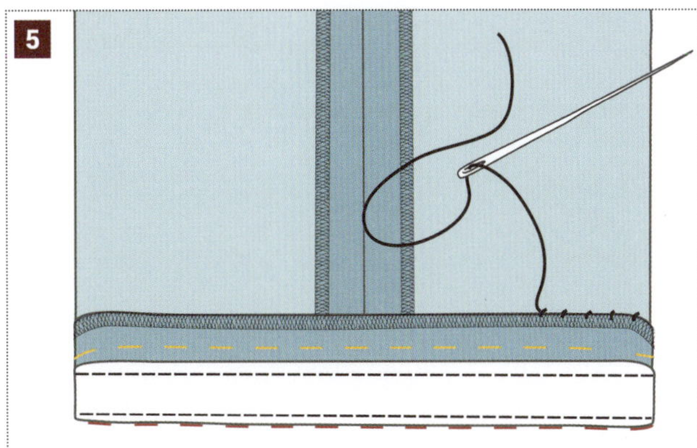

HOSENSCHNITTE

Wie bei allen Kleidungsstücken ändern sich die Schnitte von Hosen je nach aktuellem Trend. Zudem ist die ideale Hosenlänge auch Geschmackssache. Wenn eine Dame gerne High Heels zur Hose trägt, muss diese viel länger sein als bei flachen Schuhen. Ebenso wird bei klassischen Herrenhosen eine angemessene Länge bevorzugt, es sei denn, man möchte gerne auffällige Socken zeigen.

Hosenbeine kürzen

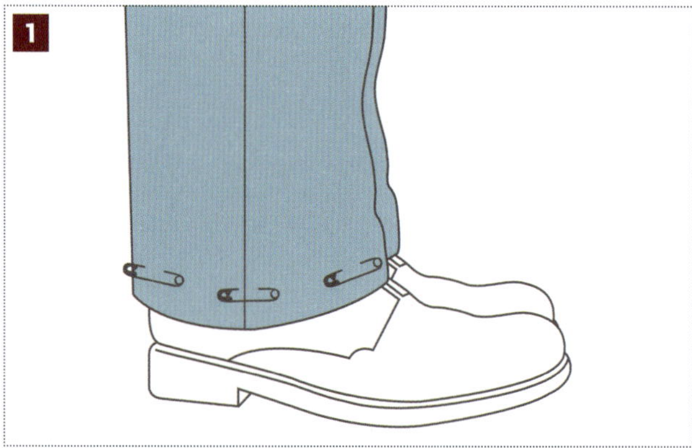

Wenn Hosen zu lange Beine haben, fransen und reißen die Säume beim Tragen allmählich aus, weil sie unter den Absatz geraten. Mit einer einfachen Änderung lässt sich dies vermeiden und die Lebensdauer der Hose verlängern.

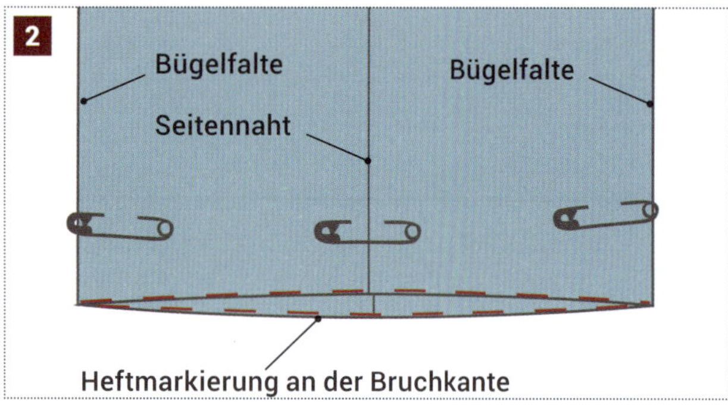

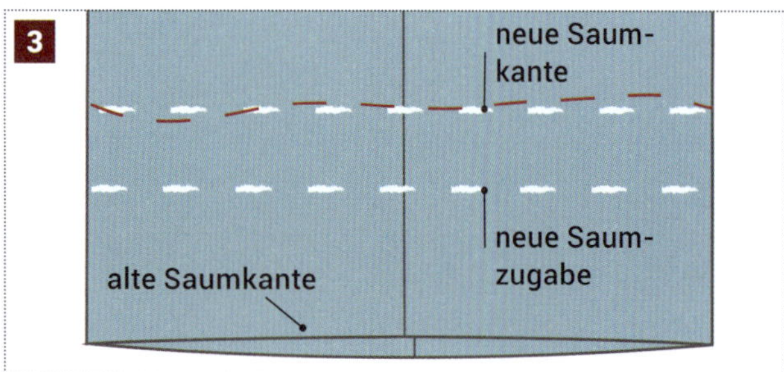

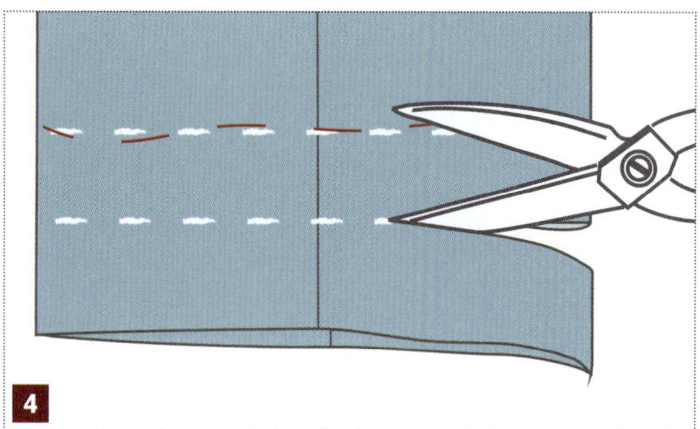

1 Die Hose anprobieren und die Länge begutachten – die ideale Länge ist Geschmackssache. Die Hosenbeine auf die gewünschte Länge nach innen umschlagen und mit Sicherheitsnadeln befestigen. Darauf achten, dass beide Beine gleich lang sind. Wenige Menschen sind vollkommen symmetrisch, daher am besten vor der Änderung die Länge der Beine messen.

2 Die Hose auf die Arbeitsfläche legen und die neue Bruchkante mit einer Heftnaht markieren. Die Linie muss nicht exakt sein, sie dient nur zur Orientierung, wie lang die Beine werden sollen. Die Sicherheitsnadeln abnehmen und den Saum wieder auffalten.

3 An der provisorischen Heftlinie an jedem Hosenbein rundherum eine gerade Kreidelinie ziehen. Die neue Saumzugabe festlegen, üblich sind 5 cm. Die Saumzugabe unterhalb der Heftlinie abtragen und rundherum mit einer leichten Kreidelinie exakt markieren (siehe Tipp unten und Seite 71).

4 Dann den restlichen Stoff an der unteren Kreidemarkierung gleichmäßig abschneiden.

TIPP

Wenn der Träger der Hose heranwachsend ist, sollten Sie eine größere Saumzugabe einplanen, damit genug Stoff für weitere Änderungen bleibt. Bei älteren Trägern gilt meist das Gegenteilige: Weil die Hose in ein paar Jahren gegebenenfalls weiter gekürzt werden muss, genügt eine schmalere Saumzugabe.

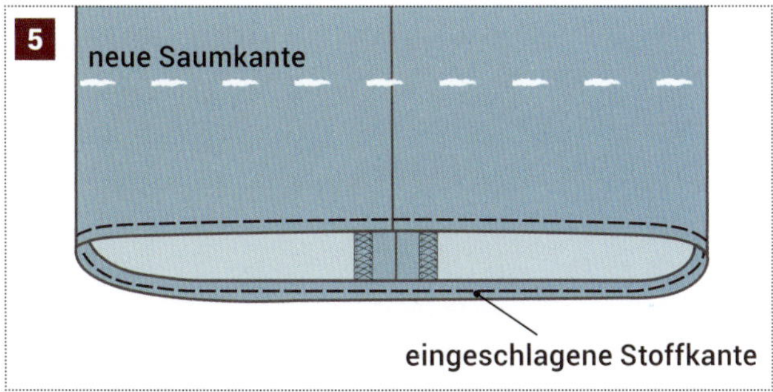

5 Wenn die Kreidemarkierung noch erkennbar ist, können die Heftfäden bereits herausgezogen werden. Die Stoffkanten am besten mit Overlockstich versäubern (siehe Seite 30), sie können auch einmal eingeschlagen, geheftet und festgesteppt werden (siehe Abbildung). Auf diese Weise ist die Stoffkante eingeschlossen, wenn die Hose gesäumt ist. Vor dem Umnähen des Saums die Kante flachbügeln, jedoch nicht auf die Kreidemarkierungen bügeln, da sie sich sonst nicht mehr herausbürsten lassen.

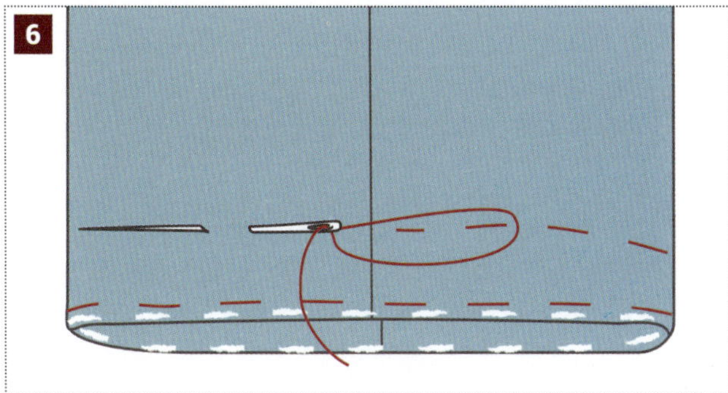

6 Gegebenenfalls Stoßband zum Schutz der Saumkante aufnähen (siehe Schritt 4, Seite 97). Den Saum so weit nach innen umschlagen, bis die Kreidemarkierung an der Unterkante liegt. Von der Außenseite den Saum an der Unterkante und etwas weiter oben festheften. Der Saum fällt häufig weniger glatt, wenn er von innen geheftet wird. Bei leicht ausgestellten Hosenbeinen können die Seitennähte ein Stück aufgetrennt und die Mehrweite übereinander gelegt werden, damit der Saum flach wird.

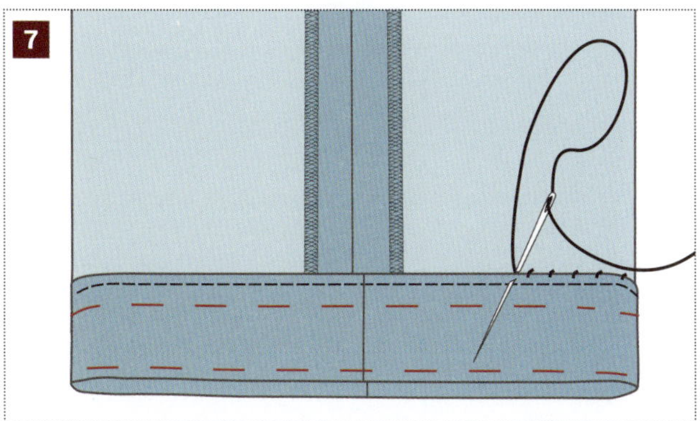

7 Die Hose nach links wenden. Den Saum mit Saumstich (siehe Seite 49) annähen, dabei möglichst wenig Stofffäden auf die Nadel nehmen. Wird zu tief eingestochen, sind die Stiche von außen zu sehen.

8 Die Hose wieder nach rechts wenden. Die Heftfäden und Kreidemarkierungen entfernen. Den Saum abschließend sorgfältig bügeln.

TIPP

Manchmal liegen die Seitennähte an Saumzugabe und Hosenbein nach dem Säumen nicht genau aufeinander. Das ist kein Problem, solange das Hosenbein von außen nicht verdreht aussieht.

Hosenbeine mit Aufschlag kürzen

Ein Saumaufschlag verleiht Hosen einen klassisch-eleganten Look. Bevor Sie die Hose ändern, sollten Sie jedoch genau ausrechnen, ob die Saumzugabe für den Aufschlag auch ausreicht. Wie breit Sie diesen einplanen, bleibt Ihnen überlassen, üblich sind 3–4 cm.

TIPP *Verwenden Sie zum Markieren von Linien immer Heftgarn aus Baumwolle, es lässt sich leicht reißen und ist überwiegend in rohweiß erhältlich, gelegentlich auch in hellgelb, hellblau und rosa.*

1 Die Hose anprobieren und die gesamte Mehrlänge etwas weiter oben mit Sicherheitsnadeln rundherum als Falte abstecken, um festzulegen, um welches Maß die Hose gekürzt werden soll. Auf diese Weise ist bei bereits vorhandenem Umschlag zu erkennen, wie der Saum nach dem Kürzen aussehen wird, ohne den Umschlag hochzukrempeln.

2 Die Hose mit den Bügelfalten seitlich und den Seitennähten mittig auf die Arbeitsfläche legen. Solche Hosen lassen sich nur auf diese Weise glatt auflegen. Die Länge der inneren Beinnaht an der abgesteckten Hose messen, damit die Änderung später überprüft werden kann. Direkt oberhalb und unterhalb der gesteckten Falte eine Markierungslinie heften.

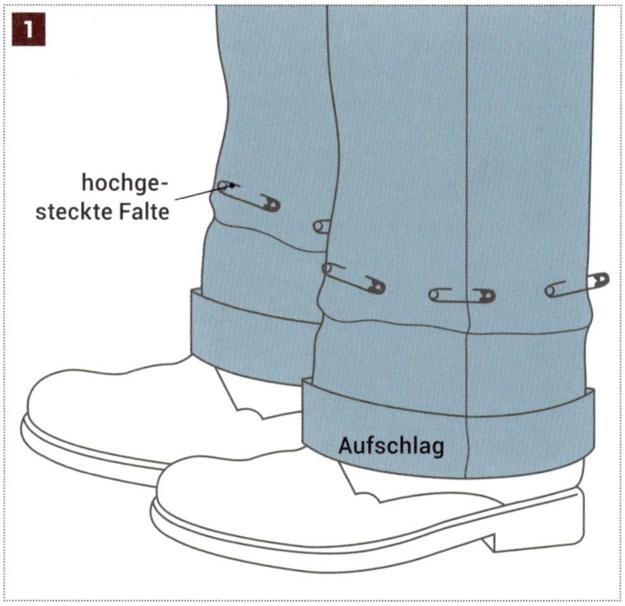

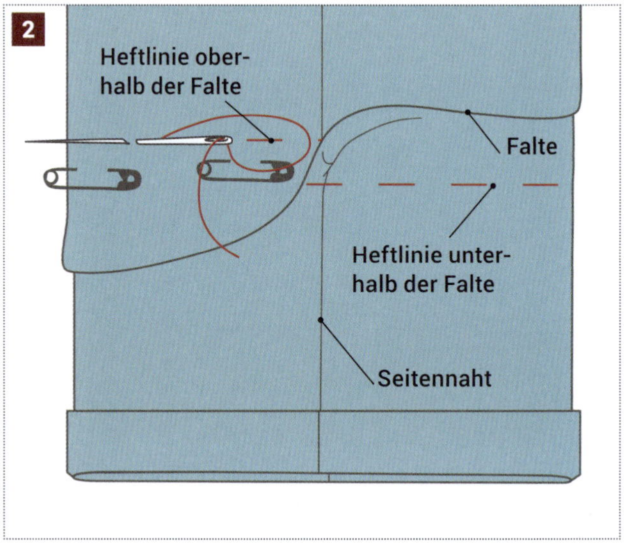

TIPP *Prüfen Sie immer, ob der Träger der Hose unterschiedlich lange Beine hat, das ist häufig der Fall. Wenn das linke Bein beispielsweise 1 cm kürzer ist als das rechte, muss das linke Hosenbein auch 1 cm stärker gekürzt werden als das rechte.*

3 Die Sicherheitsnadeln herausnehmen und die Hose glattstreichen. Die Beinlänge zwischen den Heftlinien ist das Maß, um das die Hose gekürzt wird. Diese Heftlinien müssen nicht exakt und geradlinig sein. Den Abstand zwischen den Heftlinien an mehreren Stellen messen. Wenn es unterschiedliche Maße sind, wird der Durchschnittswert zum Kürzen der Hose verwendet. Dann auch die Breite des Aufschlags festlegen – dabei am besten an der vorhandenen Breite orientieren – und beide Maße notieren.

4 Den alten Aufschlag auftrennen und gegebenenfalls das aufgenähte Stoßband abtrennen. Dieses nach Belieben zum späteren Einnähen beiseitelegen (siehe Tipp, Seite 96) und die alte Saumzugabe messen. Die Saumzugabe nur leicht ausbügeln, damit die Bruchkante noch zu erkennen ist.

5 Die Heftfäden herausziehen. Von der alten Saumkante nach oben die neue Saumkante markieren; dafür das bei Schritt 3 notierte Durchschnittsmaß des Abstands zwischen den Heftlinien verwenden und eine leichte Kreidelinie ziehen.

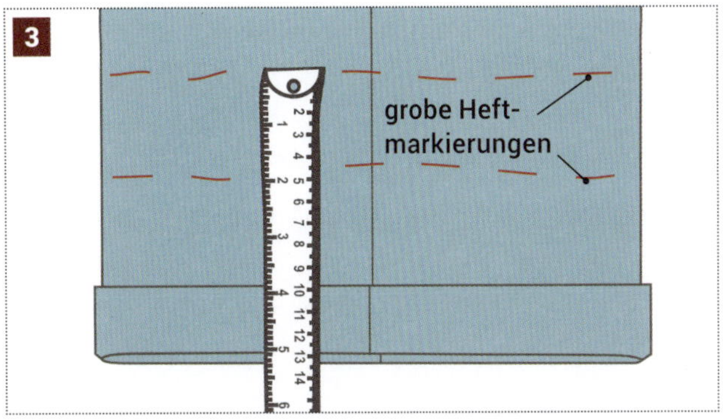

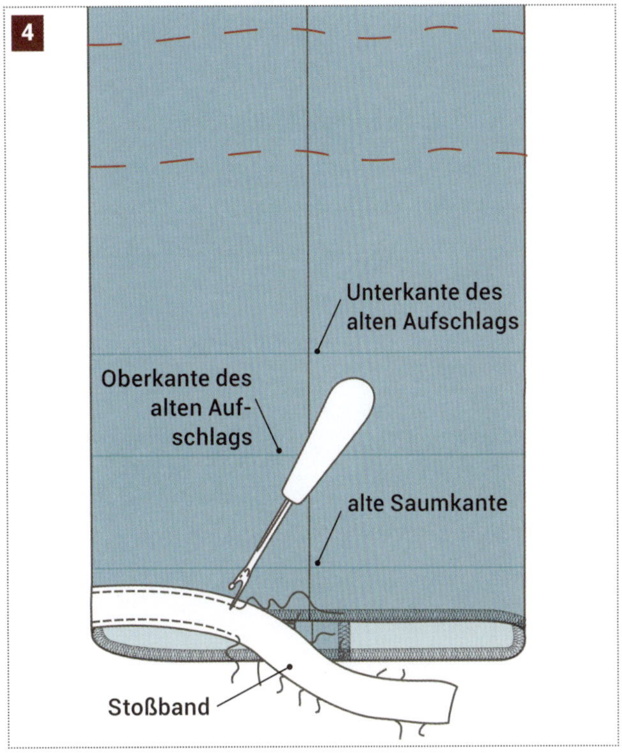

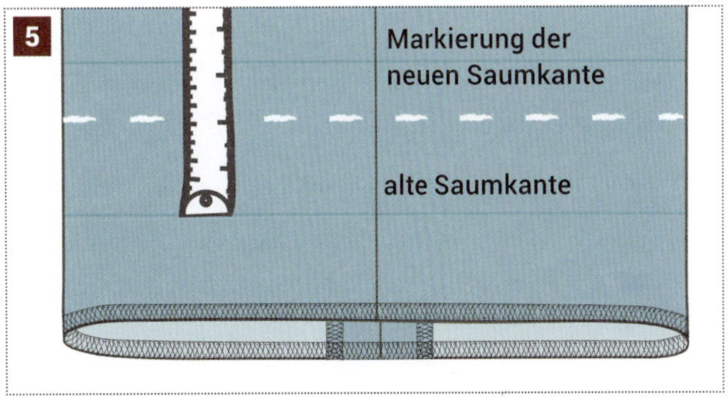

6 Die innere Beinlänge bis zur neuen Saumkante messen – sie sollte dem bei Schritt 2 notierten Maß entsprechen. Die bei Schritt 3 festgelegte Aufschlagbreite verdoppeln, dieses Maß von der neuen Saumkante abmessen und eine zweite Kreidelinie ziehen. Dieser Bereich wird später als Aufschlag zur Hälfte gefaltet. Die neue Saumzugabe (in gleicher Breite wie die alte) mit Kreide unter der neuen Saumkante anzeichnen und den überschüssigen Stoff abschneiden.

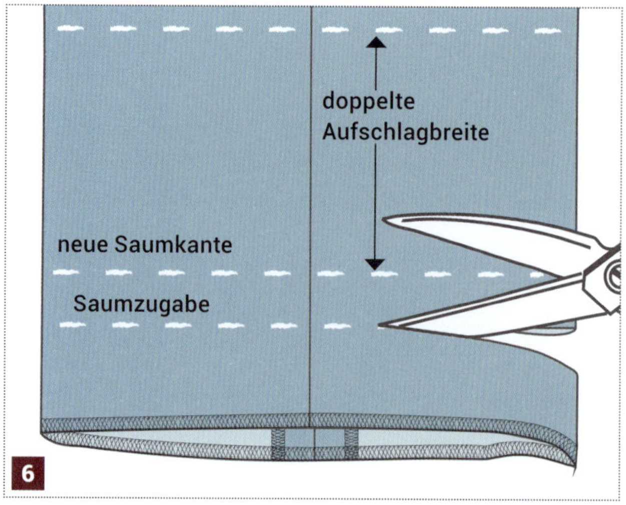

7 Die Schnittkante der neuen Saumzugabe mit einer Overlocknaht oder mit Zickzackstich versäubern (siehe Seite 30). Falls wieder ein Stoßband angenäht werden soll, dieses neben der neuen Saumkante auf die rechte Stoffseite der Saumzugabe heften und aufsteppen. Das Stoßband (oder Hosenschonerband) darf breiter sein als die Saumzugabe – es verhindert, dass sich der Saum beim Tragen durchscheuert, ist aber nicht unbedingt erforderlich.

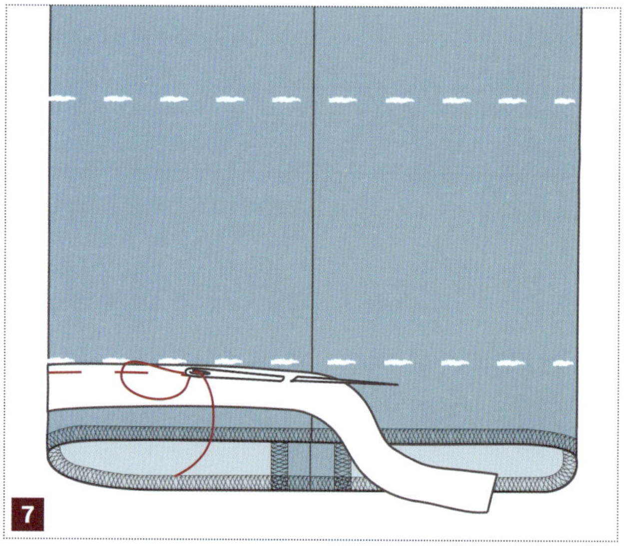

8 Das Hosenbein soweit nach innen stülpen, bis die beiden Kreidelinien aufeinander liegen. Die Saumzugabe mit Stoßband liegt dabei auf der Innenseite des Hosenbeins. Die Kreidemarkierungen genau aufeinander stecken und heften. An dieser neuen Heftlinie wird das Hosenbein für den Aufschlag anschließend nach oben geschlagen. Die Stecknadeln herausziehen und die Kreidemarkierungen ausbürsten.

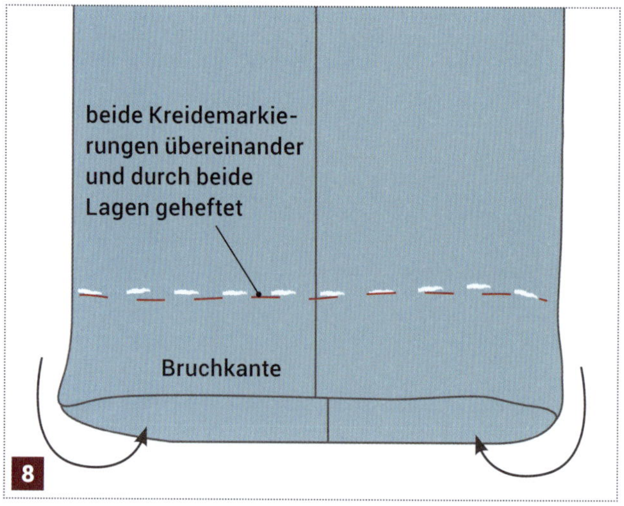

TIPP *Die Hose lässt sich leichter säumen, wenn Sie die Beine nach außen umschlagen oder die Hose nach links wenden. Für die Fertigung des Aufschlags wird sie dann wieder nach rechts gewendet.*

9 Die Hose nach links wenden. Die Saumzugabe festheften und mit Saumstich annähen. Wenn das bei Schritt 7 aufgesteppte Stoßband breiter ist als die Saumzugabe und übersteht, die Kante des Stoßbands anstelle der versäuberten Saumzugabe mit Saumstich annähen. Die Bruchkante bügeln.

10 Die Hose wieder nach rechts wenden. Den Saum an der bei Schritt 8 gehefteten Linie umschlagen. Die Heftfäden herausziehen und den Aufschlag bügeln.

11 An den beiden Längsnähten den Aufschlag mit Stehstich (siehe Seite 49) annähen, darauf achten, dass die Naht an Aufschlag und Hosenbein dabei genau deckungsgleich liegt.

TIPP *Das gleiche Prinzip lässt sich auch beim Verlängern eines Hosenaufschlags anwenden, allerdings müssen Sie vorher prüfen, ob die Saumzugabe für die Änderung ausreicht. Wenn das nicht der Fall ist, können Sie gegebenenfalls einen Streifen Schrägband oder Stoßband als Saumzugabe ansetzen.*

HOSEN MIT AUFSCHLAG

Hosen mit Bügelfalten haben oft Aufschläge, weil der Saum dadurch schwerer wird und die Hosenbeine schöner fallen. Ursprünglich dienten Aufschläge dazu, die Hosensäume vor dem Schmutz der ungepflasterten Straßen zu schützen. In den 1920er- bis 1950er-Jahren waren an der Universität Oxford sehr weite Bügelfaltenhosen mit Aufschlägen in Mode, die sogenannten »Oxford Bags«.

9

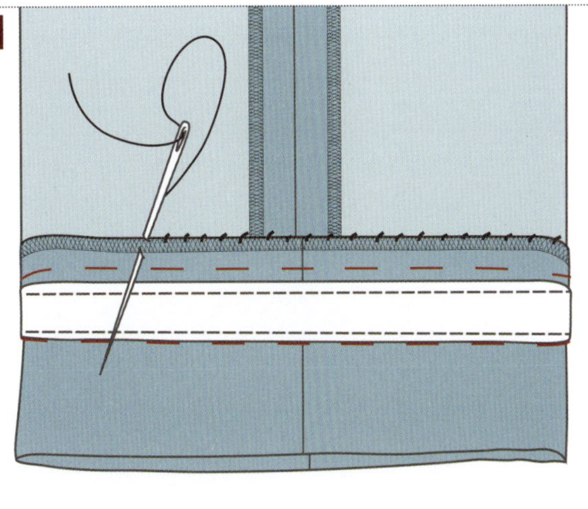

10

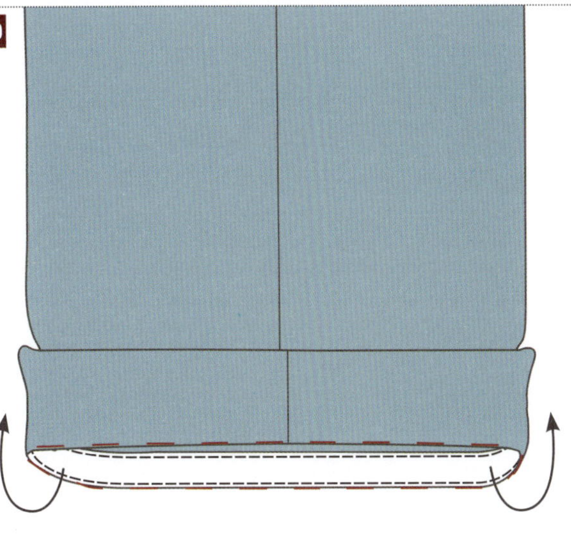

11

Hosenbeine erweitern

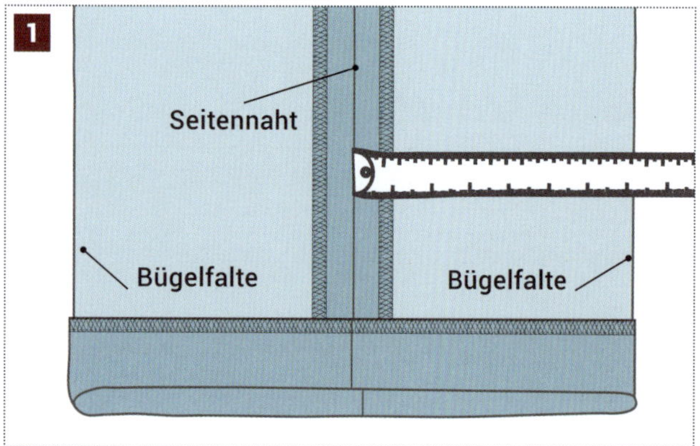

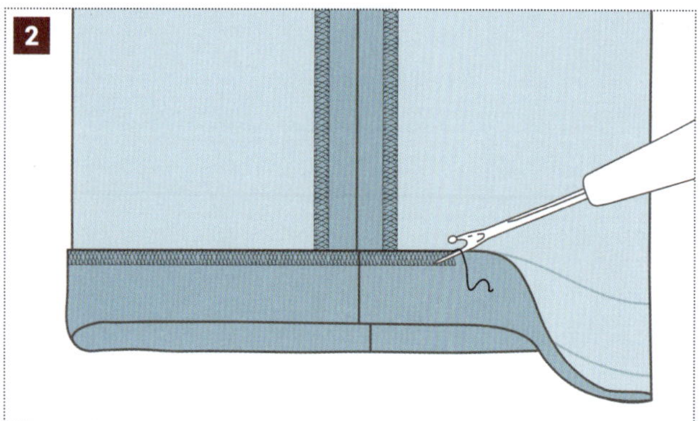

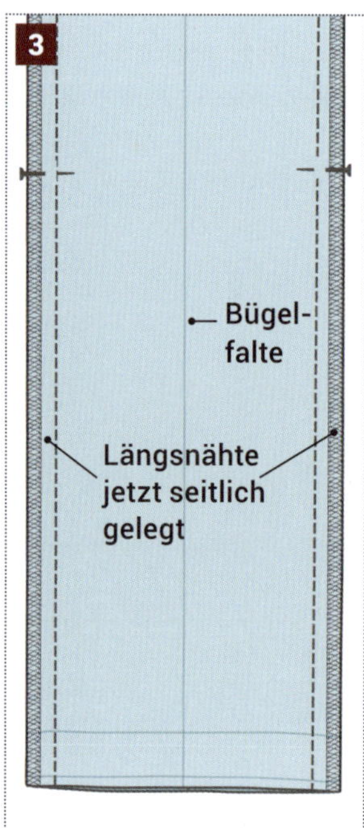

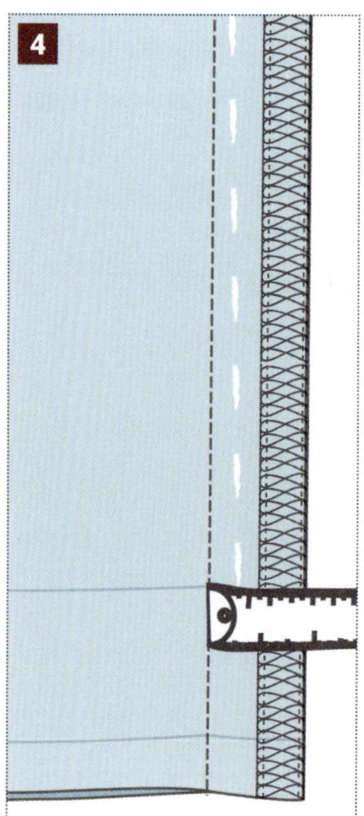

Prüfen Sie vor dem Erweitern von Hosenbeinen, ob ausreichend Nahtzugabe vorhanden ist. Einfarbige Hosen können problemlos geändert werden, doch groß gemusterte oder gestreifte Modelle sehen oft nicht mehr gut aus, wenn die Hosenbeine viel weiter oder enger gemacht wurden. Bei diesem Beispiel wurden die Hosenbeine jeweils um 2 cm erweitert – Sie können natürlich ein beliebiges Maß wählen.

1 Die Hose nach links wenden. An der inneren und äußeren Beinnaht die Breite der Nahtzugaben messen.

2 Die Säume auftrennen und lose Fäden entfernen.

3 Die Hose mit den Nähten zu den Seiten auf der Arbeitsfläche ausbreiten. Die Nahtzugaben eventuell bügeln, damit sie flach und deckungsgleich aufeinander liegen. Festlegen, wie weit die Änderung nach oben verlaufen soll. Die vorhandene Längsnaht an dieser Stelle jeweils mit einer Stecknadel markieren.

4 Das Maß, um das die Hosenbeine weiter gemacht werden sollen, durch vier teilen, also durch die Anzahl der Nahtzugaben der Längsnähte. Bei diesem Beispiel werden 2 cm durch vier geteilt (siehe Box Beidseitig ändern, Seite 70). An den Längsnähten am Saum jeweils 5 mm nach außen messen und den Punkt mit Kreide markieren. Die neue Naht nach oben verlaufend mit einem Lineal anzeichnen und bis zur Markierung allmählich in die vorhandene Naht übergehen lassen.

5 Auf der Höhe der alten Saumkante ein Geodreieck an der neuen Nahtlinie anlegen und die neue Saumkante mit Kreide markieren. Diese muss im rechten Winkel zur neuen Seitennaht liegen, nicht zur Stoffkante. Sonst wird der Saum schief.

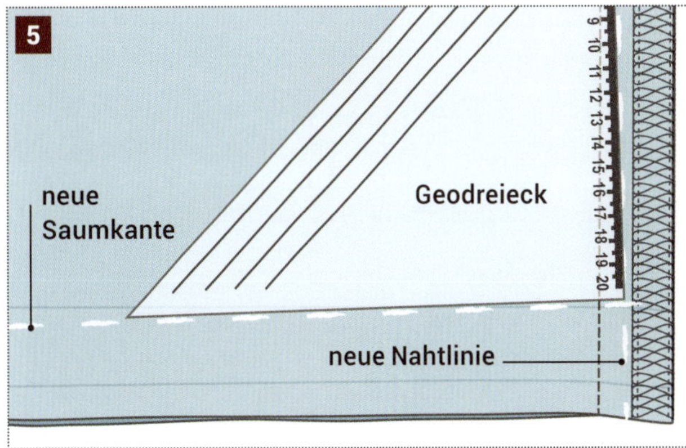

6 Mit einem Kopierrädchen und Kopierpapier die neue Saumkante jeweils auf die andere Seite des Hosenbeins übertragen. Die Hosenbeine umdrehen und diese Linie mit Kreide nachziehen, damit die neue Saumkante rundherum markiert ist.

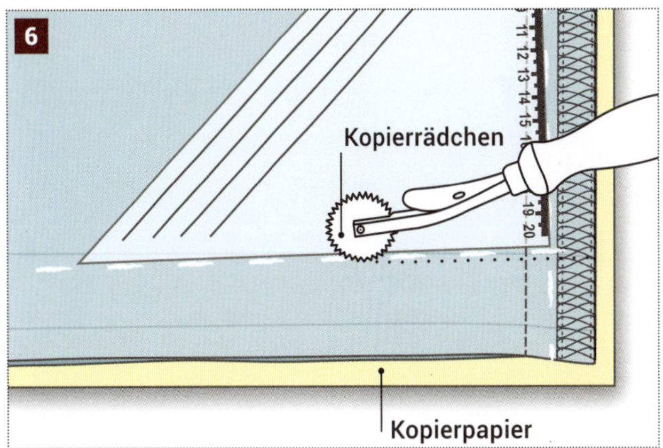

7 Jeweils an der Unterkante beginnend die neue Naht mit der Nähmaschine schließen und dabei in die alte übergehen lassen. Die Naht verriegeln.

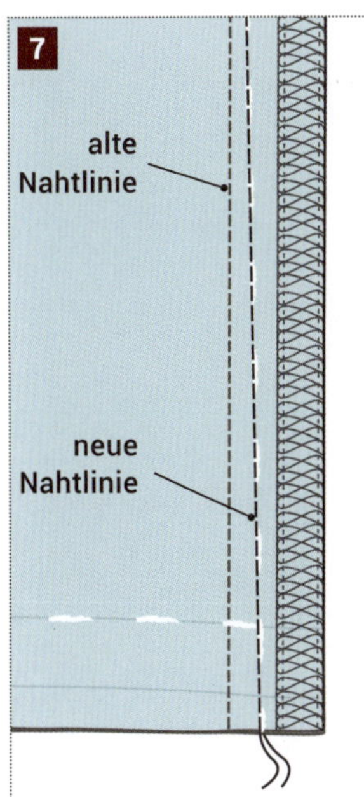

8 Die alten Längsnähte bis zu den neuen auftrennen, die Fadenenden verknoten. Die alten Nahtlinien ausbügeln. Die Hosenbeine säumen (siehe Seite 30–33), Kreidemarkierungen und Heftfäden entfernen.

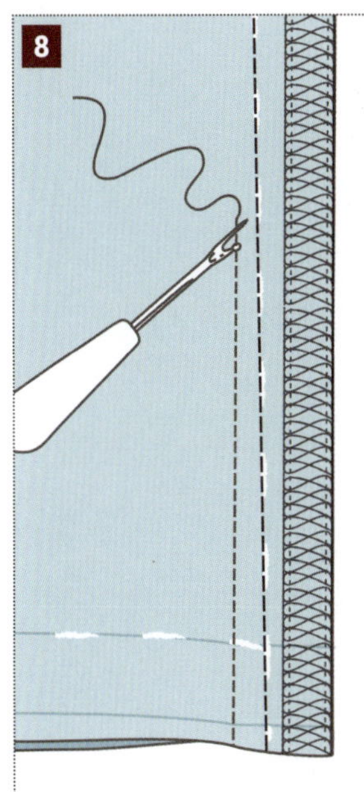

TIPP *Es ist nicht ratsam, bei Hosen nur jeweils eine Längsnaht (also seitlich oder innen) zu ändern. Bei Hosen mit Bügelfalten würden diese nicht mehr mittig sitzen und sich verziehen. Teilen Sie das Maß am besten immer auf beide Beinnähte (innen und seitlich) auf, damit die Hosenbeine später gerade fallen.*

Hosenbeine verschmälern

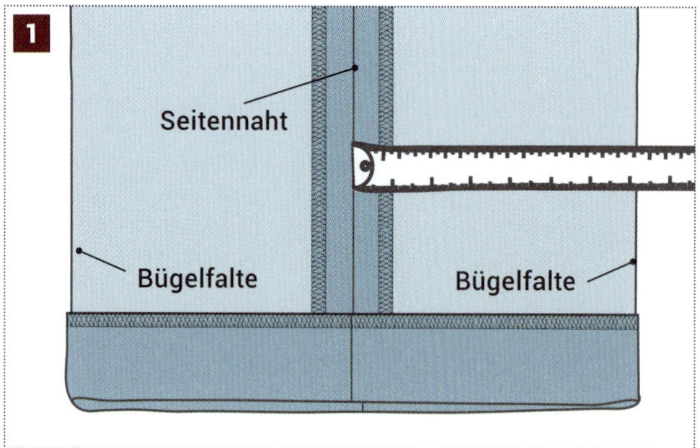

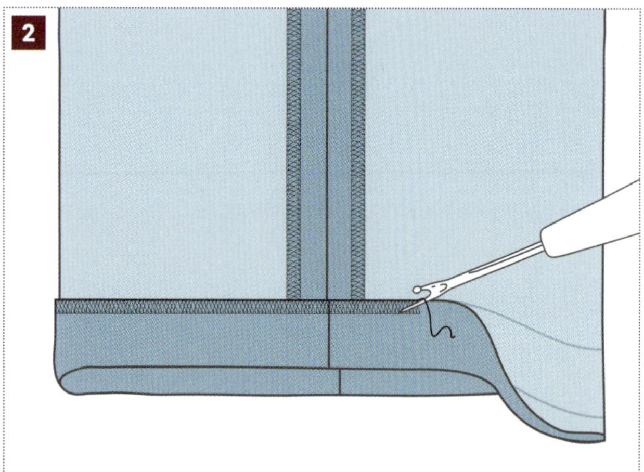

An der Weite einer Hose lässt sich die aktuelle Mode meist gut ablesen. Mit ein paar einfachen Handgriffen können Sie eine weit ausgestellte Hose einem neuen Trend mit engeren Beinen anpassen. Achten Sie dabei auch auf die Schuhgröße der Person – wenn Sie die Hosenbeine zu stark verschmälern, ist der Saum womöglich zu eng für die Füße!

1 Die Hose nach links wenden. An der inneren und äußeren Beinnaht die Breite der Nahtzugabe messen.

2 Die Säume auftrennen und lose Fäden entfernen.

3 Die Hose mit den Nähten zu den Seiten auf der Arbeitsfläche ausbreiten. Die Nahtzugaben eventuell bügeln, damit sie flach und deckungsgleich aufeinander liegen. Festlegen, wie weit die Änderung nach oben verlaufen soll. Die ursprüngliche Seitennaht an dieser Stelle jeweils mit einer Stecknadel markieren.

4 Das Maß, um das die Hosenbeine enger gemacht werden sollen, durch vier teilen, also durch die Anzahl der Nahtzugaben der Seitennähte. Bei diesem Beispiel werden 2 cm durch vier geteilt (siehe Box Beidseitig ändern, Seite 70). An den Seitennähten am Saum 5 mm nach innen messen und den Punkt mit Kreide markieren. Die neue Naht nach oben verlaufend mit einem Lineal anzeichnen und bis zur Markierung allmählich in die ursprüngliche Naht übergehen lassen.

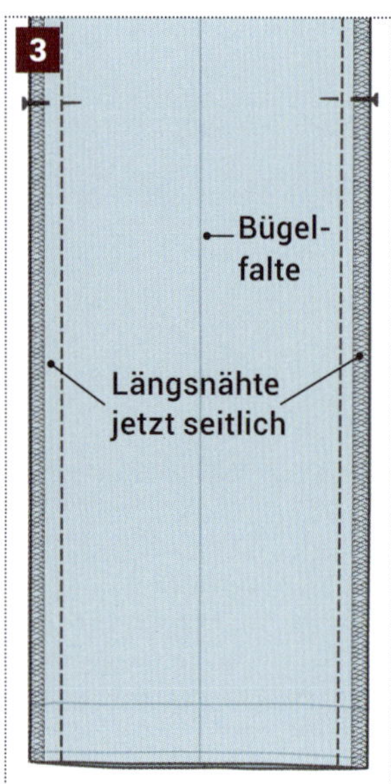

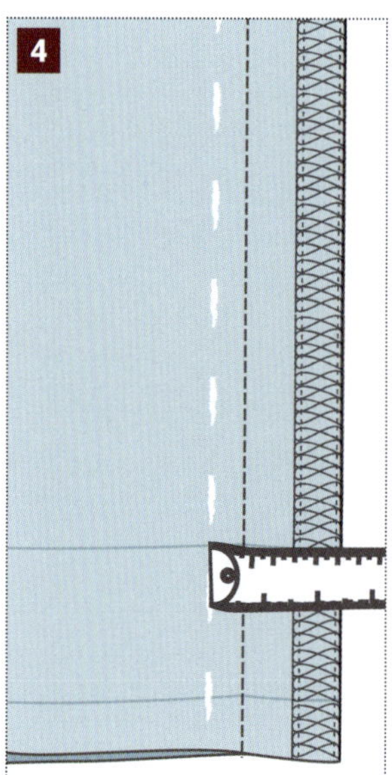

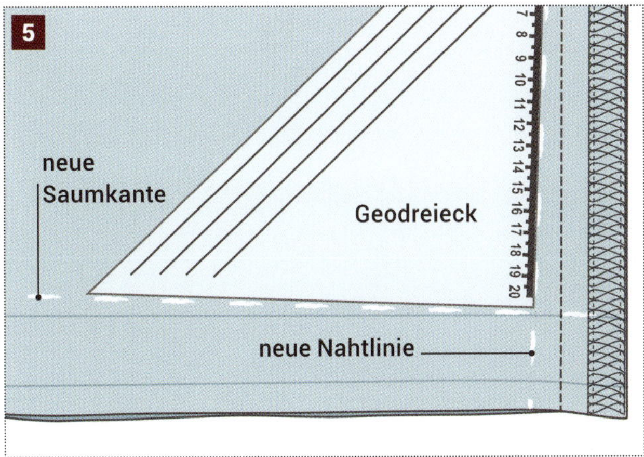

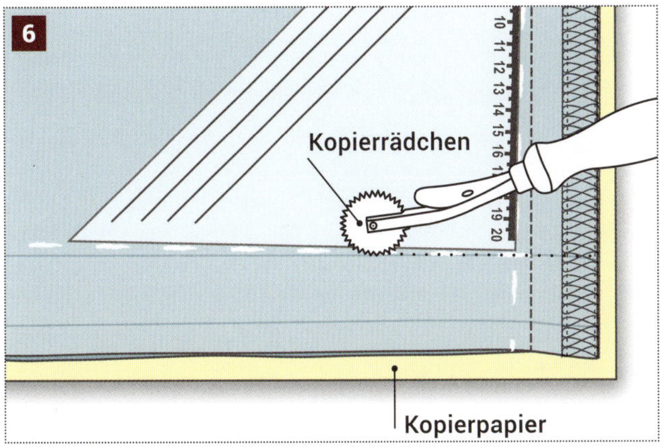

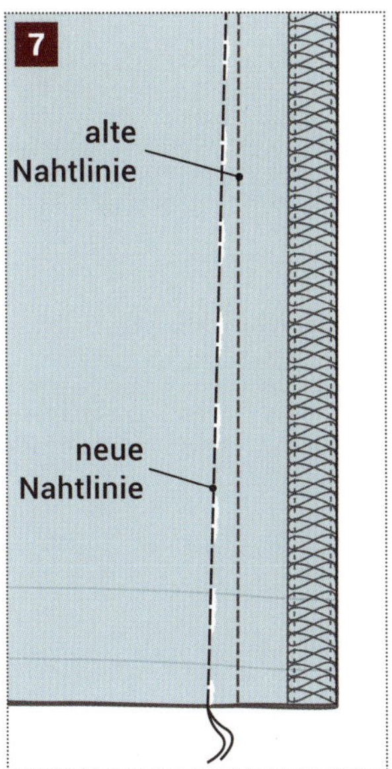

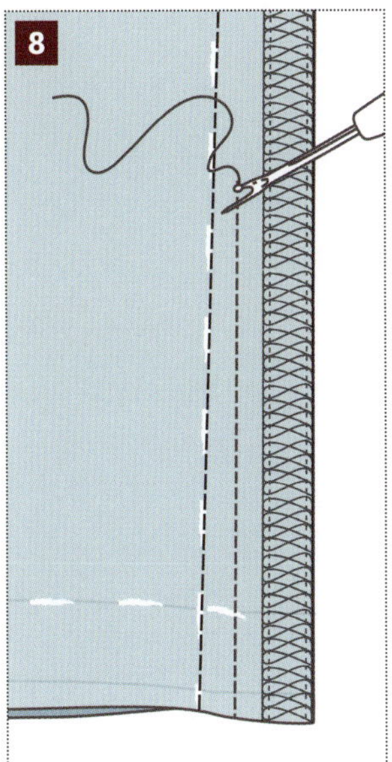

5 Auf der Höhe der alten Saumkante ein Geodreieck an der neuen Nahtlinie anlegen und die neue Saumkante mit Kreide markieren. Diese muss im rechten Winkel zur neuen Seitennaht liegen, nicht zur Stoffkante. Sonst wird der Saum schief.

6 Mit einem Kopierrädchen und Kopierpapier die neue Saumkante jeweils auf die andere Seite des Hosenbeins übertragen. Die Hosenbeine umdrehen und diese Linie mit Kreide nachziehen, damit die neue Saumkante rundherum markiert ist.

7 Den gesteckten Übergang von der alten zur neuen Längsnaht mit Kreide markieren, dann die Stecknadeln herausziehen. Jeweils an der Unterkante beginnend die neue Naht steppen und dabei allmählich in die alte übergehen lassen. Die Naht gut verriegeln.

8 Die alte Längsnaht jeweils bis zur neuen auftrennen, die Fadenenden verknoten. Die alten Nahtlinien ausbügeln. Die Hosenbeine säumen (siehe Seite 30–33), Kreidemarkierungen und Heftfäden entfernen.

Herrenhosen an Taille und Hüfte erweitern

Diese Änderung lässt sich nur vornehmen, wenn der Hosenbund in der rückwärtigen Mitte geteilt ist. Besteht er aus einem Stück, ist diese Methode nicht geeignet. Bei Hosen mit Eingriffstaschen ist es nicht ratsam, die Taillenweite an den Seitennähten zu ändern, weil sich dadurch die Nähte verschieben und die Tascheneingriffe kleiner werden. Die Taillenweite sollte in der hinteren Mitte geändert werden oder in Ausnahmefällen an den Abnähern beziehungsweise Bundfalten. Diese Ausnahmefälle sind abhängig von der Körperform der jeweiligen Person.

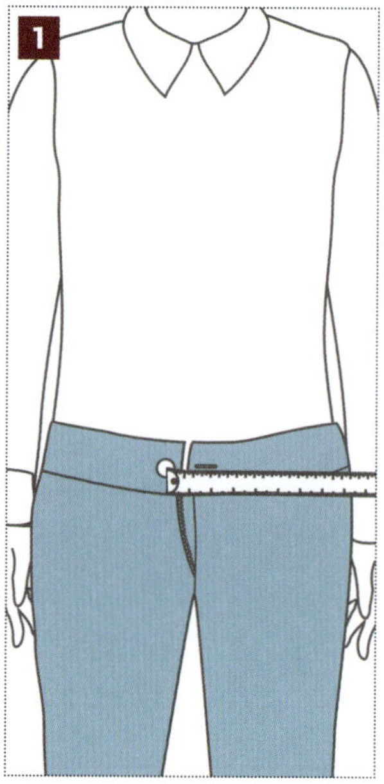

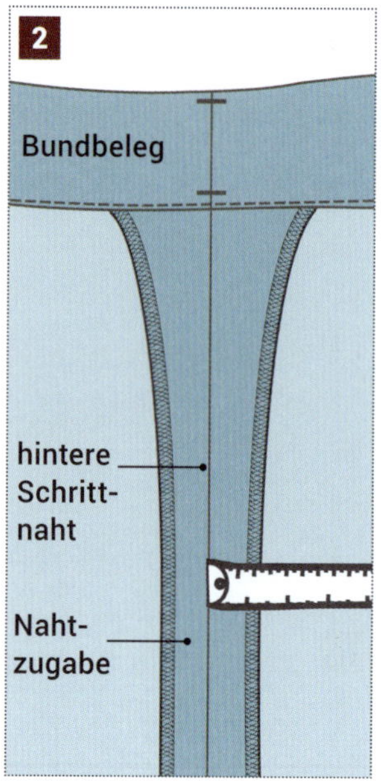

1 Die Hose anprobieren und die Passform prüfen. Wenn die Hose an der Taille so eng ist, dass der Reißverschluss offen bleibt, in der Taille den Abstand zwischen den Kanten der vorderen Mitte (jedoch nicht am Untertritt) messen. Um dieses Maß muss die Hose in der Taille weiter gemacht werden.

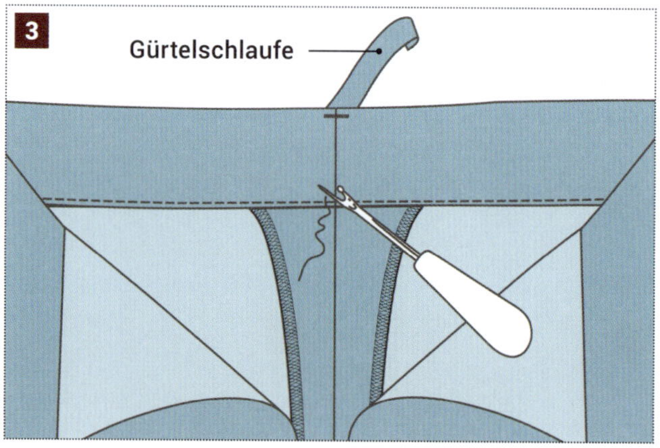

2 Den in Schritt 1 gemessenen Betrag durch zwei teilen (zwei Nahtzugaben in der hinteren Mitte) und dieses Maß notieren. Die Hose wieder ausziehen und prüfen, ob die Nahtzugaben ausreichen. Das notierte Maß muss kleiner sein als die Nahtzugabe, sonst lässt sich die Änderung nicht durchführen.

3 Etwaige Gürtelschlaufen und Anderes, das beim Ändern stören könnte, vom Bund und dessen Beleg abtrennen und beiseitelegen.

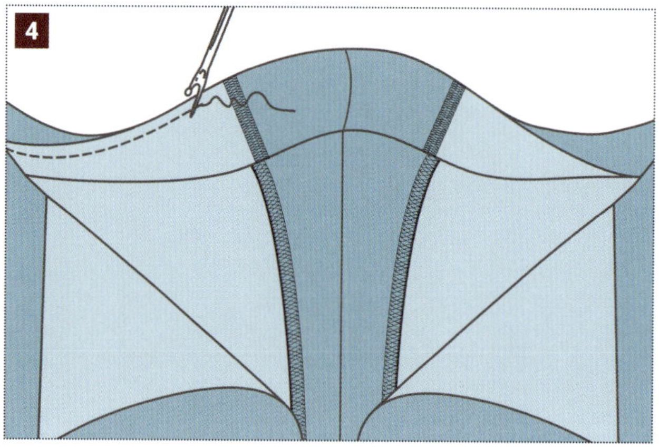

4 Den Beleg auf der Innenseite nur so weit abtrennen, dass die Schrittnaht in der hinteren Mitte freiliegt.

5 Die Hose nach links wenden und den Gesäßbereich mit der Schrittnaht seitlich auf die Arbeitsfläche legen.

6 Das bei Schritt 2 notierte Maß am Bund, am Bundbeleg und an der hinteren Schrittnaht jeweils nach außen (also zur Stoffkante) abtragen und markieren.

7 Den Punkt markieren, an dem die geänderte Schrittnaht in die alte Naht übergeht; dieser muss 5–7,5 cm vom Kreuzungspunkt mit den inneren Beinnähten entfernt sein, um Schnittveränderungen zu vermeiden. Die bereits auf dem Bund parallel zur ursprünglichen Naht in der hinteren Mitte gezogene Linie an der Schrittnaht weiterführen und an der markierten Stelle in die ursprüngliche Schrittnaht übergehen lassen. Die Markierung muss oben parallel zur ursprünglichen Naht verlaufen, sonst kann der Bund anschließend nicht gerade angesetzt werden.

8 Die Bundteile am Übergang zur Schrittnaht heften, damit sie beim Steppen nicht verrutschen. Die restliche Naht muss nicht vorgeheftet werden, hier dient die ursprüngliche Schrittnaht als Heftnaht.

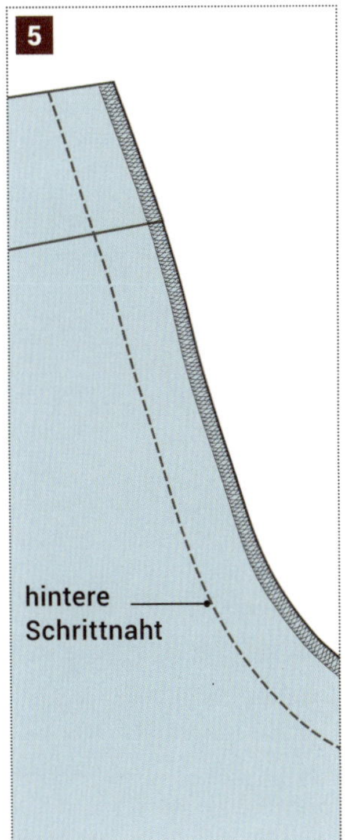

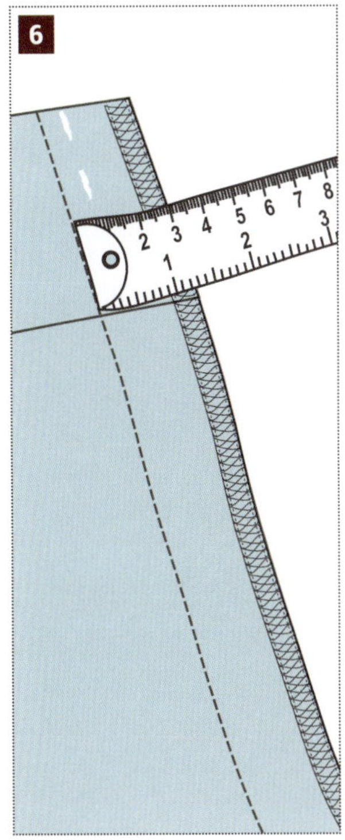

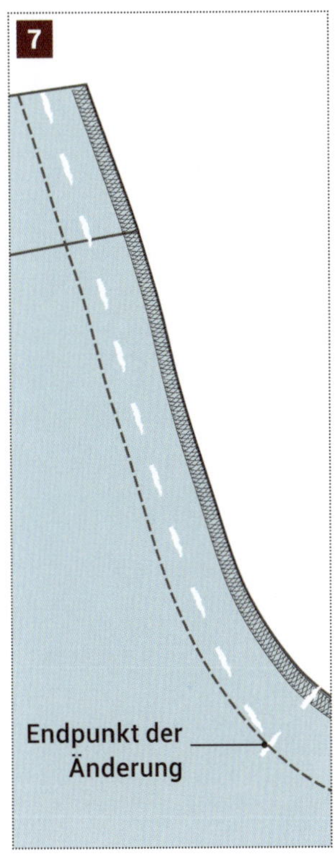

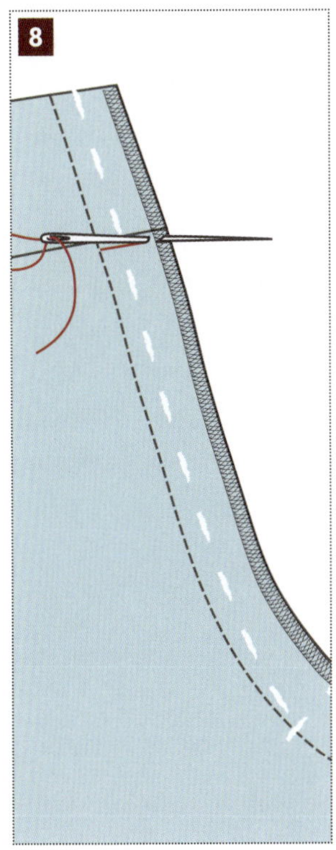

TIPP *Wenn die Hose um mehr als 2,5 cm erweitert werden muss, bildet sich an der sonst geraden Naht in der rückwärtigen Mitte ein Winkel. In diesem Fall muss der Bund zum Teil abgetrennt und in einer begradigten Linie angenäht werden, damit er in der rückwärtigen Mitte wieder waagerecht verläuft.*

9 Die neue Schrittnaht entlang der Kreidelinie steppen, den Stoff dabei straff halten. Diese Naht ist beim Sitzen starker Zugspannung ausgesetzt, daher ist es am besten, sie zweimal zu nähen.

10 Die ursprüngliche Naht bis zum Übergang zur neuen Naht auftrennen. Die Fadenenden von alter und neuer Naht verknoten, damit sie sich nicht lösen. Die Nahtzugaben auseinanderbügeln.

11 Den Bundbeleg ebenfalls erweitern, dann wieder nach innen umschlagen. Den Beleg sorgfältig glattstreichen und dort festheften, wo er für die Änderung abgetrennt wurde. Die Heftnaht sollte auf der Außenseite etwas unterhalb der Bundansatznaht liegen.

12 Die Hose nach rechts wenden und den Beleg von außen im Nahtschatten des Bunds (siehe unten, Tipp) festnähen. Ober- und Unterfaden sollten jeweils farblich zum Oberstoff beziehungsweise zum Beleg passen. Die Heftnaht auftrennen und alle Fadenenden abschneiden. Abgetrennte Gürtelschlaufen wieder annähen, eventuell vorhandenen Futterstoff dafür zur Seite schieben. Den Bund bügeln und prüfen, ob die Bügelfalten richtig liegen, gegebenenfalls korrigieren.

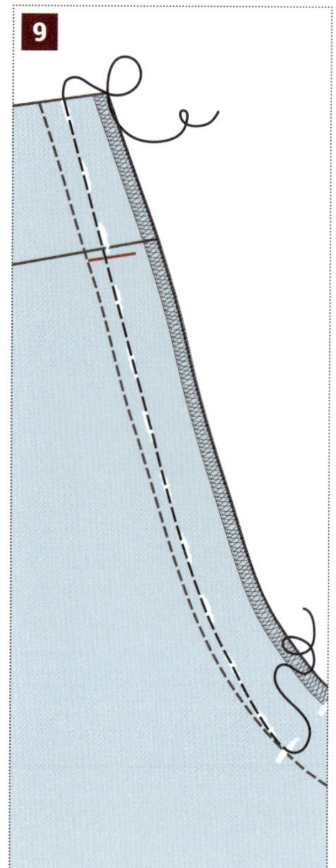

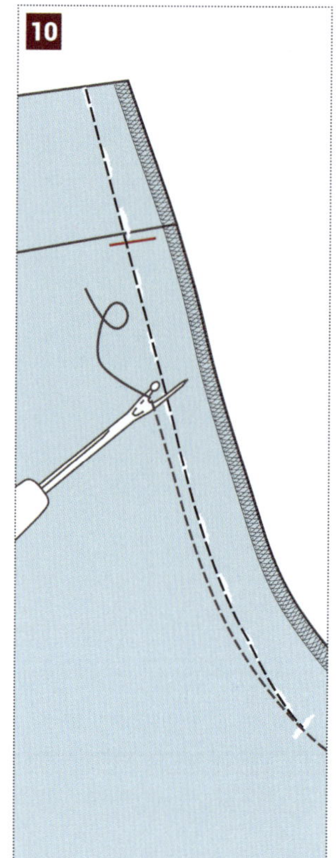

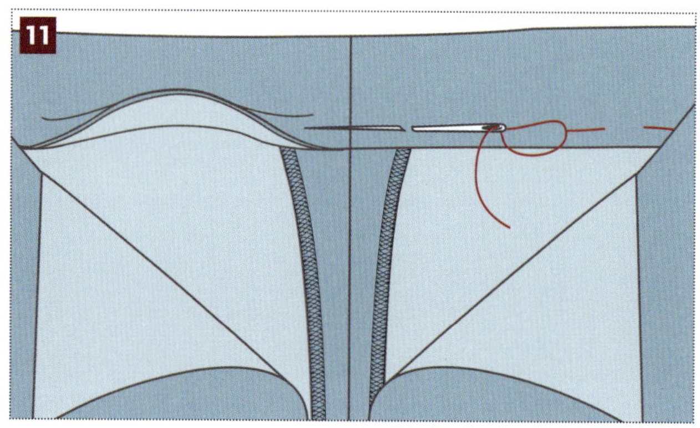

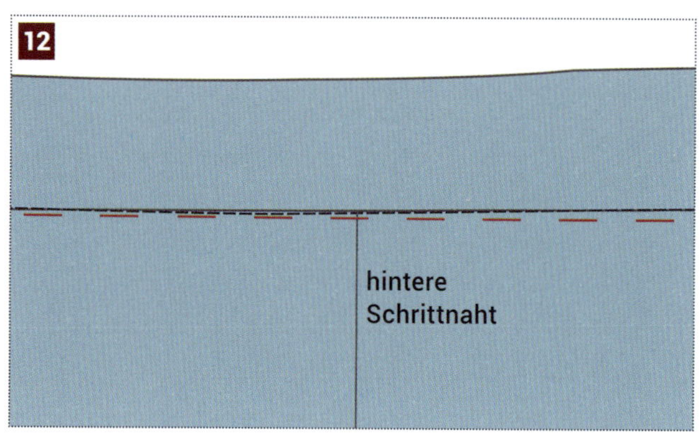

TIPP

Der Begriff im Nahtschatten *wird auf Maschinen- oder Handnähte angewendet, die von der rechten Stoffseite direkt in dem Spalt gesteppt werden, der sich an der Naht zwischen zwei Teilen bildet.*

Damenhosen an der Hüfte verschmälern

Damenhosen sind an der Hüfte gerundet, passen aber oft nicht, wenn die Trägerin schmal ist. Bei diesem Beispiel wird überschüssiger Stoff an der Hüfte abgenäht. Wenn die Hose bis zum Bund enger gemacht wird, verändert sich die Passform in der Taille. Anhand der Anleitung auf Seite 72 können Sie zusätzlich den Bund kürzen. Prüfen Sie auch, ob sich die Änderung negativ auf die Taschen auswirken würde, weil diese dann womöglich zu klein werden.

1 Bei einer Anprobe zuerst die überschüssige Weite an der Hüfte abstecken.

2 Die Hose nach links wenden und mit den Seiten glatt auf die Arbeitsfläche legen. An den innen sichtbaren Stecknadeln orientieren und mit farbigem Garn die neue Naht markieren. Die Nadeln herausziehen. Wenn nötig, den Bund ein Stück auftrennen, damit die Seitennaht freiliegt, und die Gürtelschlaufen abtrennen.

3 Mit Kreide die Heftlinie gleichmäßig und leicht gerundet nachzeichnen, dabei oben und unten allmählich in die ursprüngliche Naht übergehen lassen. Die Naht durch beide Lagen heften und die Passform bei einer Anprobe prüfen. Die andere Seite ebenso heften und darauf achten, dass die Seiten symmetrisch sind.

4 Die neuen Nähte mit der Maschine schließen und oben und unten in die ursprüngliche Naht übergehen lassen, dann sorgfältig verriegeln. Die alte Naht auftrennen, die Fadenenden verknoten.

5 Die geänderten Nähte von links ausbügeln und die Heftfäden und Kreidestriche entfernen. Den Bund an den abgetrennten Stellen wieder annähen.

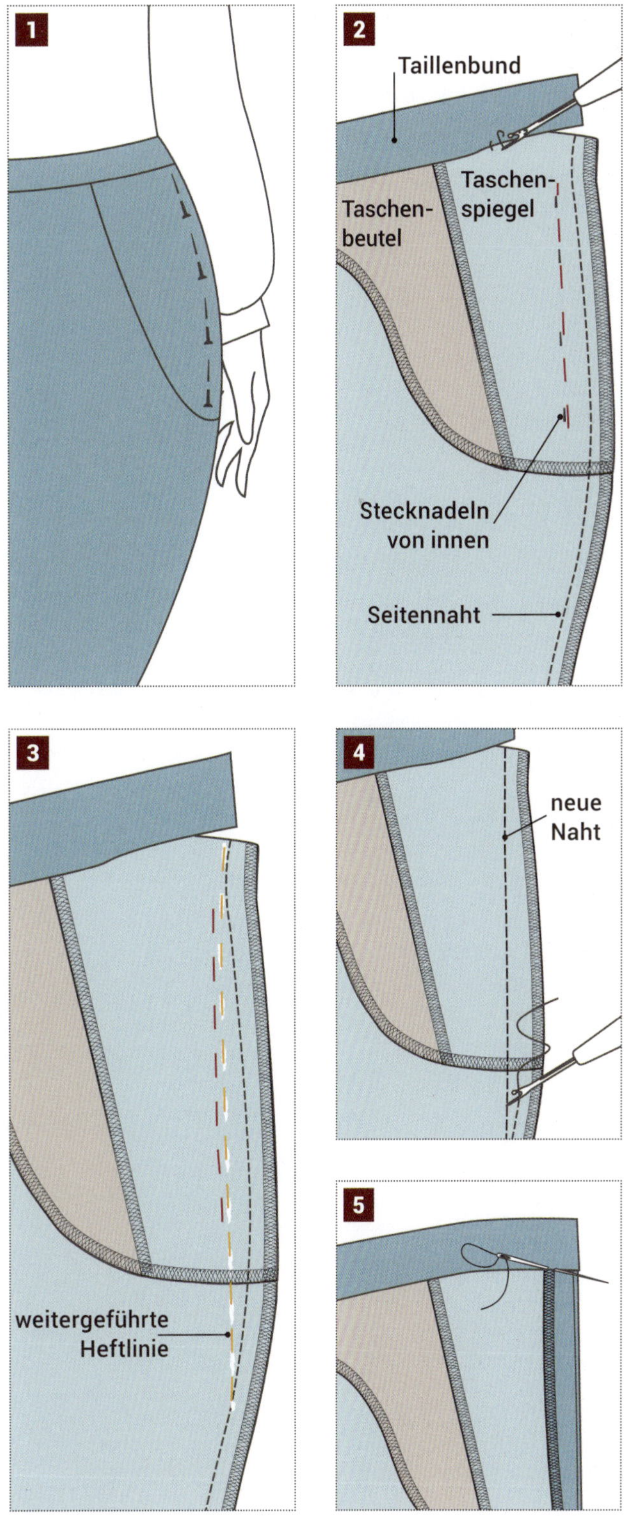

KAPITEL FÜNF

SAKKOS

Sakkos gehören zu den aufwendigsten Kleidungsstücken und tragen zu einer eleganten Silhouette bei. Sie werden in diversen Stilen, Farben und Formen angeboten und sind in der Regel gefüttert. Damenblazer gibt es mit und ohne Taschen und oft in figurbetonenden Schnitten. Diese Modelle sind meist mit einer dünnen Einlage verstärkt, damit sie leicht wirken. Herrensakkos sind häufig formeller geschnitten, mit einer bestimmten Anzahl Taschen und einer traditionellen Kragenverarbeitung.

Sakkoärmel kürzen

Bei der Anprobe eines Sakkos ist die Ärmellänge ein wichtiges Kriterium für eine gute Passform. Die Ärmellänge ist auf die Sakkolänge abgestimmt, wenn also die Ärmel zu lang sind, ist wahrscheinlich das gesamte Sakko zu lang. Ebenso wirkt das gesamte Sakko zu kurz, wenn die Ärmel bei einer Person mit normalen Proportionen zu kurz sind. Die richtige Ärmellänge für ein Sakko (mit eleganter Bluse oder Hemd getragen) reicht bis etwa zur Daumenwurzel am Handgelenk. Von der Hemdmanschette sollten ungefähr 1–2 cm unter dem Ärmel hervorschauen.

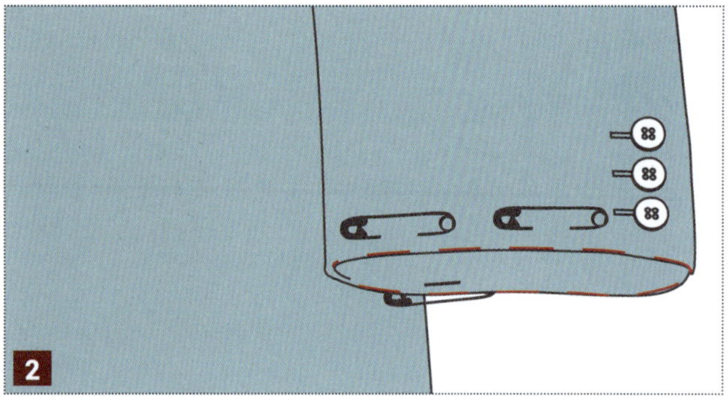

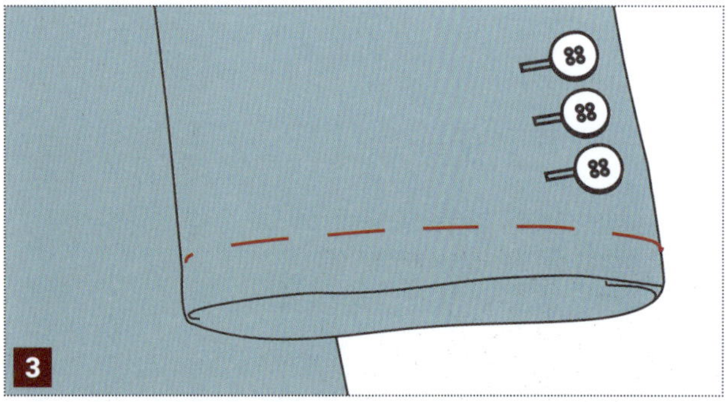

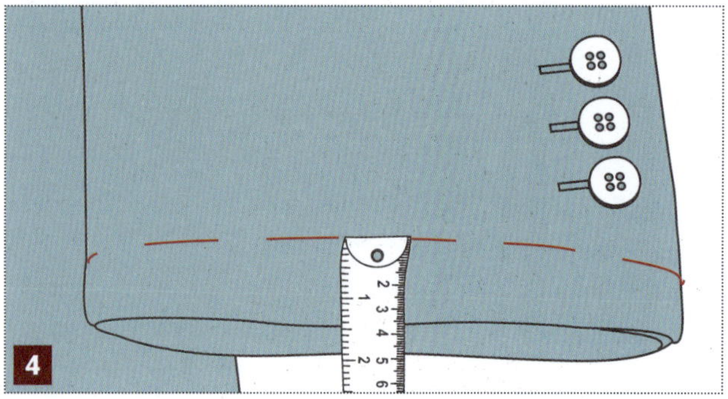

1 Bei einer Anprobe die passende Ärmellänge festlegen. Den Ärmelsaum nach innen umschlagen und mit mittelgroßen Sicherheitsnadeln feststecken. Das Sakko dann auf die Arbeitsfläche legen.

2 Mit kontrastfarbenem Garn die Unterkante des Ärmels mit Heftstichen markieren. Diese Kante wird der neue Saumabschluss. Das Futter möglichst nicht mitfassen, damit die Saumzugabe anschließend leichter aufzufalten ist. Das Ärmelfutter muss auch immer etwas Bewegungsspielraum haben.

3 Die Sicherheitsnadeln herausnehmen und die ursprüngliche Saumkante wieder auffalten. Jetzt ist sichtbar, um welches Maß der Ärmel gekürzt wird.

4 Den Abstand zwischen der Heftnaht und der ursprünglichen Saumkante messen. Wenn das Maß variiert, den Ärmelsaum an mehreren Stellen messen und den Durchschnittswert notieren.

TIPP *Nehmen Sie eine Änderung nur vor, wenn der neue Saumabschluss weit genug vom untersten Knopf beziehungsweise Knopfloch entfernt ist; es sieht unschön aus, wenn ein Knopf zu nah an der Saumkante liegt. Der Abstand zwischen der Ärmelsaumkante und dem Knopf sollte mindestens 2 cm betragen. Wenn der unterste Knopf nur als Zierde dient und ohne Knopfloch ist, können Sie diesen abtrennen, um den Mindestabstand von 2 cm einzuhalten. Die Nadeleinstiche an der Knopfposition können durch Bügeln gemindert werden.*

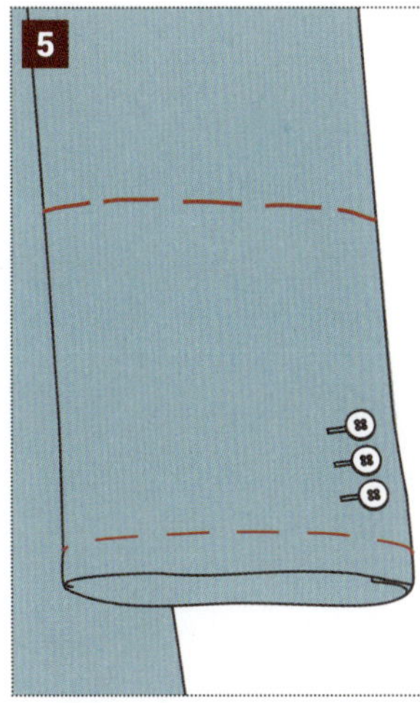

5 Bei beiden Ärmeln etwa auf Ellenbogenhöhe zunächst eine grobe Heftnaht durch Oberstoff und Futter nähen. Diese sorgt dafür, dass das Futter während der Änderung nicht verrutscht.

6 Die Knöpfe am Ärmelschlitz abtrennen und beiseitelegen, damit sie später wieder angenäht werden können. So lässt sich das Futter anschließend am Ärmelsaum leichter abtrennen.

7 Das Sakko und die Ärmel nach links wenden. Der Oberstoff liegt jetzt innen und das Futter außen.

8 Den Abstand zwischen der Futternaht und der Ärmelsaumkante messen und notieren. Das Futter wird zum Schluss mit demselben Abstand zur neuen Saumkante angenäht.

9 Die Futternaht am Ärmelsaum auftrennen und das Futter zum Ellenbogen hochschlagen.

10 Den Ärmelsaum auftrennen und lose oder störende Fäden entfernen. Die Knopfleiste zur Seite klappen.

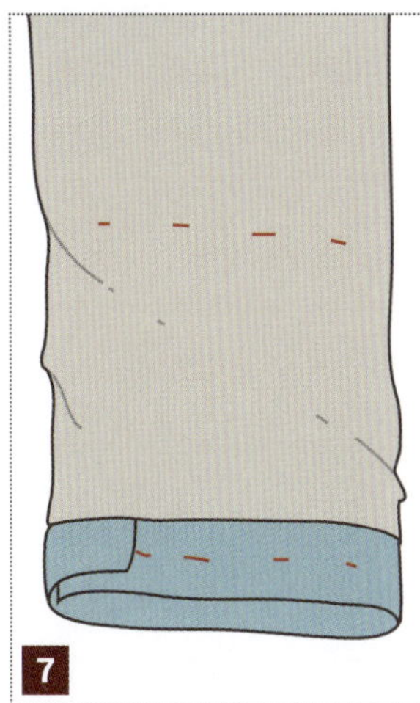

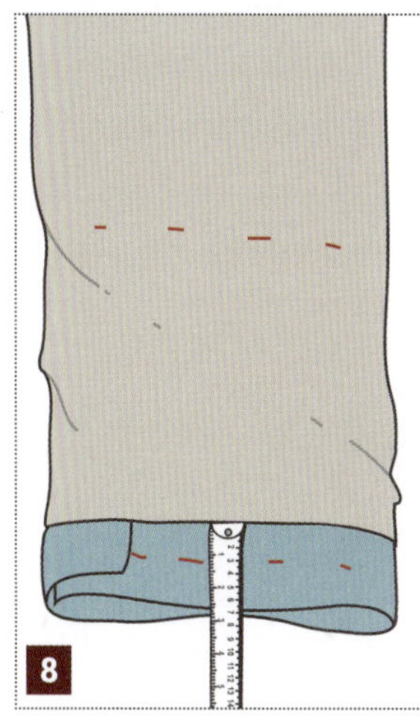

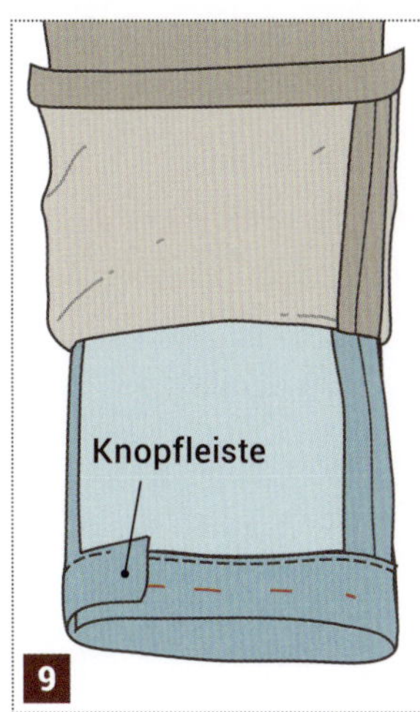

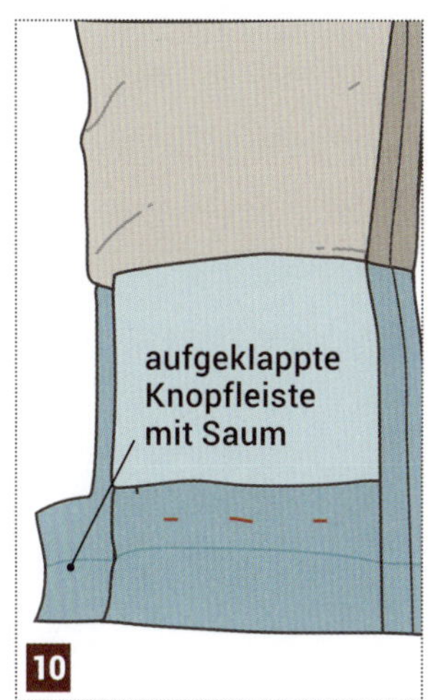

11 Das Sakko wieder nach rechts wenden. Von der ursprünglichen Ärmelsaumkante das Durchschnittsmaß von Schritt 4 nach oben abmessen und mit einer Kreidelinie leicht anzeichnen. Den Untertritt (Knopfleiste) dann nach außen klappen. Mit einer anderen Garnfarbe auf der Kreidemarkierung eine neue exakte Heftlinie nähen und die ungleichmäßige herausziehen. Nun ist eine gerade Heftnaht für den Ärmelsaum zu sehen. Die alte Saumkante ausbügeln.

TIPP *Der Saumabschluss sieht professioneller aus, wenn Sie auf die Saumzugabe des Ärmels Einlage aufbügeln. Dadurch wird die Saumkante fester und hat eine schönere Linie. Bügeln Sie die Einlage auf, sobald Sie die neue Ärmellänge festgelegt haben. Wählen Sie eine Bügeleinlage, die zum Stoffgewicht des Oberstoffs passt; für einen schweren Stoff eine schwere Einlage, für einen leichten Stoff eine leichte. Bügeleinlage ist einfacher zu befestigen als Näheinlage, doch am besten nähen Sie die Bügeleinlage zusätzlich an den Nähten fest, da sich der Schmelzkleber mit der Zeit lösen könnte.*

12 Von der Heftlinie das Durchschnittsmaß von Schritt 4 zur Ärmelstoffkante abmessen und mit Kreide markieren. An dieser Linie den alten Saum abschneiden. Der Bereich zwischen der Heftlinie und der neuen Schnittkante ist die neue Saumzugabe.

13 Den Ärmel nach links wenden und die Saumzugabe umschlagen, sodass die Heftlinie an der Unterkante liegt. Mit einer neuen Heftnaht von außen den Saumabschluss fixieren, damit er beim Tragen richtig fällt.

14 Den Ärmel sorgfältig mit Hexenstich säumen (siehe Seite 49), dabei darauf achten, dass der Stich von außen nicht sichtbar ist. Prüfen, ob der Ärmel und der Saumabschluss von außen glatt fallen.

15 Die Heftnaht an der Saumzugabe auftrennen, diese an der Unterkante bleibt vorläufig. Den Saum bügeln, jedoch nicht die Heftnaht. Die Brüche im Futter auffalten und vorsichtig ausbügeln, dann das Futter nach unten ziehen, bis es glatt auf dem Oberstoff liegt und über den neuen Saum hinausreicht. Vom ursprünglichen Bruch nach oben das Maß von Schritt 4 abmessen und mit Kreide markieren, damit das Futter um das gleiche Maß gekürzt wird wie der Oberstoff. Den überschüssigen Futterstoff abschneiden, dabei die Nahtzugabe berücksichtigen. Futter- und Oberstoffärmel müssen die gleiche Länge haben.

16 Den Futterärmel an der Kreidelinie nach innen umschlagen und mit dem bei Schritt 8 gemessenen Abstand an den Ärmelsaum aus Oberstoff anlegen, dort feststecken und festheften.

17 Das Futter dann mit kleinen Staffierstichen (siehe Seite 49) an den Oberstoff nähen.

18 Die Ärmel nach rechts wenden. Die restlichen Heftfäden herausziehen und die Ärmel sorgfältig bügeln. Die Knöpfe zum Schluss wieder an den ursprünglichen Stellen annähen.

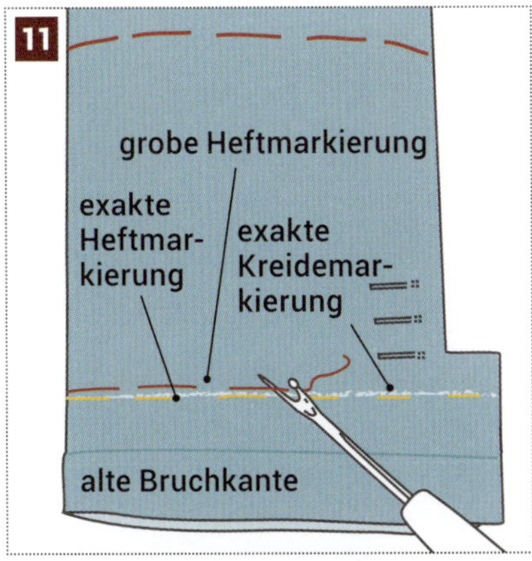
11
grobe Heftmarkierung
exakte Heftmar-kierung
exakte Kreidemar-kierung
alte Bruchkante

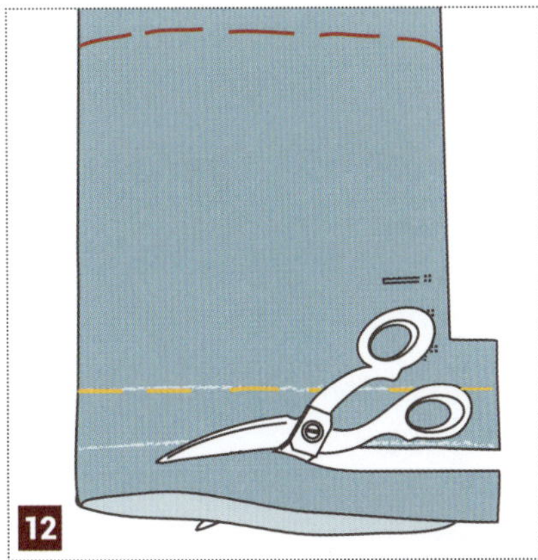
12

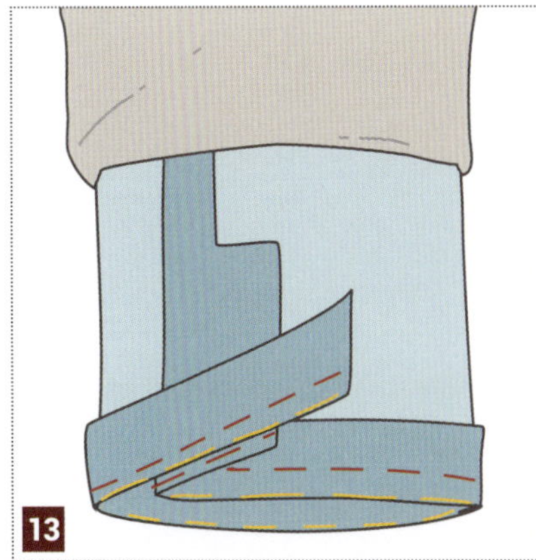
13

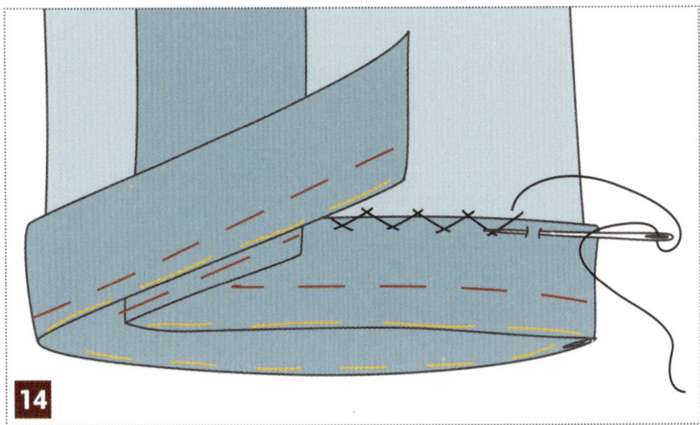
14

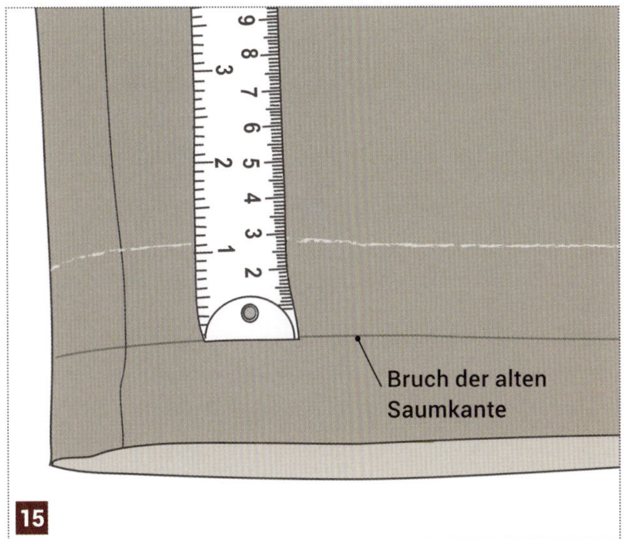
Bruch der alten Saumkante
15

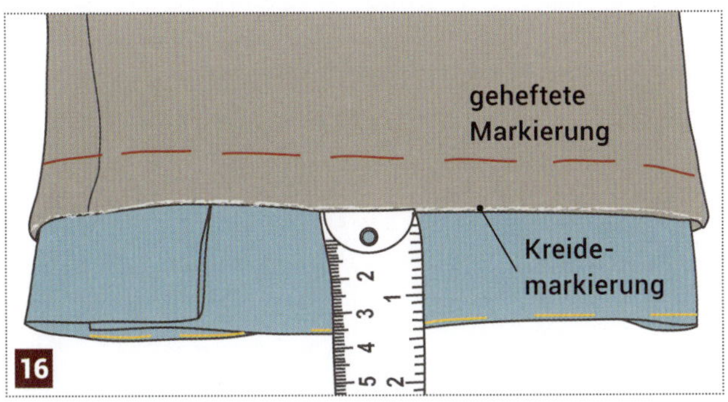
geheftete Markierung
Kreide-markierung
16

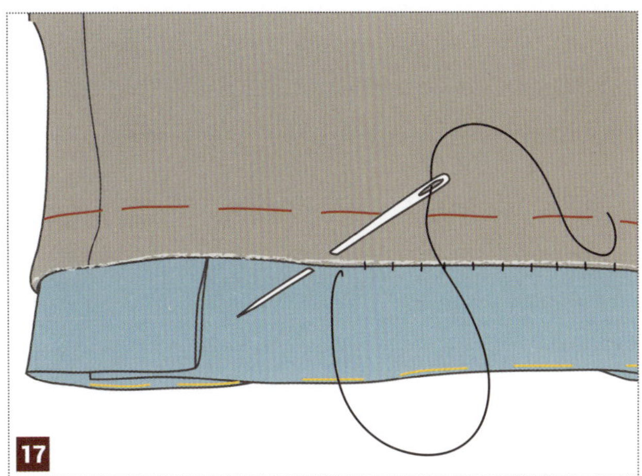
17

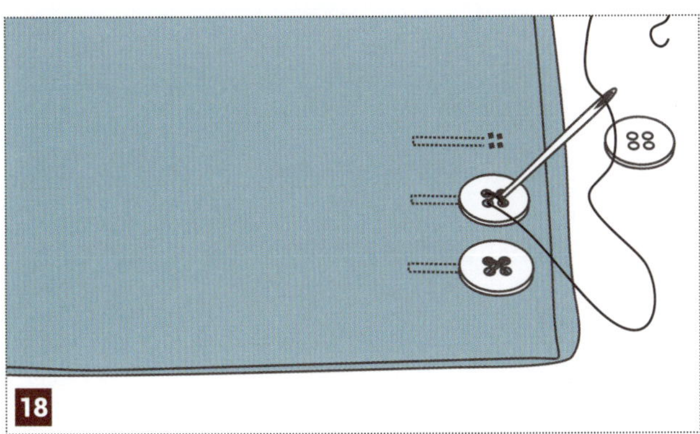
18

Silhouette an der Rückennaht ändern

Häufig sitzen Sakkos zwar gut an der Brust und an den Schultern, doch an der Taille sind sie zu weit. Bei dieser Änderung wird dort überschüssige Weite weggenommen. Die mittlere Rückennaht darf jedoch nicht zu stark verändert werden, sonst gerät der Gesamtschnitt des Sakkos aus dem Gleichgewicht. Nähen Sie an der rückwärtigen Mittelnaht insgesamt höchstens 2 cm (also pro Seite 1 cm) ab. Am besten heften Sie die Änderung zunächst durch alle Lagen, um das Ergebnis bei einer Anprobe begutachten zu können. Wenn diese Änderung nicht ausreicht, können Sie die gleiche Maßnahme auch an den beiden Seitennähten durchführen (siehe Seite 121). Es ist zwar doppelt so viel Arbeit, doch auf diese Weise kann insgesamt mehr Stoff weggenommen und die Silhouette verbessert werden.

1 Die Passform bei einer Anprobe begutachten und prüfen, ob in der rückwärtigen Mitte zu viel Weite vorhanden ist. In diesem Fall die Mehrweite mit mittelgroßen Sicherheitsnadeln an der rückwärtigen Mittelnaht abstecken. Wie oben erwähnt, sollten es nicht mehr als insgesamt 2 cm sein. Unabhängig davon, wo zu viel Weite vorhanden ist, muss die Änderung mit genügend Abstand zu den Schulterblättern vorgenommen werden. Änderungen im Schulterbereich würden die Armausschnitte beeinträchtigen.

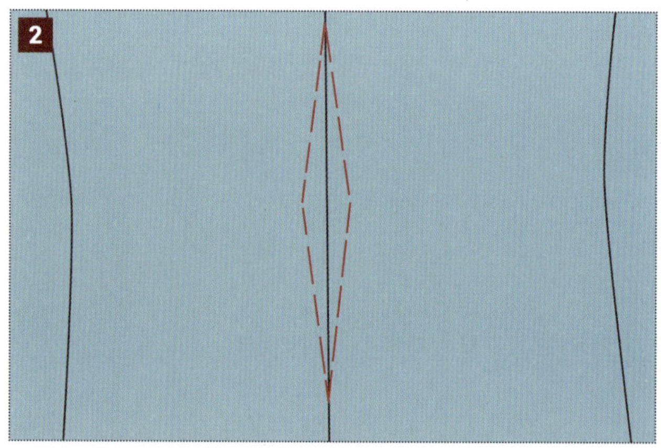

2 Das Sakko nach der Anprobe auf der Arbeitsfläche ausbreiten. Die gesteckte Linie nachheften, darauf achten, den Futterstoff nicht mitzufassen. Die Sicherheitsnadeln herausnehmen.

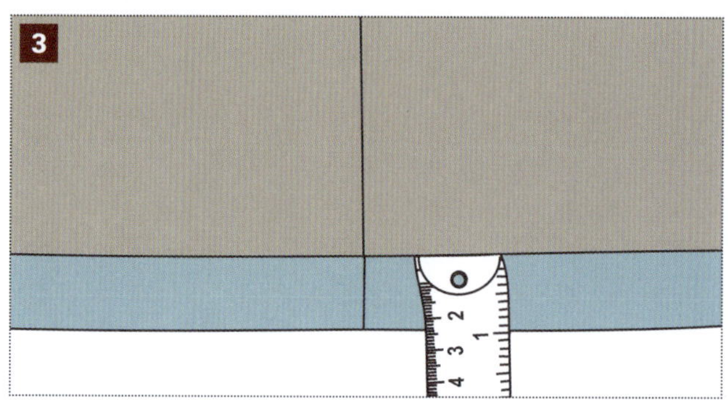

3 Den Abstand zwischen dem Saumabschluss und der Futternaht messen und für später notieren. Bei ungleichmäßigem Abstand an mehreren Stellen messen und das Durchschnittsmaß notieren.

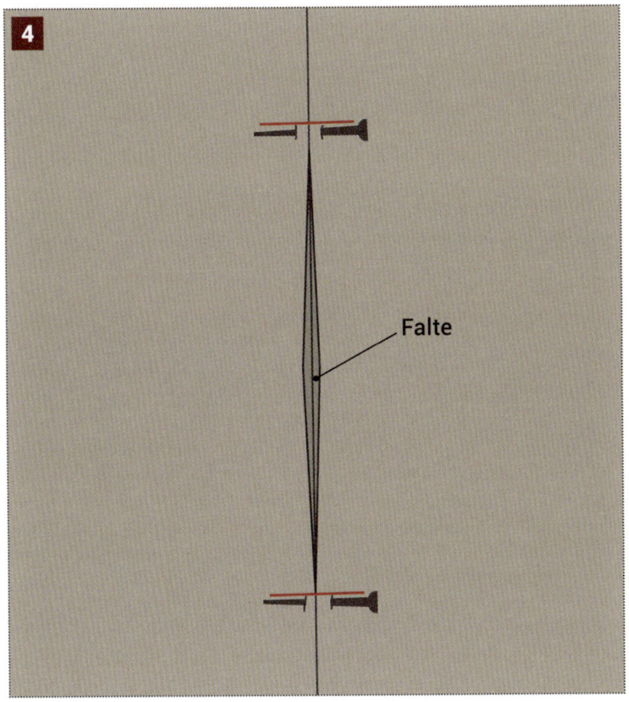

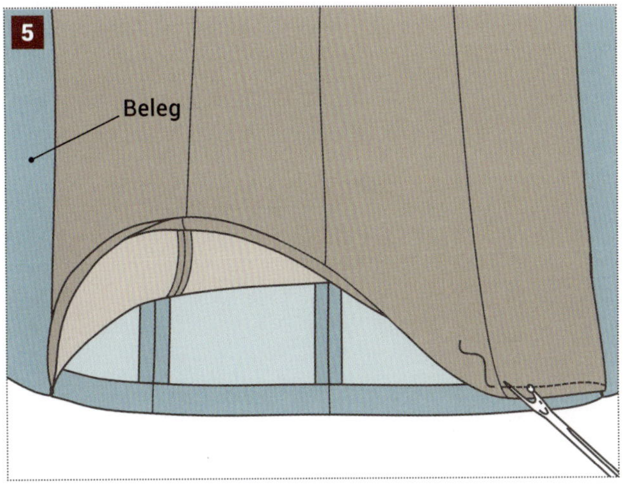

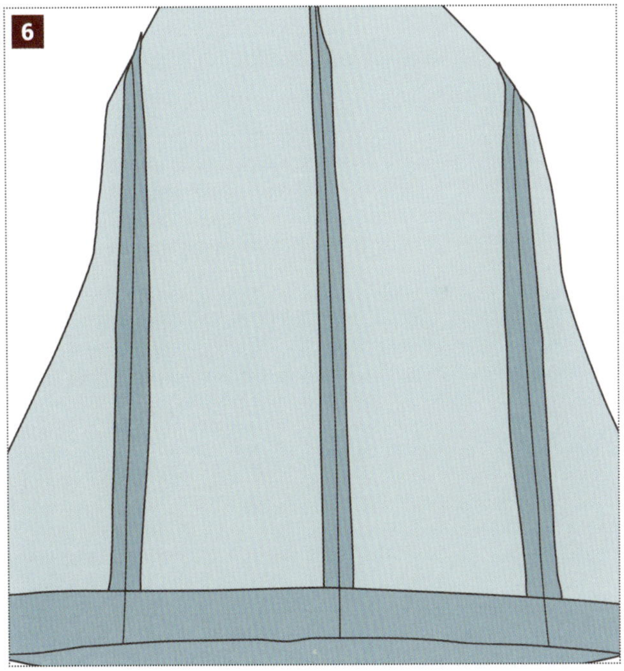

4 An der rückwärtigen Mittelnaht das obere und untere Ende der Änderungsmarkierung von der Jackenaußenseite zum Futter durchdrücken und die beiden Stellen am Futter mit Stecknadeln markieren. Dann die Markierungen heften und die Nadeln herausziehen. Dieser Bereich im Futter ist meist mit einer Falte ausgestattet, die zusätzlichen Bewegungsspielraum bietet, damit das Futter beim Tragen nicht reißt.

5 Das Futter am Saum von einem Beleg bis zum anderen abtrennen. Die Belege an den Vorderkanten sind mit dem Oberstoff verstürzt. Am Kragen wird ein Teil als Revers nach außen umgeschlagen. Daher sind sie aus demselben Stoff zugeschnitten wie das Sakko. Auf der Innenseite ist das Futter an die Belege genäht.

6 Das Sakko durch die Futteröffnung wenden. Dabei mit einer Hand nach oben greifen und den Oberstoff von innen herausziehen (die linke Seite ist nun außen).

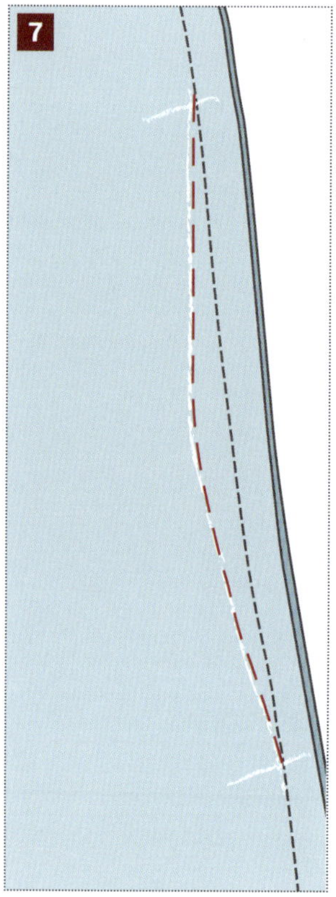

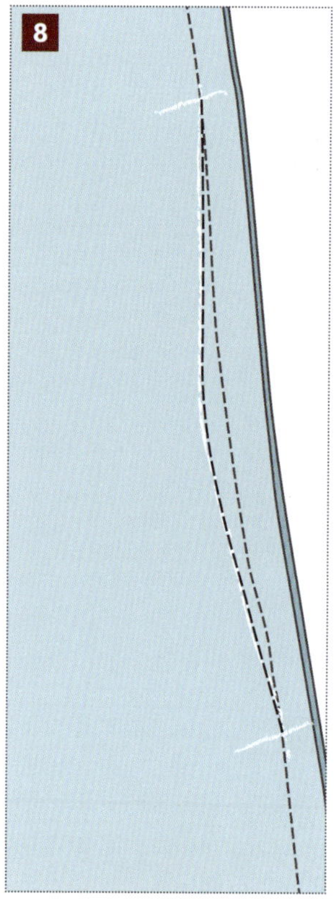

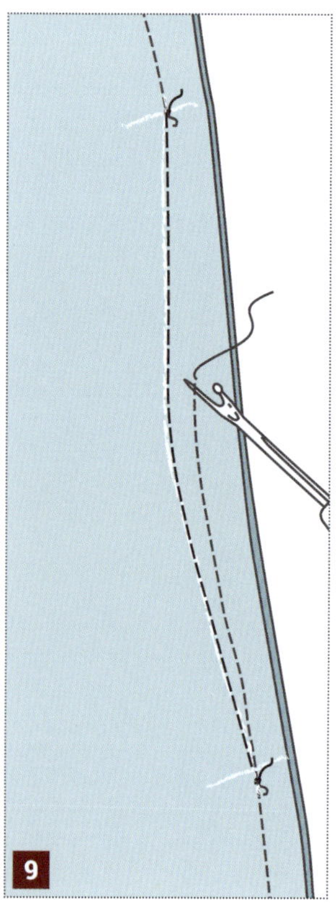

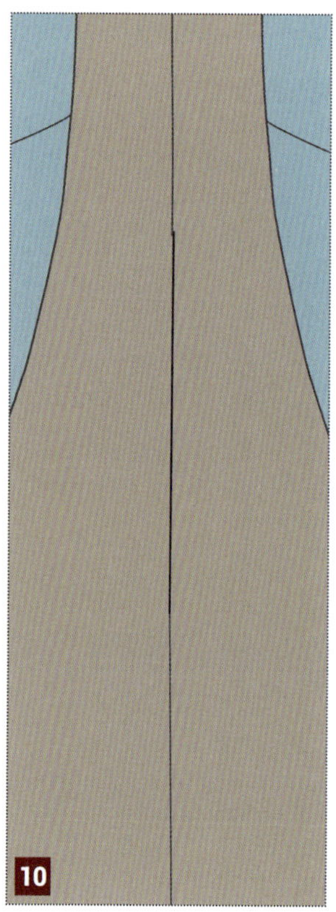

7 Die Nahtzugaben der mittleren Rückennaht zusammen bügeln, dann das Sakko mit dieser Naht zur Seite auf die Arbeitsfläche legen. Anhand der gehefteten Markierung von Schritt 2 Anfangs- und Endpunkt der Änderung mit Kreide markieren und die neue Nahtlinie einzeichnen. Diese sollte, ausgehend von den markierten Punkten, allmählich in die alte Naht übergehen.

8 Die Naht mit der Nähmaschine steppen, dabei etwa 2,5 cm oberhalb der oberen Markierung beginnen und 2,5 cm unterhalb der unteren Markierung enden. Dann die Heftfäden herausziehen.

9 In der Rückenmitte den Abstand zwischen der alten und der neuen Naht messen und die Länge der neuen Naht. Die ursprüngliche Naht bis zur neuen auftrennen und die Fadenenden am Übergang sorgfältig verknoten, damit sich die alte Naht nicht löst und keine Löcher entstehen. Zunächst auf die gesamte Naht bügeln und dann die Nahtzugaben in der Rückenmitte komplett auseinanderbügeln. Am Futter die Nahtzugaben der mittleren Rückennaht zur Seite bügeln.

10 Die im vorherigen Schritt am Oberstoff gemessene Position der neuen Naht mit Kreide dann auf die mittlere Rückennaht des Futters übertragen. Die markierte Futternaht heften und steppen. Die Falte (siehe Schritt 4) sollte beibehalten werden, damit das Futter weiterhin Bewegungsspielraum bietet. Das Sakko wieder nach rechts wenden.

11 Mit dem bei Schritt 3 gemessenen Abstand zwischen der Saumkante und der Futternaht das Futter wieder an die Saumzugabe des Oberstoffs heften. Dabei darauf achten, dass die Nähte von Futter und Oberstoff jeweils deckungsgleich liegen.

12 Das Futter von Hand mit Staffierstich annähen (siehe Seite 49) und dann die Heftfäden herausziehen.

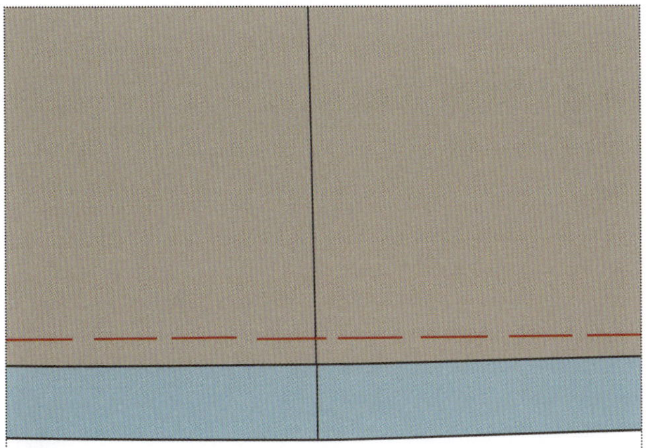

11

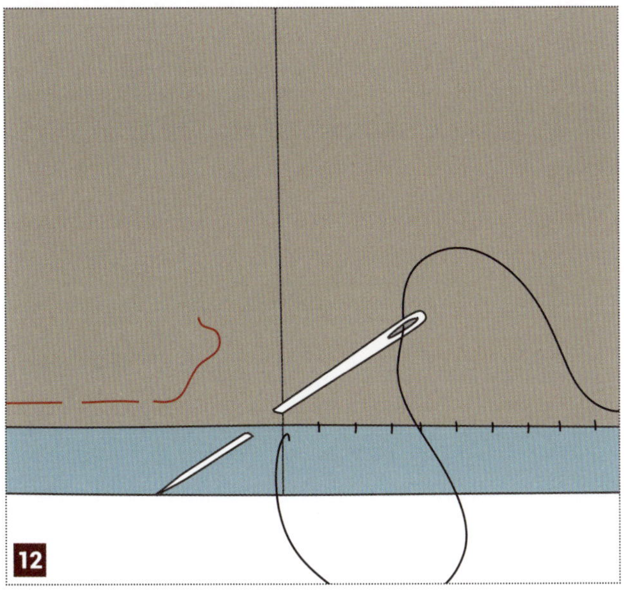

12

SEITENNÄHTE ÄNDERN

Sie können das Sakko auch an den Seitennähten erweitern oder enger machen:

Sakko an den Seitennähten verschmälern

Bei einer Anprobe überschüssigen Stoff an den Seitennähten mit Sicherheitsnadeln abstecken. Die Breite und Länge der abgesteckten Nähte messen und die Seitennähte auf der linken Seite mit Kreide entsprechend markieren (auch hierbei das Futter am Saum auftrennen, um an die linke Stoffseite zu gelangen). Das Breitenmaß pro Seite auf die beiden Nahtzugaben aufteilen.

Sakko an den Seitennähten erweitern

Das zu enge Sakko an den Vorderkanten nur so weit zusammenziehen, dass es angenehm sitzt, und dann an der darunter getragenen Kleidung feststecken. Zwischen den beiden Verschlusskanten ist nun in der Mitte oder am Saum eine Lücke. Diese an der breitesten Stelle messen sowie in der Länge. Die Breite und Länge mit Kreide auf die Nahtzugaben der Seitennähte übertragen, dabei das Breitenmaß auf die beiden Nähte aufteilen.

Für beide Änderungen

Die Kreidemarkierung nachheften. Die Änderung dann anhand der Schritte 8–12 auf Seite 120–121 vornehmen und anstelle der Rückennaht die Seitennähte ändern.

Taschenbeutel ausbessern

Nichts ist ärgerlicher, als in die Jackentasche zu greifen und festzustellen, dass das Wechselgeld durch den Taschenbeutel in das Sakko gerutscht ist. Dafür bietet diese Änderung eine Lösung, damit Sie Ihr Sakko länger tragen können.

1 Zunächst den defekten Taschenbeutel ermitteln. Auf Brusthöhe eine waagerechte Linie durch alle Lagen heften, damit das Futter während der Änderung nicht verrutscht. Wenn es sich um die Brusttasche (auf der linken Seite in Brusthöhe) handelt, gegebenenfalls an anderer Stelle heften, damit der Taschenbeutel repariert werden kann.

2 Das Futter am Saum auftrennen, um an den Taschenbeutel zu gelangen. Wie weit das Futter abgetrennt werden muss, hängt von der Lage des Lochs ab. Gegebenenfalls das Futter an der gesamten Saumkante auftrennen, um das Loch zu finden und genug Platz zum Reparieren zu haben.

3 Direkt über dem Loch im Taschenbeutel von einer Seitennaht des Taschenbeutels zur anderen eine waagerechte Kreidelinie markieren. Wenn das Loch an einer Seitennaht des Taschenbeutels liegt, muss die neue Naht zwar um das Loch verlaufen, aber wegen des Tascheneingriffs bis zur Oberkante der Tasche wieder in die Seitennaht übergehen.

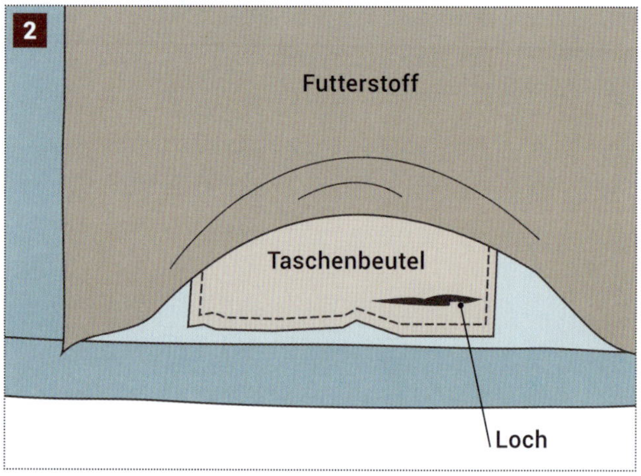

VERSCHIEDENE DEFEKTE

Ein Riss im Taschenbeutel kann auch mit Flicken zum Aufbügeln repariert werden (siehe Seite 22). Wenn der Taschenbeutel abgenutzt ist und ein großes Loch hat, kann es nicht durch Aufbügeln repariert werden. Messen Sie in diesem Fall die Höhe und Breite des Taschenbeutels. Ziehen Sie über dem Loch eine waagerechte Linie, fügen Sie eine Nahtzugabe hinzu und schneiden Sie den Stoff darunter ab. Schneiden Sie zwei Teile aus einem ähnlichen Stoff in der gemessenen Größe plus Nahtzugabe zu. Nähen Sie die beiden Stücke an die abgeschnittene Tasche und schneiden Sie, falls nötig, die Nahtzugaben auf das passende Maß zurück. Schließen Sie den Taschenbeutel seitlich und unten wieder mit einer Naht.

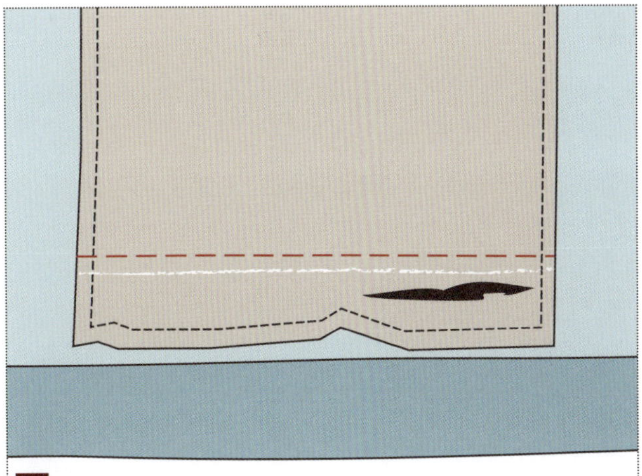

4

4 Den Taschenbeutel über der Markierungslinie durch beide Lagen heften, damit diese während der Änderung nicht verrutschen.

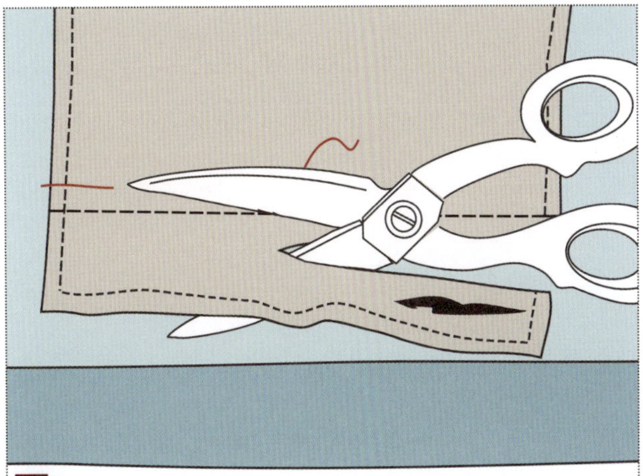

5

5 An der markierten Linie den Taschenbeutel parallel zur ursprünglichen Naht mit einer neuen Naht sichern und die Heftnaht auftrennen. Den überschüssigen Stoff mit dem Loch abschneiden. Die Stoffkanten mit Overlock- oder Zickzackstich versäubern.

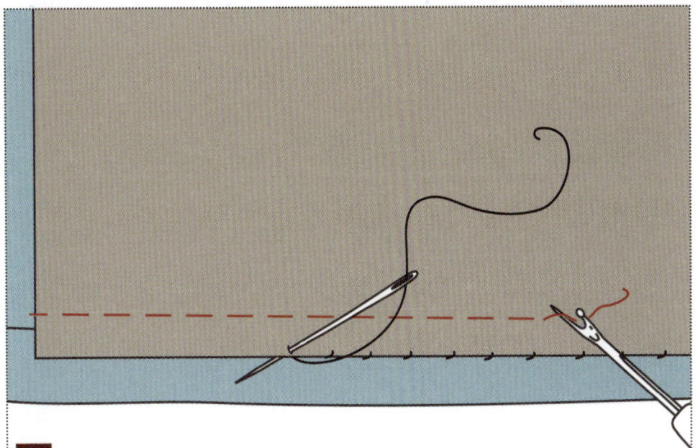

6

6 Den Taschenbeutel bügeln und richtig legen, erst dann das Futter an das Sakko heften und wieder mit Staffierstich annähen (siehe Seite 49). Die Heftfäden herausziehen und das Sakko abschließend bügeln.

Sakko kürzen

Den Saum eines Sakkos komplett zu ändern, kostet möglicherweise Überwindung, ist aber nicht kompliziert. Wenn die Saumkanten an der Vorderkante gerundet sind, ist die Änderung etwas anspruchsvoller, da die Rundungen gleichmäßig bleiben müssen. Übertragen Sie die Form einer Rundung auf Papier und verwenden Sie es als Vorlage für die andere Rundung. Wenn Sie die Sakkolänge ändern, müssen Sie gegebenenfalls auch die Ärmellänge anpassen, damit die Proportionen des Sakkos ausgewogen bleiben.

1 Das Sakko über die gesamte Breite auf Taillenhöhe durch alle Lagen heften, damit diese sich während der Änderung nicht verschieben.

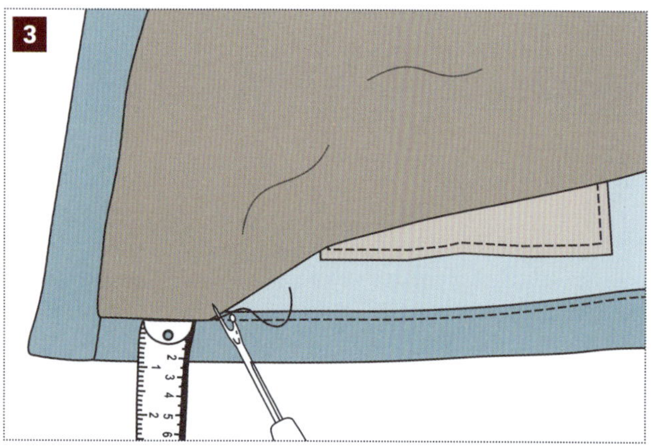

2 Bei einer Anprobe die Passform prüfen. Die neue Länge festlegen und mit Stecknadeln markieren. Das Sakko auf der Arbeitsfläche ausbreiten, die neue Saumkante mit einem leichten Kreidestrich markieren und die Stecknadeln herausziehen.

3 Den Abstand zwischen der Saumkante und der Futtersaumnaht messen und notieren. Das Futter am Saum abtrennen und an den Belegen so weit lösen, wie für die Änderung nötig. Das Futter nach oben stecken, damit der Oberstoff freiliegt.

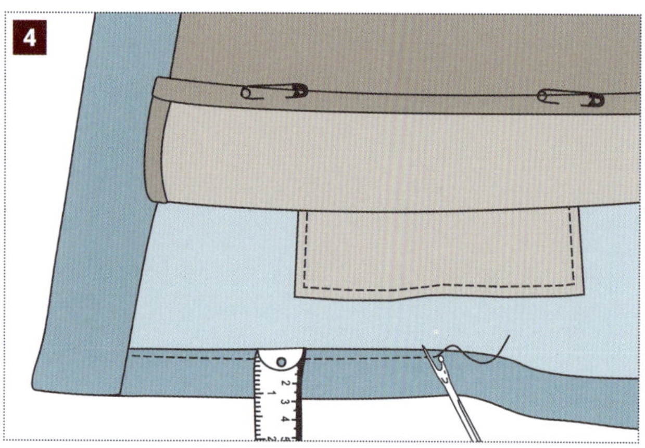

4 Die Breite der ursprünglichen Saumzugabe notieren, dann den Jackensaum auftrennen und aufklappen.

TIPP

Die Taschenbeutel dürfen nicht über die neue Sakkolänge hinausragen. Sonst müssen Sie die Taschenbeutel zuerst kürzen (siehe Seite 122–123), damit sie später glatt im Sakko liegen.

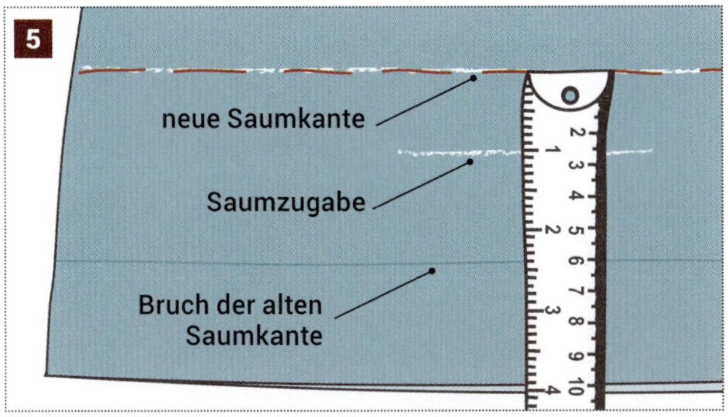

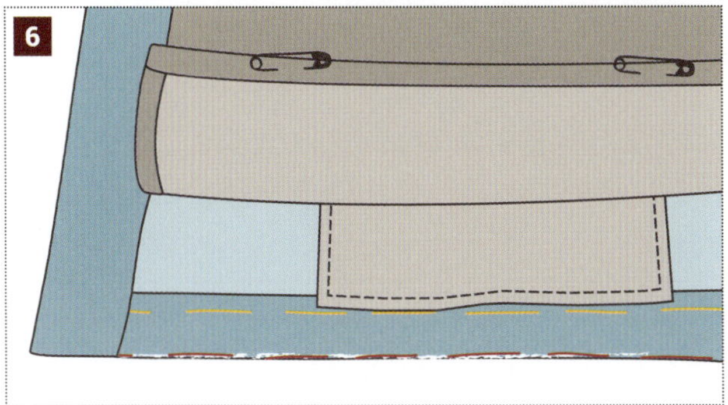

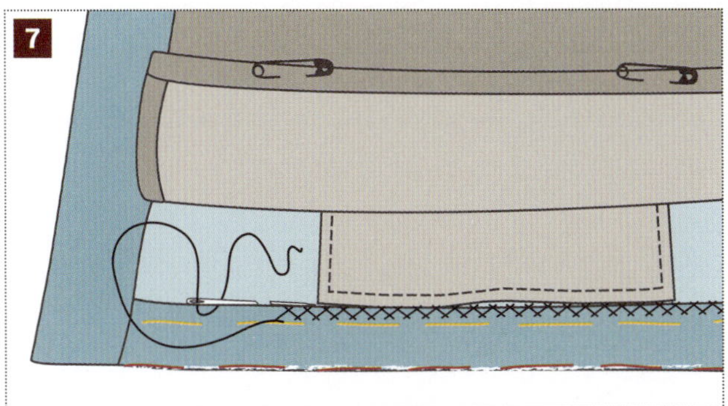

5 Das Sakko auf seine Innenseite legen und die bei Schritt 2 markierte Linie heften, dabei den Beleg oder das Futter nicht mitfassen. Von der gehefteten Markierung nach unten die bei Schritt 4 gemessene Saumzugabe mit einer zweiten Kreidelinie markieren. Die Saumkante auf diese Weise rundherum markieren.

6 Den überschüssigen Stoff abschneiden. Die Saumzugabe so umschlagen, bügeln und heften, dass die Heftmarkierung an der Unterkante der Jacke liegt.

7 Den Saumumschlag mit Hexenstich festnähen (siehe Seite 49), darauf achten, dass die Kante gerade ist und der Stoff glatt liegt. Die Stiche sollten auf der Außenseite nicht sichtbar sein.

8 Anschließend das Futter um dasselbe Maß wie den Oberstoff kürzen.

9 Das Futter an der ursprünglichen Stelle wieder anlegen, mit demselben Abstand zur Saumkante wie vor der Änderung. Das Futter anheften und mit Staffier- oder Saumstich annähen (siehe Seite 49). Die Heftfäden herausziehen und das Sakko bügeln.

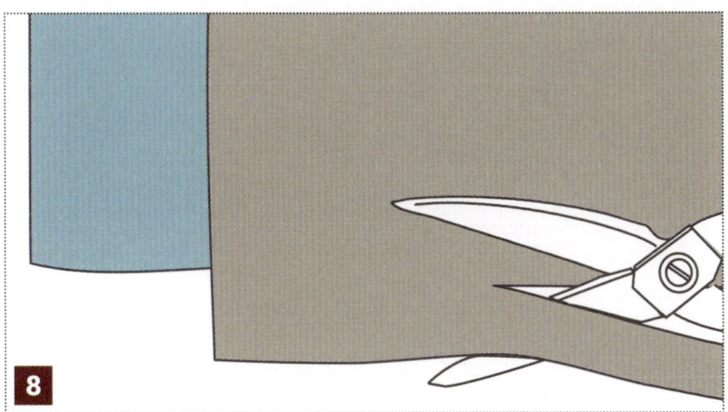

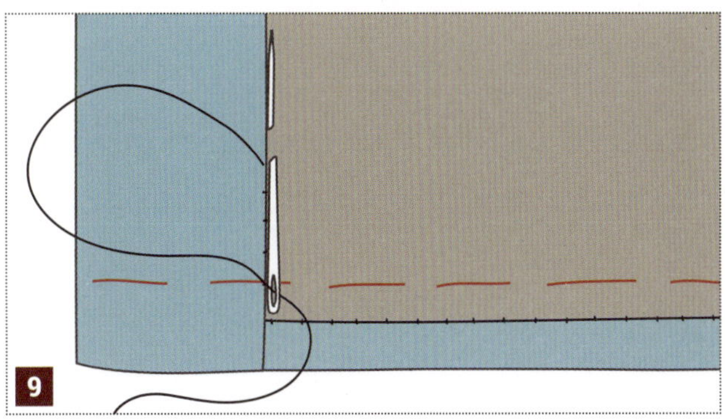

KAPITEL SECHS

HEMDEN/BLUSEN

Hemden und Blusen gibt es in verschiedenen Schnitten. Bei Oberhemden hat sich seit Anfang des 20. Jahrhunderts wenig verändert. Damals wurde der Kragen erstmals fest an das Hemd angenäht. Die Bluse hat sich von einem luftigen Oberteil zu einem Kleidungsstück entwickelt, das an das Oberhemd angelehnt ist, allerdings mit vielen Varianten, beispielsweise mit sehr schmalen Manschetten, mit Rüschen, tailliert und ohne Brusttasche. Der Schnitt von Bluse und Oberhemd wird jeweils an die weibliche oder männliche Silhouette angepasst.

Ärmel mit Manschetten kürzen

1

Wie andere industriell gefertigte Kleidungsstücke werden auch Blusen und Hemden in Standardgrößen hergestellt, wobei die Ärmellänge häufig nicht ideal ist. Zum Glück ist es ziemlich einfach, diese zu ändern.

1 Das Hemd oder die Bluse am besten zuerst bügeln, sonst lässt sich die Länge womöglich wegen Knitterfalten nicht richtig beurteilen. Bei der Anprobe darauf achten, dass das Kleidungsstück mittig sitzt, damit die Ärmellänge korrekt geändert werden kann. Die Ärmel auf dieser Abbildung sind zu lang für den Träger.

2 Eine Sportmanschette reicht bis zum Handrücken, über das Handgelenk (**a**). Bei einer Doppelmanschette wird der Umschlag mit einem Manschettenknopf befestigt, um die Länge zu begutachten (**b**). Hier wird ein Ärmel mit Doppelmanschette geändert.

2a

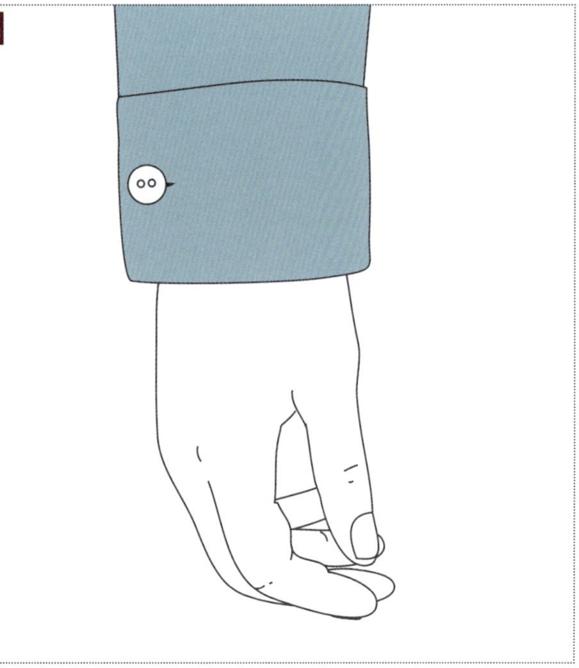

2b

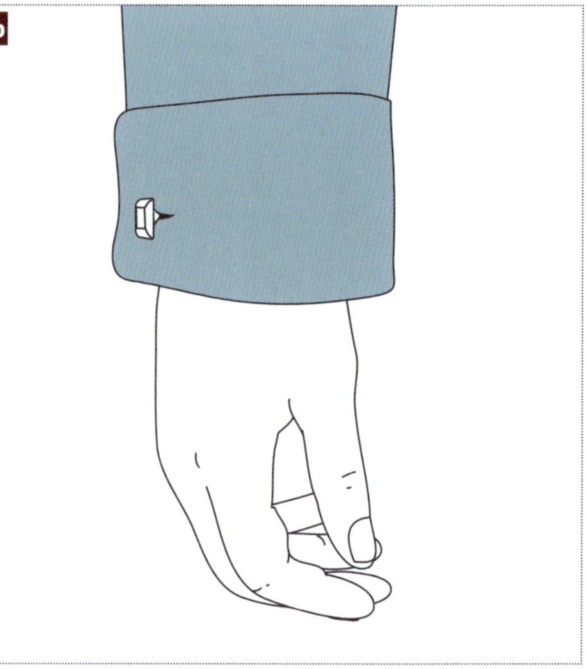

3 Die Mehrlänge oberhalb der Manschette als Falte abstecken. Die Faltentiefe ändern, bis die Unterkante der Manschette an der richtigen Stelle sitzt (siehe Schritt 2). Die Falte rundherum mit kleinen Stecknadeln befestigen. Ein Sakko über das Hemd oder die Bluse ziehen und die Ärmellänge erneut prüfen.

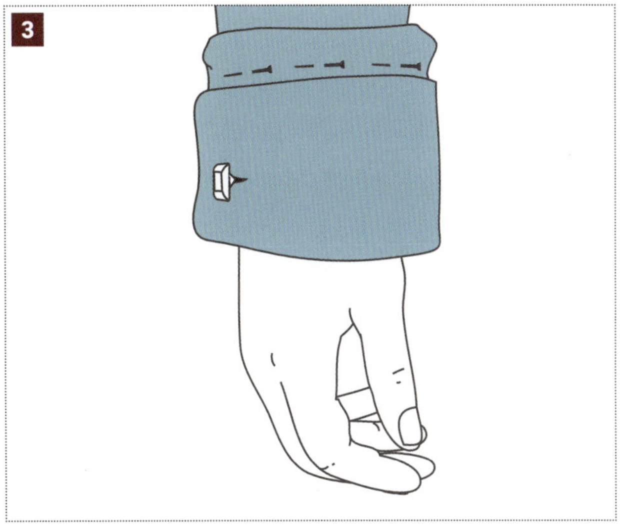

TIPP *Die Länge der Manschette ist auf den Umfang des Handgelenks abgestimmt. Je stärker Sie den Ärmel kürzen, desto höher sitzt die Manschette und desto enger ist sie am Unterarm, dessen Umfang zum Ellenbogen hin zunimmt.*

SPORTMANSCHETTE UND DOPPELMANSCHETTE

Eine Manschette besteht aus einem doppellagigen Stoffstreifen mit Einlage dazwischen. Der Stoffstreifen wird an der Ärmelöffnung als fester und dekorativer Abschluss angenäht. Die beiden verstürzten Enden der Manschette werden mit einem Knopf oder einem Manschettenknopf verbunden.

Während sich Sportmanschetten sowohl an eleganten wie auch legeren Hemden finden, sind Doppelmanschetten überwiegend Hemden für formelle Anlässe vorbehalten.

Die Sportmanschette besitzt in der Regel einen Knopf und ein Knopfloch. In die Doppelmanschette sind quer vier Knopflöcher eingearbeitet. Je zwei davon liegen nach dem Umschlagen übereinander und werden mit einem Manschettenknopf verbunden, der durch die Knopflöcher an beiden Enden der Manschette gesteckt wird.

Blusen sind den Modetrends viel stärker unterworfen als Oberhemden. Nicht alle Modelle haben Manschetten. Größe und Art der Manschette können bei Blusen ganz unterschiedlich gestaltet sein. Dekorativ wirken Bänder und Borten an Bündchen.

Elegante Blusen sind häufiger mit Manschetten ausgestattet, wobei diese meist mit leichter Baumwolleinlage verstärkt und mit Knöpfen geschlossen werden. Doppelmanschetten finden sich ebenfalls nur an formellen Blusen.

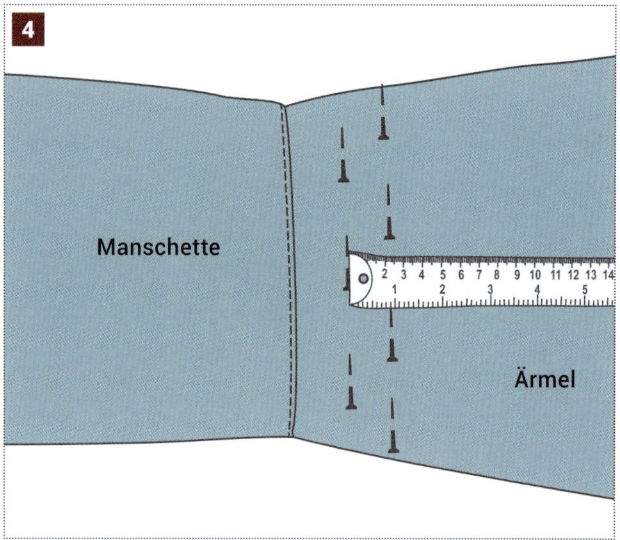

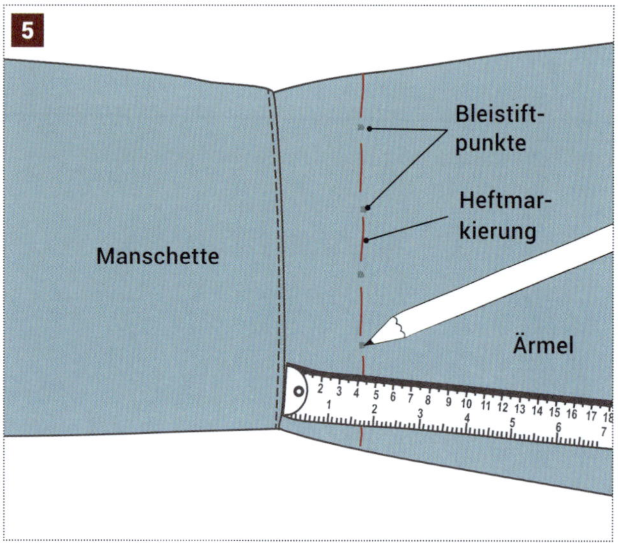

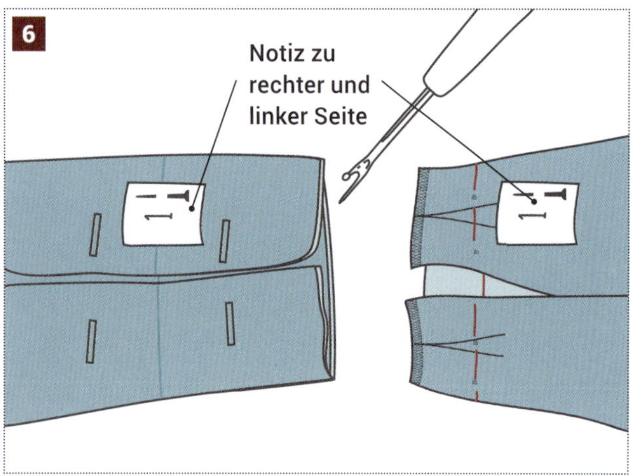

4 Das Hemd oder die Bluse mit aufgefalteter Manschette auf die Arbeitsfläche legen. Auf beiden Seiten der gesteckten Falte jeweils eine Reihe Stecknadeln als Markierung durch eine Lage anbringen, dann die Stecknadeln von der Anprobe herausziehen, damit sich die Falte löst. Den Ärmel glatt auflegen, dabei darauf achten, die Stecknadeln nicht versehentlich herauszuziehen. An mehreren Stellen den Abstand zwischen den gesteckten Linien messen. Das Durchschnittsmaß berechnen und notieren.

5 Die Stecknadeln herausziehen. Vom unteren Ende des Ärmels (nicht vom unteren Ende der Manschette) das Durchschnittsmaß von Schritt 4 abmessen und mit kleinen Bleistiftpunkten markieren. Dort eine Linie heften, an dieser wird der Ärmel an die Manschette genäht. Wenn der Ärmel auf dieser Höhe ebenso weit ist wie die Manschette, sind keine weiteren Änderungen nötig. Ansonsten die Falten verschieben, damit der Ärmel anschließend an die Manschette passt. Mit einem Lineal prüfen, ob die Nahtlinie gerade ist. Bei dem anderen Ärmel wiederholen.

6 Die Manschetten von den Ärmeln abtrennen und bereitlegen; dabei festhalten, welche davon an welchen Ärmel gehört. Gegebenenfalls an jede Manschette und jeden Ärmel eine Notiz heften.

TIPP

Abgetragene Manschetten lassen sich gegen gut erhaltene von einem anderen Hemd beziehungsweise einer anderen Bluse austauschen. Solange die neuen Manschetten um das Handgelenk reichen, können die Falten im Ärmel entsprechend angepasst werden. So lässt sich das Kleidungsstück durch die Änderung zudem trendig aufwerten.

7 Mit Kreide oder Bleistift bei jedem Ärmel eine 1 cm breite Nahtzugabe unterhalb der Heftlinie anzeichnen und dort den überschüssigen Stoff abschneiden.

8 Die angesteckten Notizen entfernen und die Ärmel jeweils zwischen die beiden Stofflagen der zugehörigen Manschette schieben. Die Falten im Ärmel beibehalten und gegebenenfalls breiter oder schmäler legen, um sie an die Manschette anzupassen. Die Manschetten an die Ärmel heften.

9 Die Manschetten mit der Nähmaschine annähen, dabei darauf achten, durch beide Manschettenkanten zu steppen und den Ärmel mitzufassen.

10 Die Heftfäden und alle losen Fäden entfernen. Die Manschetten abschließend bügeln.

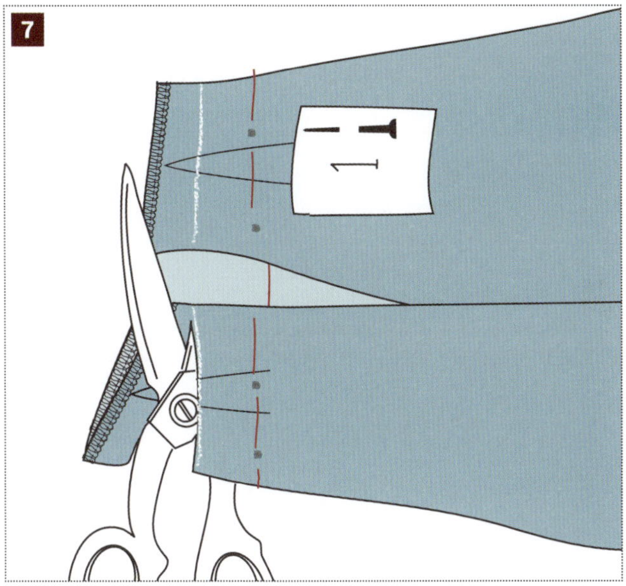

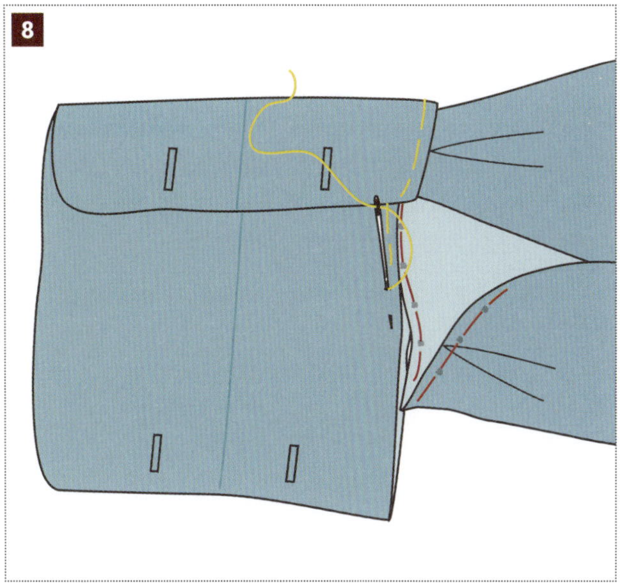

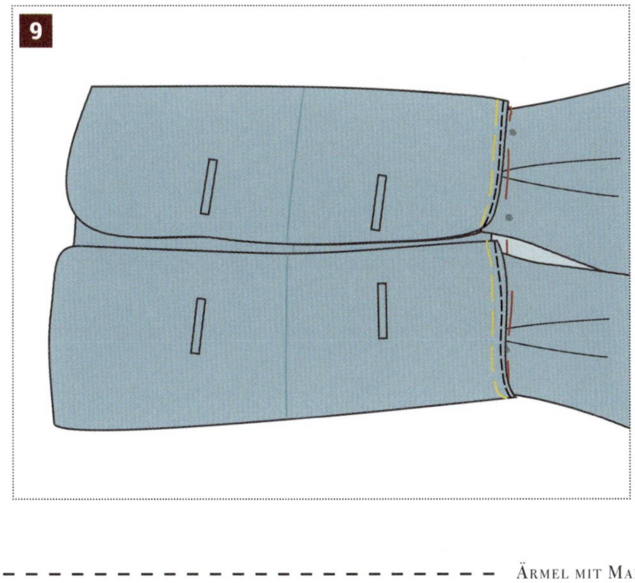

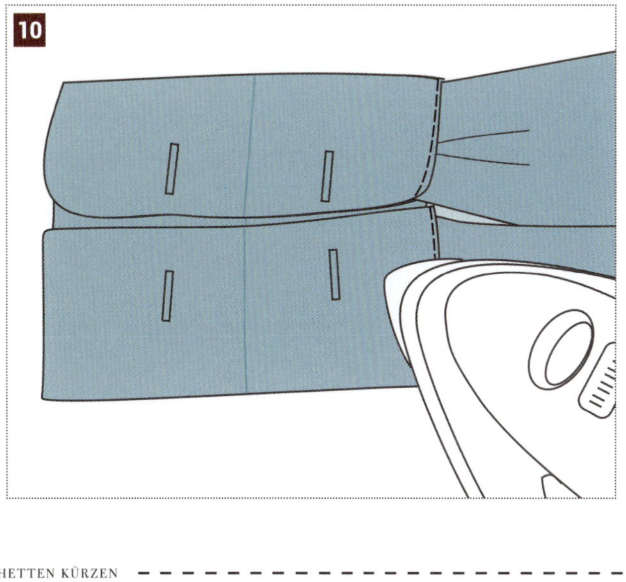

Hemdkragen in Stehkragen ändern

Bei Geschäftskleidung wird ein Oberhemd oft aussortiert, wenn der Kragen abgetragen ist. Doch nur aus diesem Grund allein muss ein Hemd nicht weggeworfen werden – häufig ist das Kleidungsstück ansonsten noch in Ordnung. Bei der folgenden Anleitung wird der Kragen von einem Hemd abgetrennt und der Steg zu einem Stehkragen umgearbeitet. So erhält das Hemd eine neue Bestimmung. Diese Änderung lässt sich jedoch nur durchführen, wenn der Kragen einen separaten Steg hat (siehe Box gegenüber).

1 Zunächst den Kragen begutachten und prüfen, ob der Steg noch in gutem Zustand ist.

2 Das Hemd auf die Arbeitsfläche legen und den Kragen ausbreiten. Den obersten Knopf abtrennen. Die Naht zwischen Kragen und Steg vorsichtig auftrennen und den Kragen abnehmen.

3 An der Oberkante des Stegs sind die Nahtzugaben bereits eingeschlagen. Die beiden Stegteile knappkantig an der aufgetrennten Nahtlinie zusammenheften. Der Steg wird der neue Stehkragen.

4 Mit der Nähmaschine die beiden Stegteile dicht an der Oberkante zusammensteppen, darauf achten, dass die Kanten genau aufeinanderliegen.

5 Die Heftfäden und alle losen Fäden am Stehkragen entfernen. Den Stehkragen bügeln und den obersten Knopf wieder annähen.

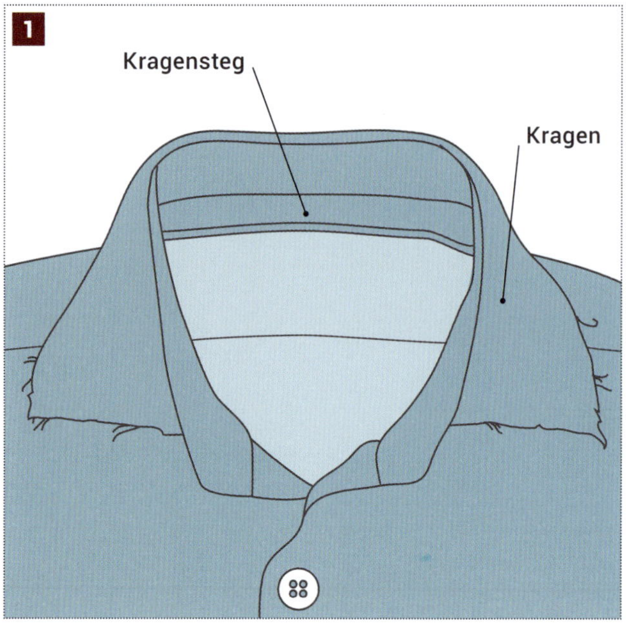

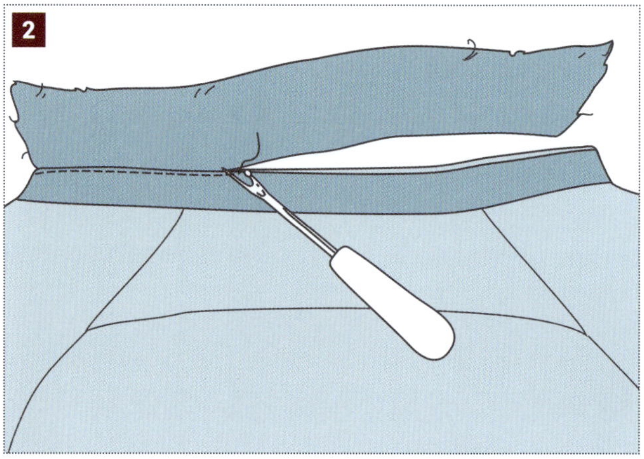

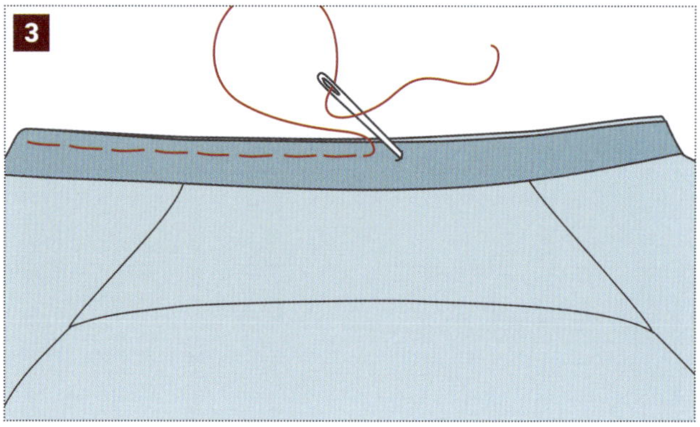

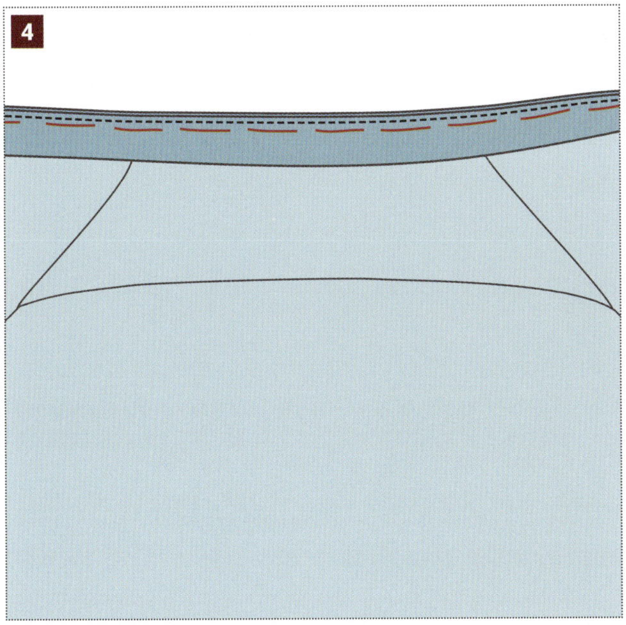

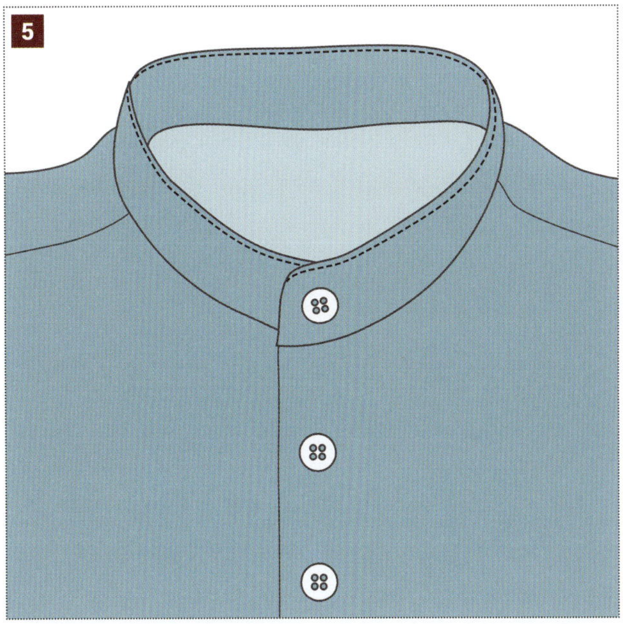

KRAGEN BEI HEMDEN UND BLUSEN

Bei Hemden und Blusen besteht ein Kragen aus einem schmalen Stoffstreifen, der den Hals umschließt – dem Steg – und dem eigentlichen Kragen, der zur Schulter hin umgeschlagen wird. Hemdkragen und Blusenkragen können stark variieren.

Ein Hemdkragen besteht aus zwei Lagen Stoff mit einer Einlage dazwischen (meist aus Baumwolle). Der Kragen ist an den Kanten häufig abgesteppt. Bei Geschäftskleidung werden die Kragenecken mit herausnehmbaren Kragenstäbchen aus Kunststoff verstärkt, damit die Kragenschenkel in ihrer Form stabil bleiben. Ein solcher Kragen behält seine Form, auch wenn er am Hals offen bleibt. Bei Freizeithemden ist der Kragen meist weniger steif gefertigt; es wird eine weichere Einlage verwendet und der Schnitt ist weniger streng. Diese Kragen werden nicht mit Kunststoffstäbchen verstärkt.

Blusenkragen bestehen aus zwei Stofflagen mit einer leichten Einlage dazwischen (meist aus Baumwolle); auch bei diesen werden die Kragenkanten häufig abgesteppt. Der Kragen ist weniger streng geschnitten und meist so konstruiert, dass die Bluse am Hals offen getragen werden kann. Blusenkragen werden selten mit Kunststoffstäbchen verstärkt.

Hemd an den Seitennähten ändern

Die Grundform eines Oberhemds besteht aus einem relativ locker geschnittenen Rechteck, das bis zu den Hüften reicht. Wenn das Hemd zu weit ist, kann es an den Seitennähten abgenäht werden. Für diese Änderung wird eine stabile Kappnaht verwendet (siehe auch Seite 38). Sie muss sorgfältig und präzise durchgeführt werden, damit das Oberhemd sein hochwertiges Aussehen beibehält.

1 Das Hemd am besten zuerst bügeln, sonst lässt sich die Passform womöglich wegen Knitterfalten nicht richtig beurteilen. Wenn das Hemd bei der Anprobe zu weit wirkt, den überschüssigen Stoff mit kleinen Stecknadeln fixieren, dabei etwas oberhalb der Achsel an der Ärmelnaht beginnen und die Seitennaht durchgehend bis zum Hemdsaum enger stecken.

2 Das Hemd auf der Arbeitsfläche ausbreiten, dabei so weit aufschlagen, dass die abgesteckten Seitennähte von innen zu sehen sind. Mit einem Bleistift an beiden Seitennähten von oben bis unten die Stellen leicht markieren, an denen der Stoff mit Stecknadeln zusammengehalten wird. Diese dann herausziehen.

3 Das Hemd nach links wenden und mit den Seitennähten seitlich flach auflegen. An verschiedenen Stellen den Abstand zwischen den Bleistiftstrichen und der ursprünglichen Seitennaht messen und daraus das Durchschnittsmaß berechnen.

4 Dieses Maß von der ursprünglichen Naht nach innen versetzt exakt mit Bleistift anzeichnen. Mit Kopierpapier und einem Kopierrädchen die neue Nahtlinie auf die untere Stofflage übertragen. Den Vorgang an der anderen Seitennaht wiederholen.

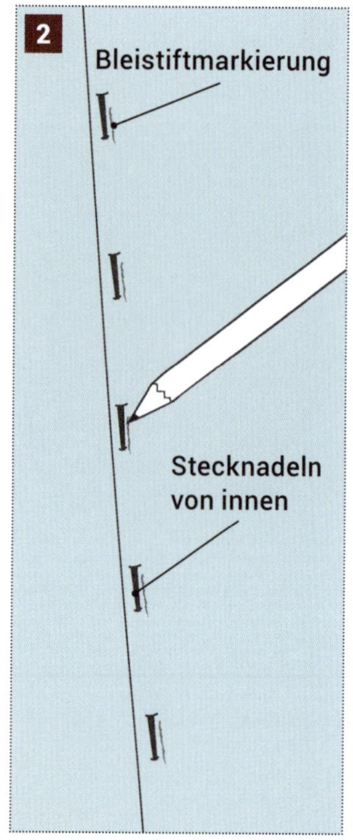

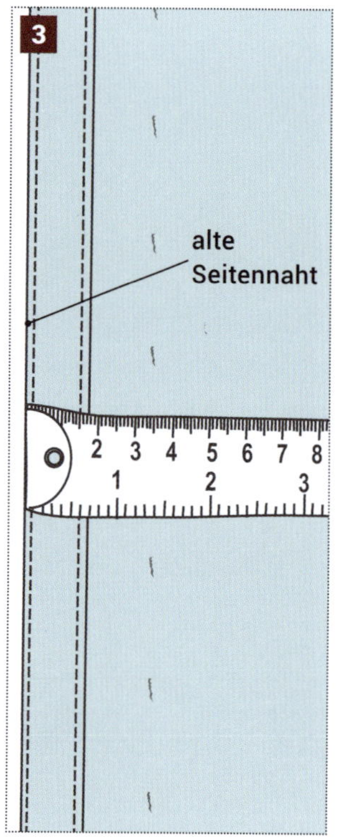

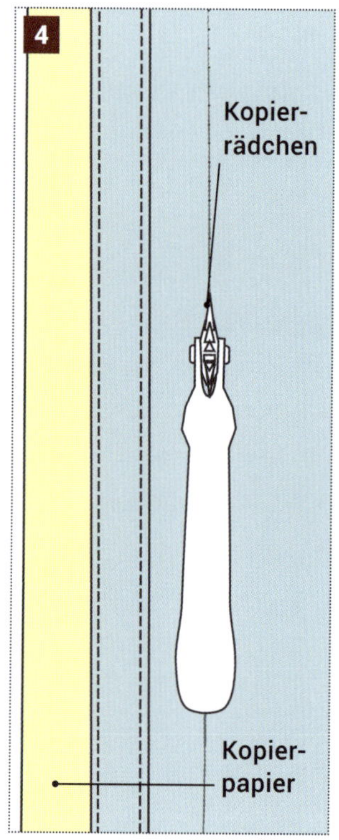

5 Angenähte Etiketten oder andere Details an der Seitennaht abtrennen und beiseitelegen. Den Saum an den Seitennähten auftrennen.

6 Die Seitennähte vom Saum zur Achsel und bis über den Punkt hinaus auftrennen, an dem sich die oberste Stecknadel befand. Die Nähte müssen so weit aufgetrennt werden, dass der überschüssige Stoff leicht abgeschnitten werden kann.

7 Mit Lineal und Bleistift die Markierungslinie nacharbeiten, damit die neue Seitennaht gleichmäßig vom Saum über die Achsel in die Ärmelnaht verläuft. Die Naht muss glatt sein, damit sie sich später nicht wellt.

8 Das Hemd nach rechts wenden und die Seitennähte an der Markierungslinie heften. Die Heftnaht am besten etwas versetzt zur eigentlichen Nahtlinie anbringen, damit der Heftfaden später nicht von der Maschinennaht festgesteppt wird. Diese Heftnaht wird die neue Seitennaht. Die Passform bei einer Anprobe prüfen und bei Bedarf die Heftnaht anpassen.

9 Die Heftnaht mit der Nähmaschine nachnähen und die Naht am Anfang und Ende verriegeln. Die neue Seitennaht muss gleichmäßig in die ursprüngliche Ärmelnaht übergehen. Wenn sich die Naht wellt, sollte sie aufgetrennt und korrigiert werden. Die Heftfäden anschließend herausziehen.

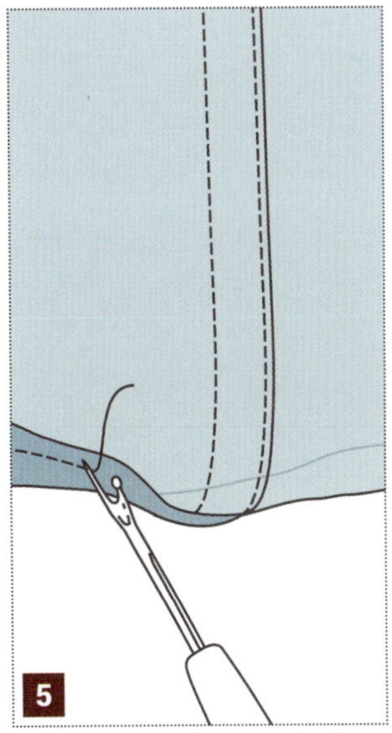

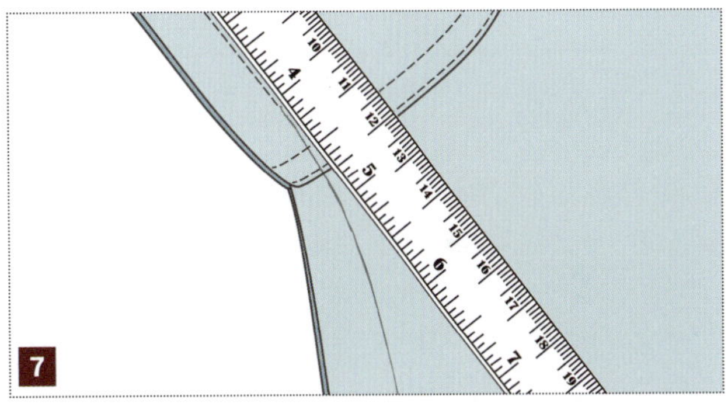

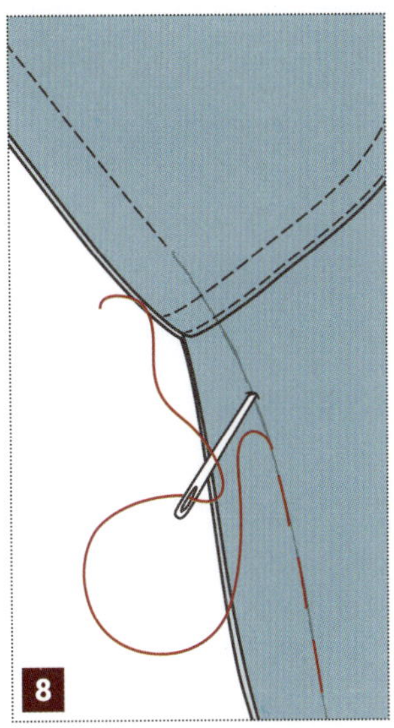

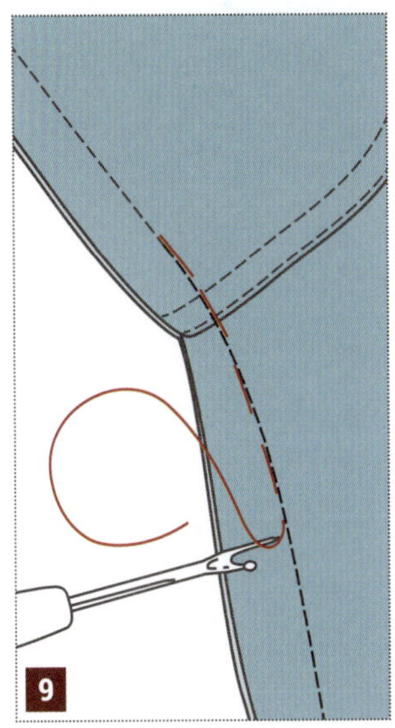

10 Die neue Naht bügeln (die Nahtzugaben noch nicht auseinanderfalten) und prüfen, ob sie glatt liegt.

11 Die Breite der ursprünglichen Nahtzugabe an der Ärmelnaht weiter oben messen. Dieses Maß als Nahtzugabenbreite für die neue Seitennaht verwenden.

12 Die neue Nahtzugabe mit Kreide oder Bleistift entlang der neuen Naht anzeichnen, vom Saum bis zum Übergang in die ursprüngliche Ärmelnaht.

13 Den überschüssigen Stoff abschneiden, am Ärmel in die ursprüngliche Kante übergehen lassen.

14 Falls das Hemd, wie üblich, Kappnähte hat, wird oben an der ursprünglichen Ärmelnaht eine Nahtzugabe breiter sein als die andere. Die neue Nahtzugabe muss dieser angepasst werden: Die schmalere Zugabe messen und das Maß an der neuen Naht auf dieser Seite fortlaufend übertragen. Die Zugabe auf dieses Maß zurückschneiden. Die breitere Nahtzugabe wird im nächsten Schritt um die schmalere eingeschlagen (siehe auch Kappnaht, Seite 38).

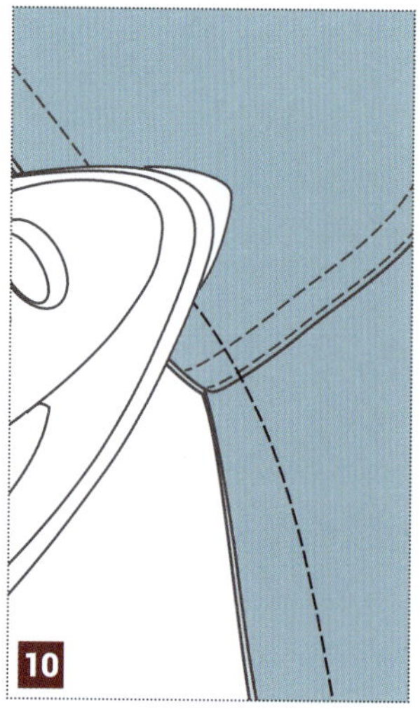

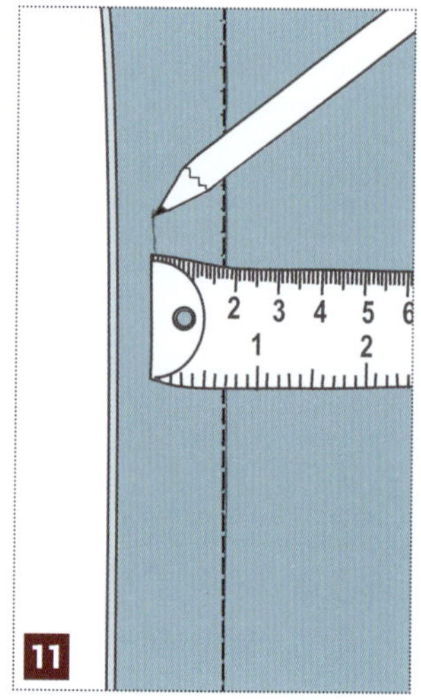

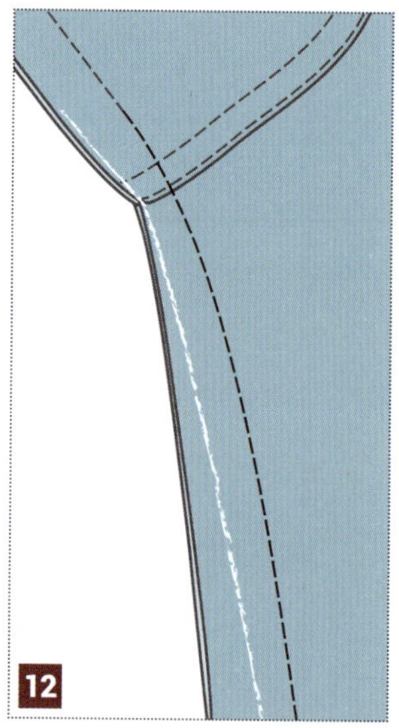

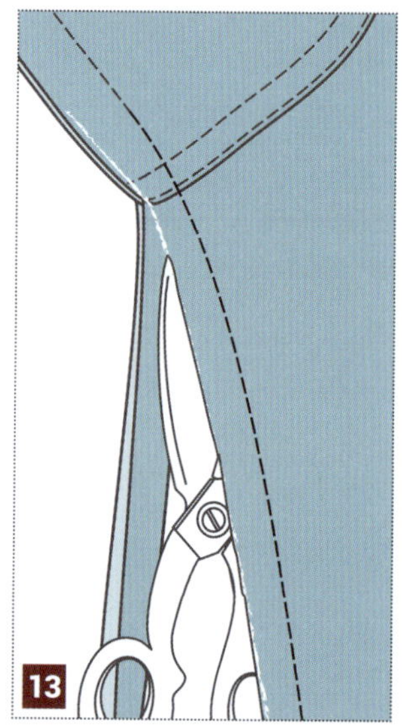

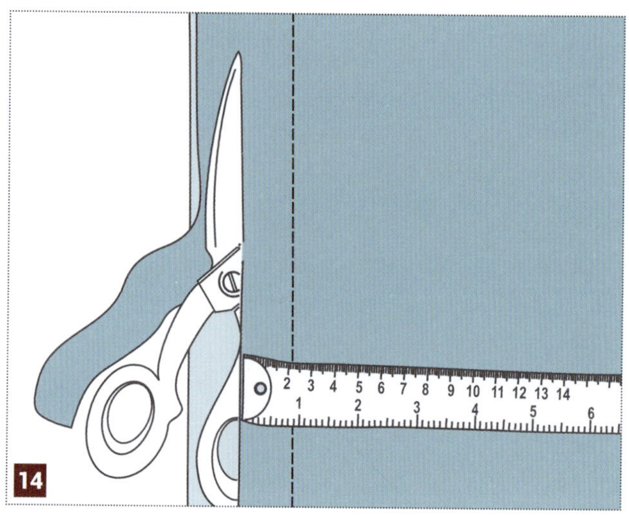

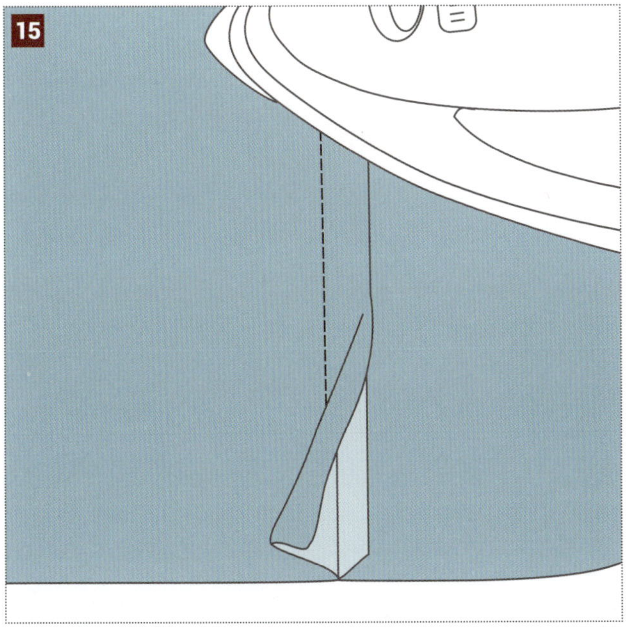

15 Die Nahtzugaben in die Richtung der ursprünglichen Ärmelnaht weiter oben bügeln. Die breitere Zugabe um die schmalere einschlagen und bügeln. Die schmalere Nahtzugabe ist später nach dem Feststeppen der Zugaben eingeschlossen.

16 Die umgebügelte Nahtzugabe feststecken, sodass die schmalere nicht mehr sichtbar ist.

17 Die gesteckte Nahtzugabe dicht an der Kante festheften. Die Stecknadeln herausziehen.

18 Die geheftete Nahtzugabe knappkantig feststeppen. Die Heftfäden herausziehen. Die aufgetrennten Saumbereiche wieder schließen und die Etiketten nach Belieben wieder annähen. Das Hemd bügeln.

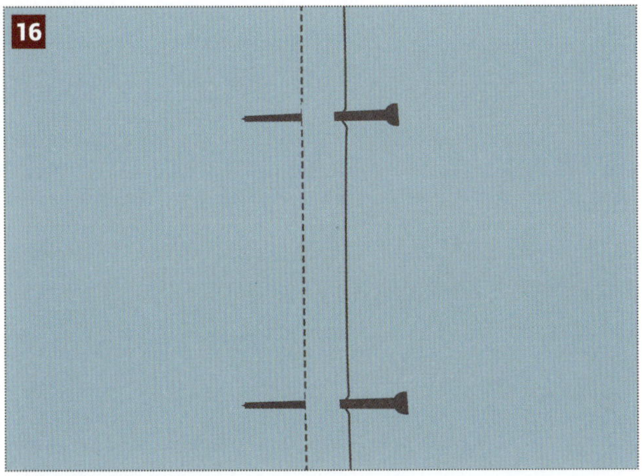

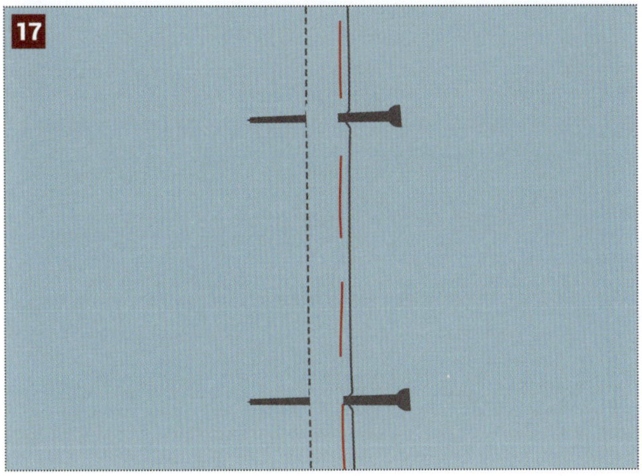

Bluse an den Abnähern ändern

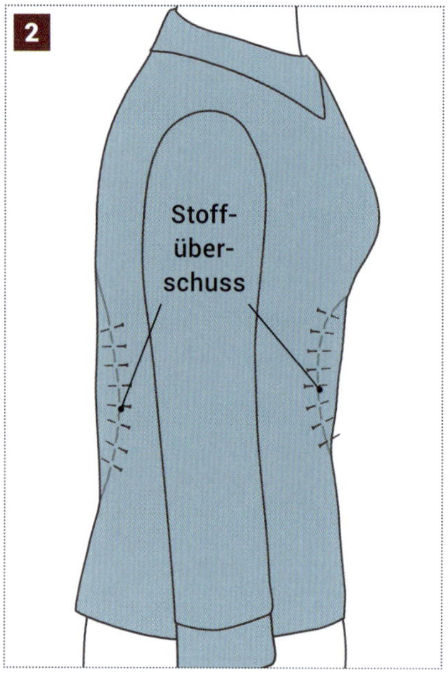

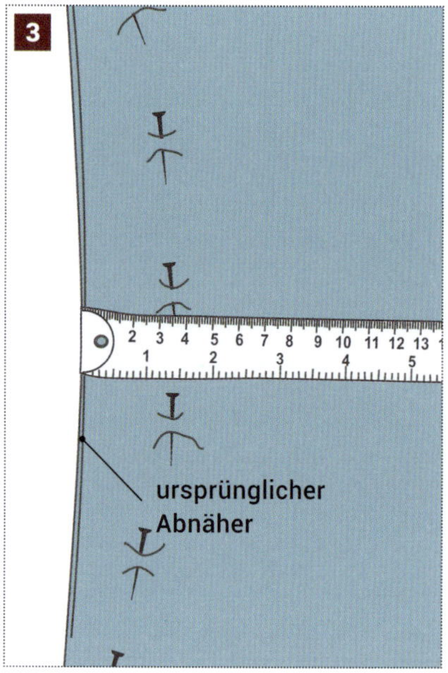

Blusen sind meist tailliert und haben selten Brusttaschen. Die Blusenlänge bewegt sich zwischen Taille und Hüfte und die Manschetten sind häufig schmaler als bei Hemden. Die Taille als schmalste Stelle des Oberkörpers wird bei Blusen gern durch entsprechende Schnittführung betont. Je nach Figur kann die Passform einer Bluse an den Abnähern und an den Seitennähten optimiert werden (siehe auch Seite 40).

TIPP *Eine Änderung der Seitennähte (siehe Seite 140) ist von der Figur der Trägerin abhängig. Hat sie einen großen Brustumfang, können die Seitennähte nicht geändert werden, weil die Weite auf Brusthöhe benötigt wird. Es ist wichtig, die Seitennähte immer zuerst zu heften und zu prüfen, ob die Änderung möglich ist. Eine Bluse darf nicht zu eng an den Körper angeformt werden, sonst rutscht sie beim Heben und Senken der Arme nicht wieder in die richtige Passform zurück.*

1 Die Bluse bügeln, damit keine Knitterfalten stören. Bei einer Anprobe die Passform prüfen; darauf achten, dass die Bluse mittig sitzt, sonst wird die Änderung ungleichmäßig. Damit die Bluse später optimal passt, sollte bei der Anprobe die gleiche Art Unterwäsche getragen werden wie normalerweise.

2 Den überschüssigen Stoff gleichmäßig an den vorderen und hinteren Abnähern abstecken, um die gewünschte Passform zu erhalten. An der Taille beginnen, dort den meisten Stoff abstecken und die gesteckte Linie nach oben und unten in die ursprüngliche Abnähernaht übergehen lassen. Je nach Figur an den vorderen Abnähern gegebenenfalls weniger abstecken als an den hinteren.

3 Die Bluse auf die Arbeitsfläche legen. In der Taille bei den vorderen Abnähern den Abstand von den Stecknadeln zur ursprünglichen Abnähernaht messen. Wenn dieser unterschiedlich ist, das Durchschnittsmaß notieren. Bei den hinteren Abnähern wiederholen.

4 Messen, ob die gesteckte Markierung in der Länge den vorderen Abnähern entspricht, und das Durchschnittsmaß ermitteln. Die Länge muss gegebenenfalls geändert werden. Das obere und untere Ende der neuen Abnäher mit quer gesteckten Nadeln markieren. Dieses bei den hinteren Abnähern wiederholen. Die beiden vorderen Abnäher müssen wie die beiden hinteren jeweils gleich lang sein.

5 Die längs gesteckten Nadeln herausziehen, jedoch die quer gesteckten am oberen und unteren Ende der neuen Abnäher belassen. Die Bluse nach links wenden. Jetzt werden die Abnäher auf der linken Stoffseite markiert; einen davon flach auflegen. An der Taille die bei Schritt 3 gemessene zusätzliche Abnähertiefe mit einer Stecknadel markieren.

6 Mit Kreide eine Linie von der oberen über die mittlere bis zur unteren Stecknadel einzeichnen. Diese neue Abnähernaht heften und dann bei einer Anprobe die Passform prüfen. Die Heftnaht gegebenenfalls ändern, bis die gewünschte Passform erreicht ist.

7 Die Heftnaht mit der Nähmaschine nachnähen, dabei die Naht exakt von oben bis unten schließen und die Fadenenden am Anfang und Ende jeweils miteinander verknoten. Die anderen Abnäher ebenso nähen, dann die Heftfäden und Stecknadeln herausziehen.

8 Nun muss überlegt werden, ob die ursprüngliche Abnähernaht aufgetrennt wird. Wenn die Maße der Trägerin häufig schwanken, sollte die Naht belassen werden, damit die Änderung leicht rückgängig gemacht werden kann. Ansonsten die alte Abnähernaht auftrennen und den Abnäher ausbügeln.

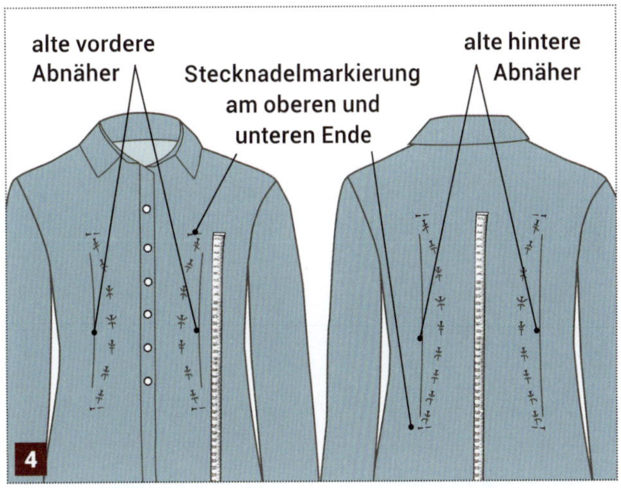

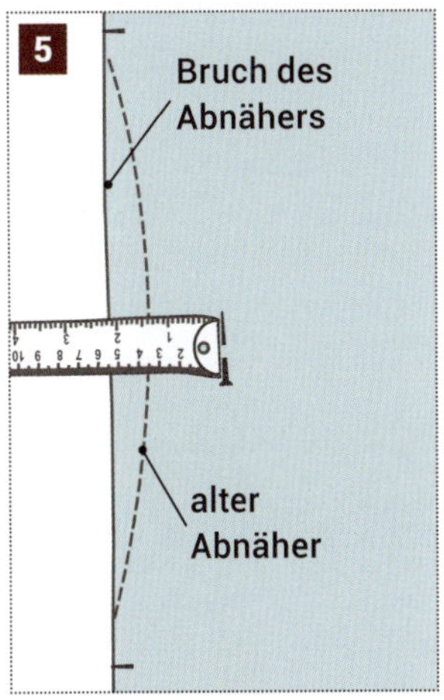

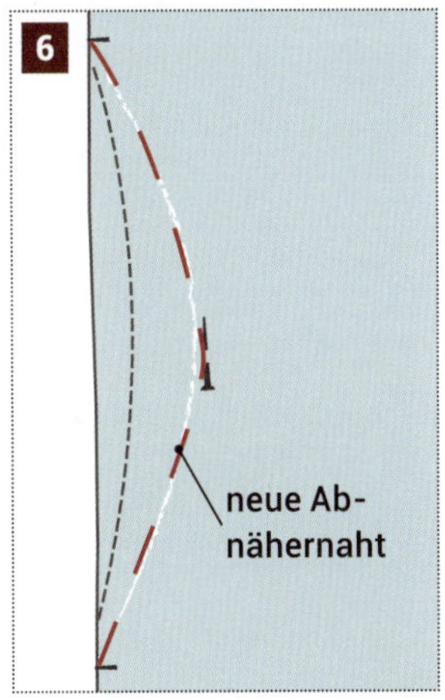

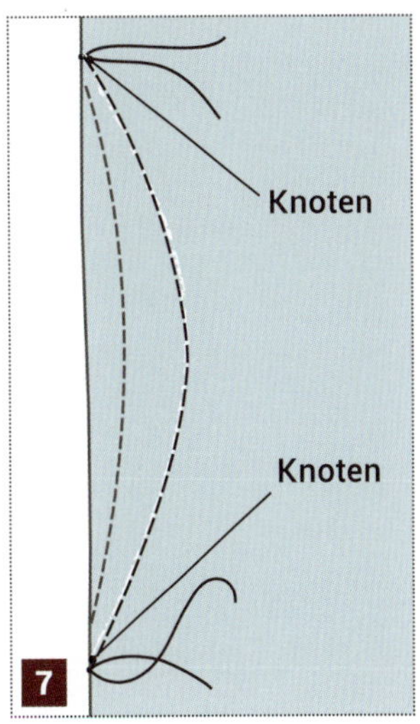

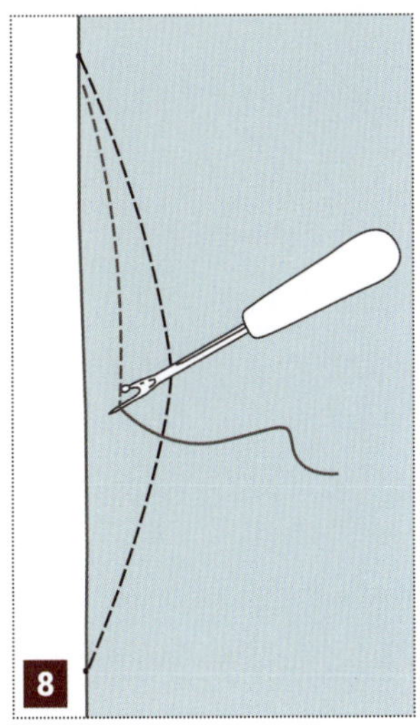

Bluse an den Seitennähten ändern

Wenn keine Möglichkeit besteht, die Abnäher zu ändern, können Sie die Mehrweite an den Seitennähten abnähen. Dadurch bleibt der Schnitt der Bluse erhalten.

1 Die Bluse zuerst bügeln und bei einer Anprobe die Passform prüfen. Bei der Anprobe sollte die Unterwäsche wie üblicherweise getragen werden. Den Blusenschnitt vor einer Änderung genau begutachten.

2 Den überschüssigen Stoff an beiden Seitennähten abstecken. Dabei an der Taille beginnen, dort den meisten Stoff abstecken und die Linie nach oben und unten in die ursprüngliche Seitennaht übergehen lassen. Den Übergang dabei jeweils mit einer quer gesteckten Stecknadel markieren.

3 Die Bluse zugeknöpft flach ausbreiten. An beiden Seiten messen, wie breit die Nähte zusätzlich abgesteckt sind. Die beiden Maße addieren und durch zwei teilen. Dieses Durchschnittsmaß bei beiden Seitennähten für die Änderung verwenden.

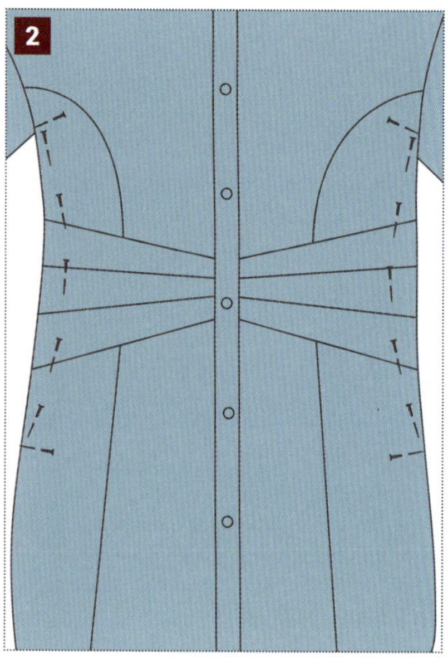

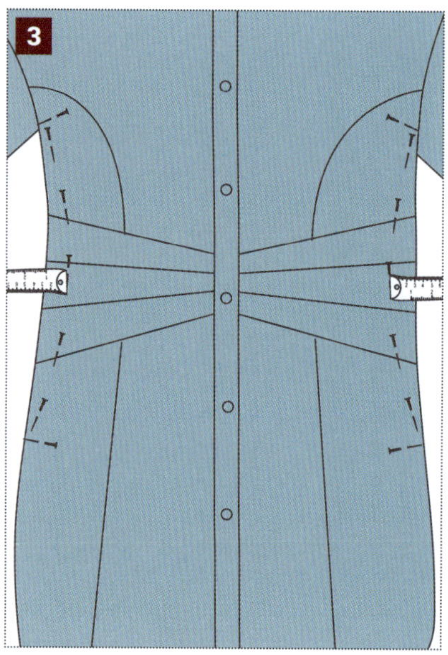

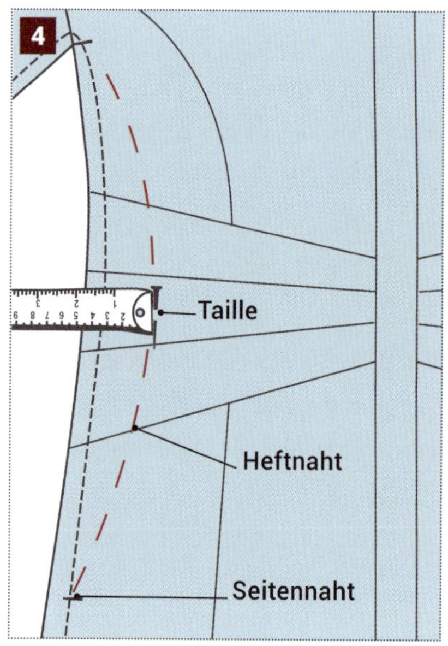

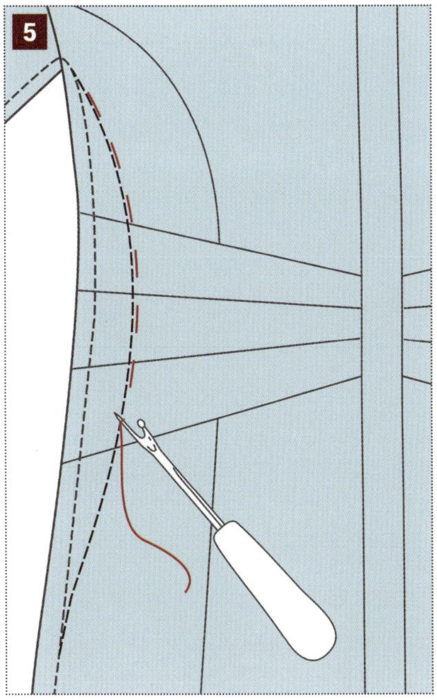

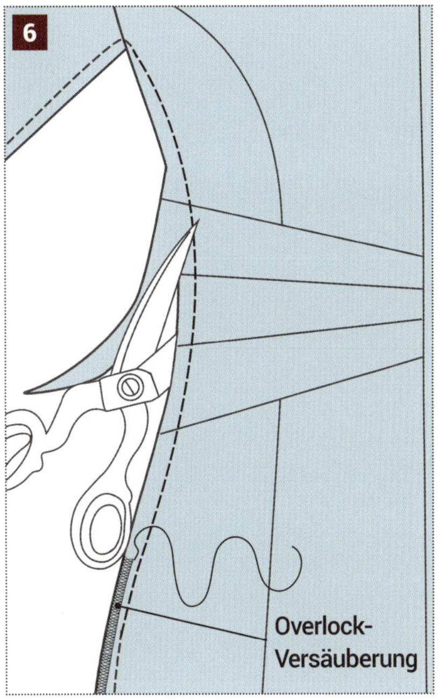

4 Die längs verlaufenden Nadeln herausziehen, jedoch nicht die quer gesteckten am oberen und unteren Ende der neuen Nähte. Die Bluse nach links wenden. Das bei Schritt 3 notierte Maß an beiden Seitennähten in der Taille mit einer Stecknadel markieren. Die Änderung zuerst von der Taille nach oben heften, an der oberen Stecknadel in die ursprüngliche Seitennaht übergehen lassen, dann genauso nach unten heften. Beide Seiten in der gleichen Länge und Breite ändern, damit sie symmetrisch bleiben. Die Nadeln herausziehen und die Passform bei einer Anprobe prüfen, gegebenenfalls die Heftnähte korrigieren.

5 Die Heftnähte nachsteppen, am Anfang und Ende exakt in die ursprüngliche Naht übergehen lassen und verriegeln. Die Heftfäden herausziehen.

6 Wenn die Bluse gut sitzt, die neuen Nahtzugaben sorgfältig in das Vorderteil bügeln. Die Nahtzugaben an der Seitennaht zurückschneiden und versäubern, entweder mit der Overlockmaschine oder mit einem breiten Zickzackstich (in diesem Fall die überstehenden Fäden zurückschneiden). Darauf achten, dass die alte Naht an den Enden gesichert ist, gegebenenfalls die Fadenenden sorgfältig verknoten.

7 Die Nähte noch einmal von rechts ausbügeln und etwaige lose Fäden entfernen.

Hemden und Blusen kürzen

Damen tragen Blusen häufig über der Hose oder dem Rock. Herren stecken das formelle Hemd in die Hose, und wenn ein Sakko darüber getragen wird, fällt überschüssige Weite kaum auf. Mittlerweile haben jedoch auch modische Oberhemden schmalere Schnitte, sie sind kürzer und liegen enger an. Es kann daher sein, dass Sie sowohl Blusen als auch Hemden kürzen müssen. Im Vergleich zu den Gliedmaßen haben viele Menschen einen kurzen Oberkörper, daher muss gegebenenfalls die Länge eines Oberteils in der Proportion angepasst werden.

1

1 Bei einer Anprobe die Passform prüfen. Wenn das Oberteil bis zu den Oberschenkeln reicht, ist es zu lang. Eine solche Länge ist gegebenenfalls für ein Freizeithemd passend, doch Oberhemden für Geschäftskleidung reichen nicht über das Gesäß hinaus.

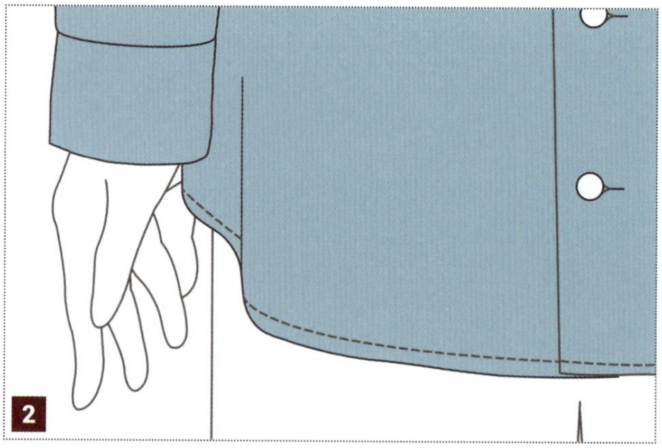
2

2 Die Hemd- oder Blusenlänge auch im Verhältnis zur Ärmellänge betrachten. Daran lässt sich ebenfalls erkennen, ob die Länge passend ist. Bei einer Bluse sind die Ärmel gegebenenfalls etwas länger als das Kleidungsstück selbst. Hemden sind in der Regel etwa 5 cm länger als die Ärmel. Der Träger sollte den Saum des Oberhemds greifen können, ohne sich bücken zu müssen. Von diesen Regeln ausgenommen sind Personen mit unüblichen Proportionen. Natürlich können Hemden oder Blusen unabhängig davon nach persönlichem Geschmack gekürzt werden.

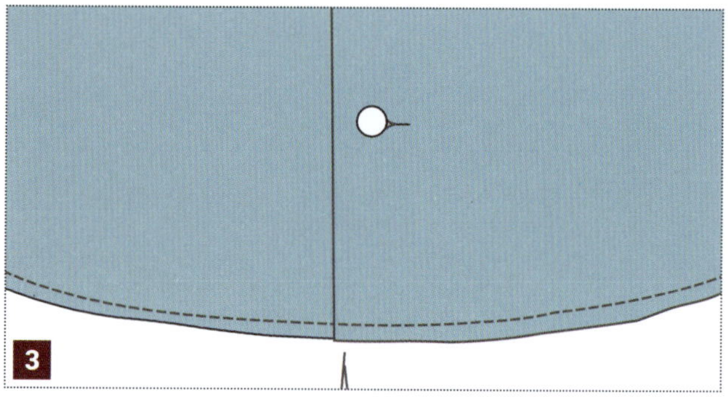
3

3 Die Lage des untersten Knopfs prüfen. Dieser muss weit genug vom neuen Saum entfernt liegen, damit er nach der Änderung noch geschlossen werden kann. Ansonsten den untersten Knopf bei der Änderung einfach mit abschneiden, damit der darüberliegende dann den untersten Knopf bildet.

4 Die neue Länge mit kleinen Stecknadeln rund um den Saum markieren. Falls das Hemd oder die Bluse einen abgerundeten Saum hat, kann diese Form nach Belieben beibehalten oder begradigt werden.

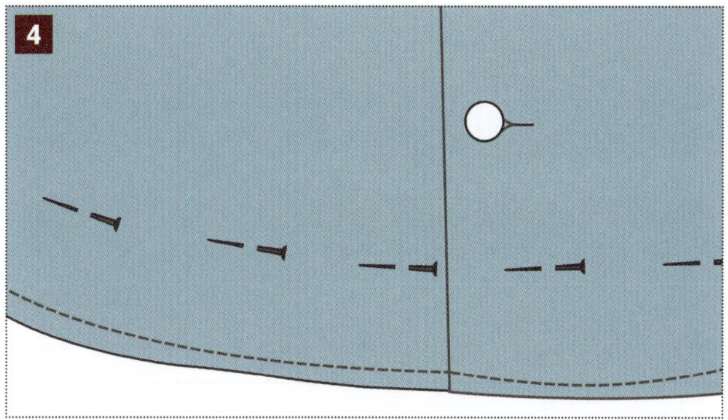

TIPP *Wenn die Länge an den Seitennähten passt und nur die Rundungen stören, kann das Hemd oder die Bluse auch nur dort gekürzt werden. Dadurch wird die Rundung flacher und der Saum insgesamt gerader. Sie können die Rundungen auch ganz entfernen, indem Sie senkrecht zur vorderen Mitte eine Linie zur Seitennaht ziehen und die Bluse oder das Hemd gerade abschneiden. Wichtig ist, dass die Verschlusskanten in der vorderen Mitte gleich lang sind. Stecken Sie die Rundung auf jeden Fall zuvor am Träger ab, um sicherzugehen, dass das Kleidungsstück nicht zu kurz wird.*

5 Das Hemd oder die Bluse offen mit ausgebreitetem Saum auf die Arbeitsfläche legen. Bei dieser Anleitung wird die gerundete Form des Saums beibehalten. An verschiedenen Stellen den Abstand vom Saum zu den Stecknadeln messen und das Durchschnittsmaß errechnen. Um dieses Maß wird das Hemd oder die Bluse gekürzt.

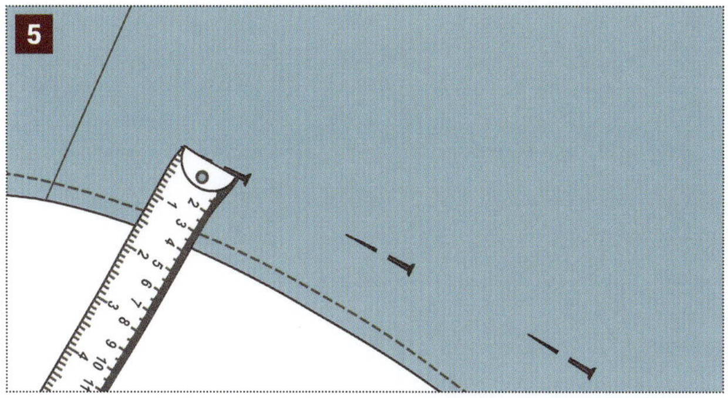

6 Mit dem Maß von Schritt 5 eine Markierungslinie heften. Dies wird die neue Saumkante. Noch einmal nachmessen, ob die beiden vorderen Verschlusskanten gleich lang sind. Die Stecknadeln herausziehen.

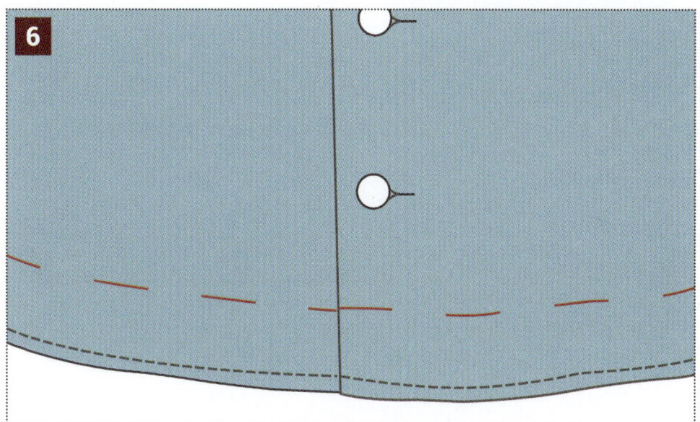

7 Die Breite des ursprünglichen Saums messen. Das Maß verdoppeln und als neue Saumzugabe mit Bleistift anzeichnen.

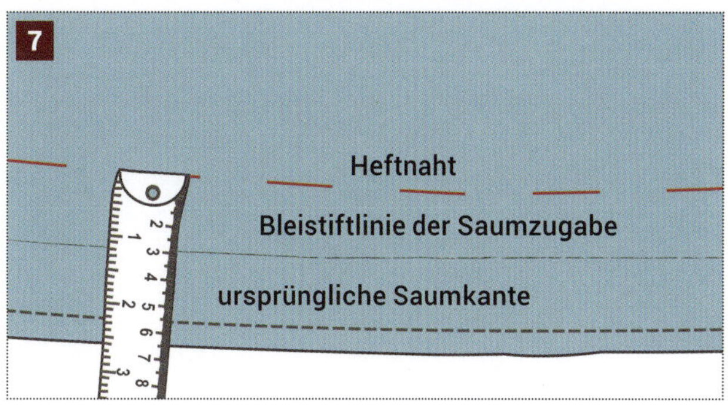

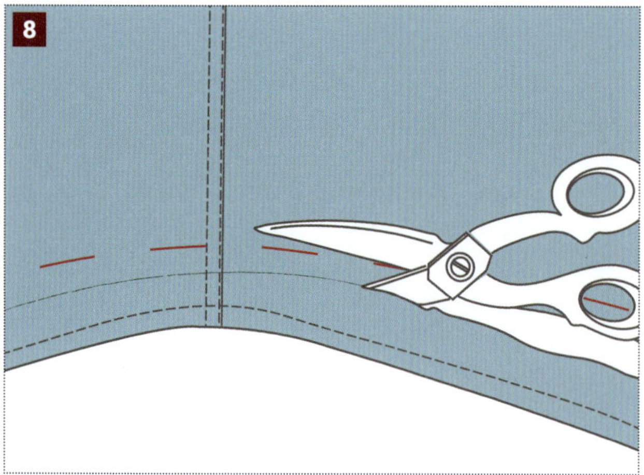

8 Den alten Saum dann exakt an der Bleistiftlinie abschneiden. Gegebenenfalls Details wie Schlaufen oder Etiketten an den Nähten abtrennen und zum späteren Wiederannähen beiseitelegen.

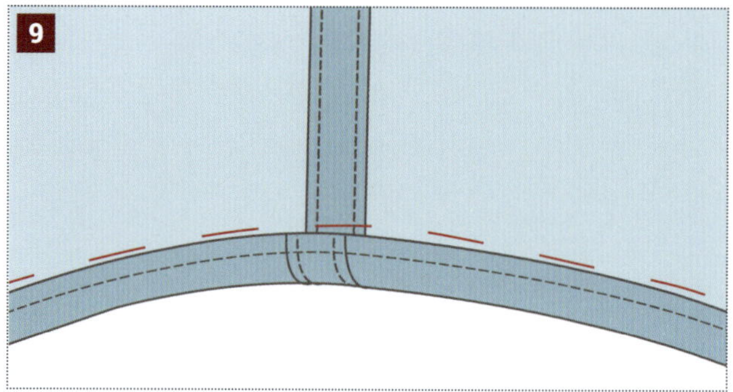

9 Das Hemd oder die Bluse mit der linken Stoffseite nach oben auflegen und die Saumzugabe zur Hälfte umbügeln (siehe auch Wäschesaum, Seite 32), sodass die Stoffkante an die Heftlinie stößt.

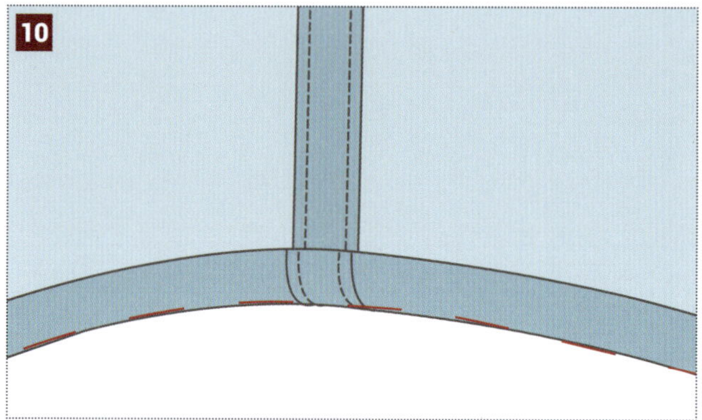

10 Die Saumzugabe erneut umbügeln, sodass die Heftlinie die Saumkante bildet und die offene Stoffkante eingeschlossen ist.

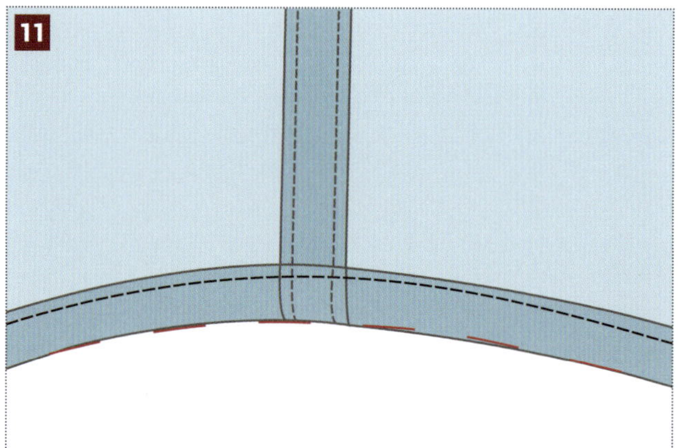

11 Den vorgebügelten Saum feststecken und mit der Nähmaschine knappkantig feststeppen, dabei die Stecknadeln kurz vor dem Darübernähen herausziehen. Den Saum von der linken Seite bügeln.

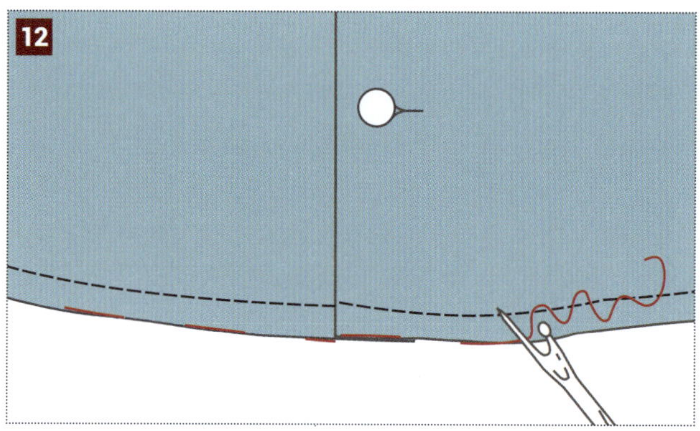

12 Heftfäden und lose Fäden entfernen. Das Hemd oder die Bluse abschließend bügeln.

EIN HEMD ODER EINE BLUSE BÜGELN

1 Das Hemd oder die Bluse aufknöpfen. Den Kragen flach auffalten. Doppelmanschetten ebenfalls auffalten.

2 Kragen und Manschetten werden zuerst gebügelt. An den Ecken rollen sich diese häufig mit der Zeit ein, daher sollten sie von der Innenseite gebügelt werden.

3 Das Vorderteil mit Knopflochleiste auf das Bügelbrett legen (bei einem Hemd ist das die linke Seite, bei einer Bluse die rechte). Das Hemd oder die Bluse mit dem Schulterbereich an der Rundung des Bügelbretts auflegen und über die ganze Länge glattstreichen. Am Saum ziehen, bis das Vorderteil stramm aufliegt. Die Knopflochleiste vom Saum nach oben bügeln. Dadurch bleiben die Knopflöcher in Form und die Leiste wird glatt. Den Rest des Vorderteils bügeln, dabei die Passe glattziehen. Das andere Vorderteil ebenso bügeln.

4 Das Hemd oder die Bluse so auf das Bügelbrett legen, dass die beiden Vorderteile an den Seiten herabhängen und das Rückenteil mittig aufliegt. Das Rückenteil und den Saum sorgfältig bügeln, letzterer darf sich nicht nach oben wellen. Die Passe wie bei den Vorderteilen glattziehen.

5 Die Passe auf einer Seite an der geformten Schmalseite des Bügelbretts anlegen und sorgfältig bügeln.

6 Nun die andere Seite der Passe an der anderen geformten Schmalseite des Bügelbretts anlegen und ebenfalls sorgfältig bügeln.

7 Das Hemd oder die Bluse vom Bügelbrett nehmen. Einen Ärmel längs auflegen, mit dem eingefassten Ärmelschlitz (Beleg) nach oben und mit der Naht an der Kante des Bügelbretts. Den Ärmel glattstreichen und sorgfältig bügeln. Den Beleg und die Falten am Ärmelschlitz flachbügeln.

8 Den vorhergehenden Schritt 7 am anderen Ärmel wiederholen und die Bluse oder das Hemd vom Bügelbrett nehmen und auf einem Bügel auskühlen lassen.

KAPITEL SIEBEN

MÄNTEL/CAPES

Mäntel haben in der Regel eine lange Lebensdauer und bleiben oft viele Jahre im Schrank oder an der Garderobe hängen. Auch gehören sie in der Anschaffung zu den teuren Stücken – es lohnt sich daher, sie zu pflegen. Design und Schnitt sind meist schon so gestaltet, dass sie wind- und wettertauglich sind, doch tragen sich auch diese Kleidungsstücke im Lauf der Zeit ab. Mit den folgenden Anleitungen können Sie Ihre Lieblingsteile ausbessern und somit länger erhalten.

Durchhängendes Futter kürzen

Futter wird üblicherweise mit dem gleichen Schnitt wie der Oberstoff in ein Kleidungsstück genäht. Dadurch sieht dessen Innenseite sauber aus und zudem wird der Tragekomfort erhöht. Von außen ist das Futter nicht sichtbar. Futterstoff besteht in der Regel aus leichterem Material als der Oberstoff, daher nutzt es sich aber auch schneller ab und hängt sich unter Umständen aus. In diesem Fall wird das Futter länger und blitzt an den Ärmelsäumen oder am Mantelsaum unter dem Oberstoff hervor.

1 Den Mantel von links über eine Schneiderpuppe hängen oder anprobieren und das Futter prüfen. Dabei auf Stellen achten, an denen das Futter durchhängt.

2 Eine Stelle suchen, an der das Futter nicht ausgedehnt ist. Dort den Abstand zwischen Saumkante und Futterkante messen und notieren. Dann die gesamte Futternaht am Saum auftrennen.

3 Wenn sich der Saum am Oberstoff beim Auftrennen des Futters löst, diesen heften und mit Hexenstich (siehe Seite 49) so befestigen, dass das Futter später wieder angenäht werden kann. Die Heftnaht lösen.

4 Eine weitere Anprobe vornehmen. Das Futter ausstreichen und den Überschuss vorsichtig nach unten ziehen. Die Längsnähte an Futter und Oberstoff deckungsgleich aufeinanderstecken.

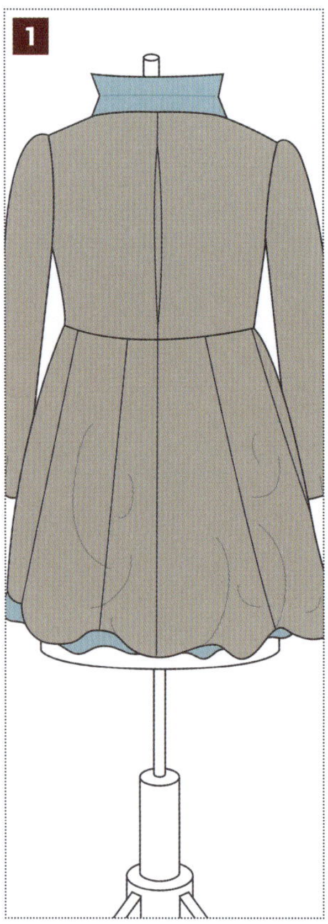

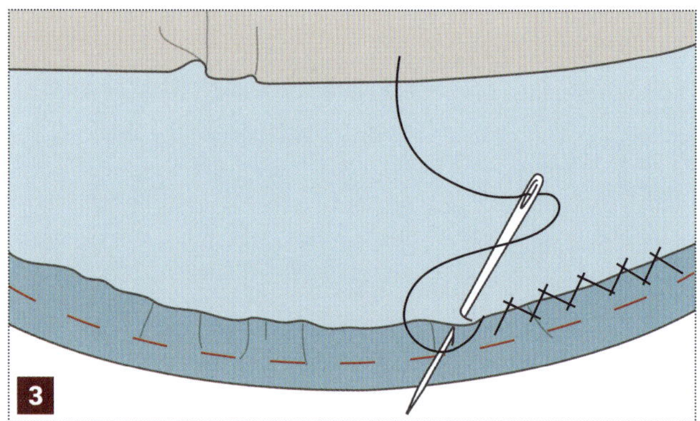

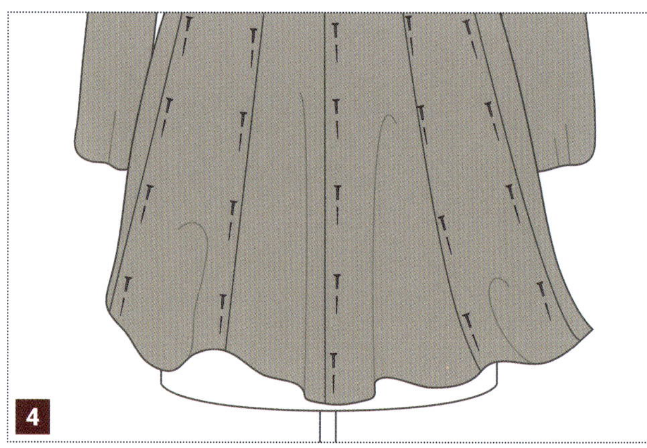

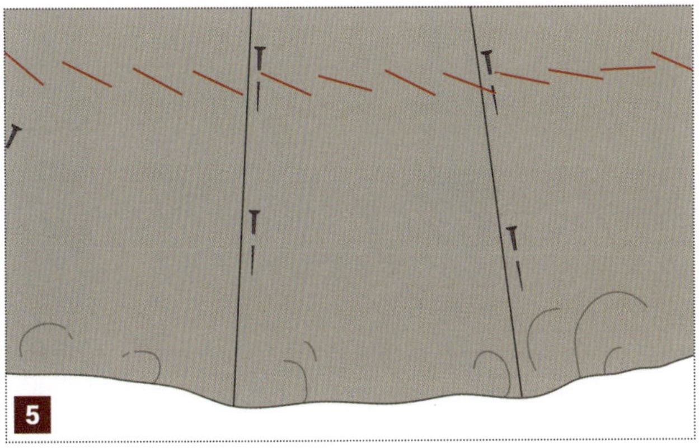

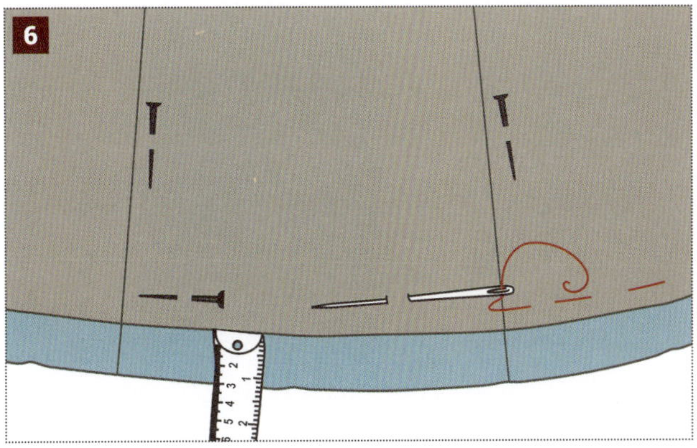

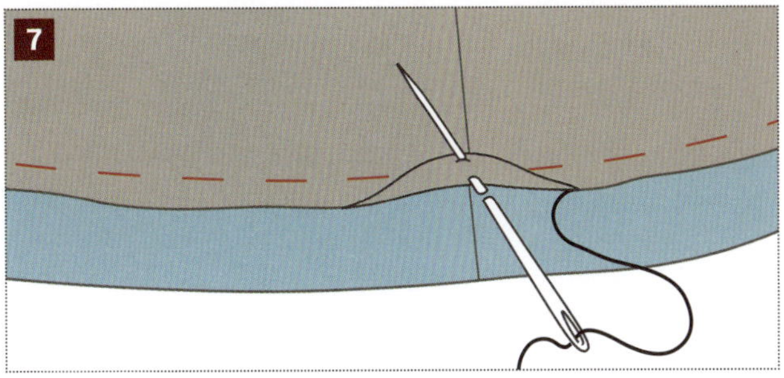

5 Den Mantel mit der linken Seite oben flach ausbreiten. Auf halber Höhe mit großen Heftstichen das Futter quer an den Oberstoff heften, damit es sich beim Arbeiten am Saum nicht verschiebt.

6 Am Futter das Maß von Schritt 2 zugeben und markieren, dann dessen Saum gleichmäßig zurückschneiden und so umschlagen, dass es überall den gleichen Abstand zur Saumkante des Mantels hat. Den umgeschlagenen Futtersaum feststecken und heften. Am besten wieder eine Anprobe vornehmen (von rechts), um sicherzustellen, dass das Futter lang genug ist und glatt fällt. Wenn das Futter zu kurz ist, die Heftnaht auftrennen, den Saum herauslassen, neu heften und den Mantel erneut anprobieren.

7 Die umgeheftete Futterkante bügeln und mit Saumstich (siehe Seite 49) annähen, dabei nicht direkt in die umgebügelte Bruchkante des Futters einstechen, sondern etwas weiter oben (dafür die Bruchkante zurückklappen, wie abgebildet). Dadurch erhält das Futter Bewegungsspielraum und der Oberstoff fällt beim Tragen glatt darüber.

8 Den Futtersaum leicht bügeln, die Heftfäden herausziehen und den Mantel vorsichtig bügeln.

Futter ausbessern

Es gibt verschiedene Methoden, ein Mantelfutter auszubessern, je nachdem, in welchem Bereich es schadhaft ist. Meist handelt es sich dabei um den Armausschnitt und die Seitennähte. Prüfen Sie gleich auch den Oberstoff auf abgetragene Bereiche, wenn Sie das Futter ausbessern, denn sie lassen sich am besten ändern, solange das Futter lose ist.

Bei dieser Anleitung wird ein Bügelflicken aus Baumwolle verwendet. Diese Methode bietet sich an, wenn Sie keinen Reststoff zur Verfügung haben. Das Futter wird dadurch stabilisiert, allerdings fällt die ausgebesserte Stelle stärker auf. Sie können ein Loch auch mit einem Futterrest ausbessern. Nähen Sie den Flicken dann von der rechten Stoffseite auf, so ist die ausgebesserte Stelle unauffällig. Eine solche Reparatur ist allerdings weniger haltbar.

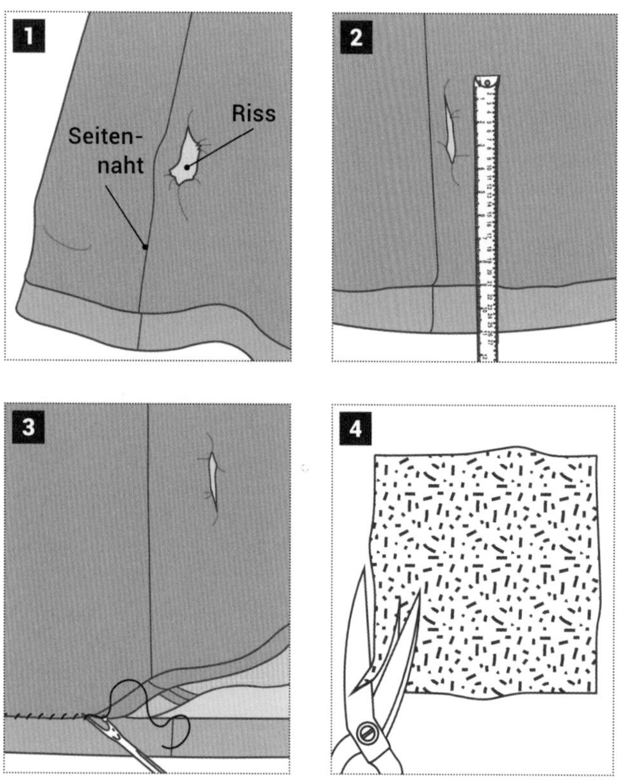

1 Das Kleidungsstück nach links wenden und das Futter auf Löcher und Risse prüfen. Befinden sich die Schäden in einer Naht, kann diese eventuell breiter abgenäht werden (siehe Tipp unten); ansonsten empfiehlt sich die nachfolgende Vorgehensweise.

TIPP *Wenn das Loch oder der Riss in der Naht liegt, können Sie diese an der Stelle breiter abnähen und dann die ursprüngliche Naht auftrennen. Dies ist nur möglich, wenn das Futter insgesamt genug Mehrweite hat, denn es wird durch die Änderung enger.*

2 Die Größe des Risses messen und notieren. Daraus ergibt sich die Größe des benötigten Bügelflickens.

3 Unterhalb des Risses das Futter am Saum auftrennen, jedoch nicht die gesamte Futternaht – nur so viel, dass an der Stelle gearbeitet und der Riss im Futter mit der Nähmaschine gestopft werden kann.

4 Einen farblich passenden Baumwollflickstoff zum Aufbügeln verwenden. Den Flicken mit den Maßen von Schritt 2 plus 1 cm Zugabe rundherum zuschneiden.

TIPP *Der Bügelflickstoff sollte im Gewicht zum Futterstoff passen. Bei einem sehr leichten Futter ist Baumwollstoff nicht geeignet, weil die ausgebesserte Stelle damit zu dick wird. Achten Sie bei der Auswahl des Flickens auch auf eine passende Farbe.*

5 Wenn der Riss neben einer Naht liegt, die Zugabe an dieser Stelle nicht überkleben, sondern zur Seite schieben. Sonst lässt sich eine spätere Änderung dort nicht durchführen. Den Bügelflicken mit der Klebeseite auf die linke Futterseite so auflegen, dass der Riss geschlossen und vollständig bedeckt ist, dann nach den Herstellerangaben aufbügeln.

6 Prüfen, ob der Bügelflicken an allen Stellen gut haftet. Von der rechten Futterseite soll die Stelle geschlossen und kein Flickenstoff zu sehen sein.

7 An der Nähmaschine einen Raupenstich einstellen (siehe Tipp unten). Mit einem farblich passenden Nähgarn den Riss vollständig mit dem Raupenstich überdecken. Am Anfang und Ende der Naht die Fäden auf der linken Stoffseite jeweils miteinander verknoten. Den Umschlag am Futtersaum bügeln.

8 Das Futter mit den Längsnähten wieder deckungsgleich auf den Oberstoff legen. Das Futter anheften und mit Saumstich annähen (siehe Seite 49). Die Heftfäden herausziehen und den Saum bügeln.

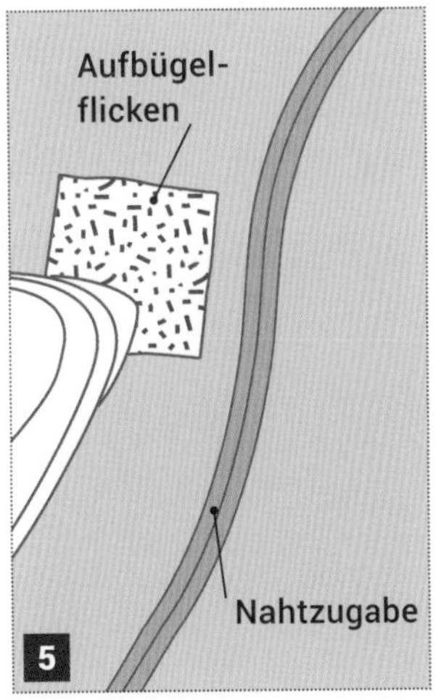

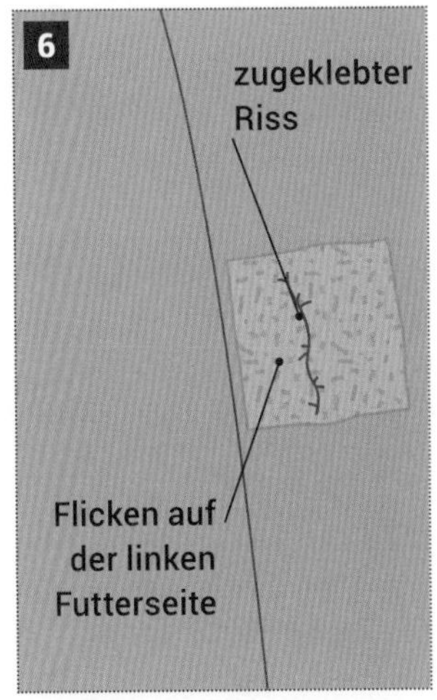

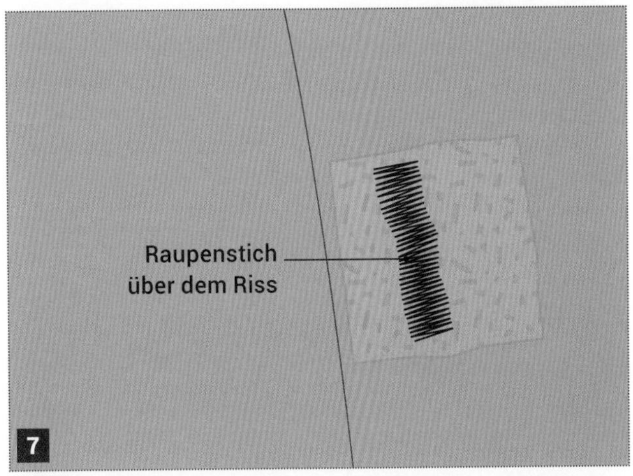

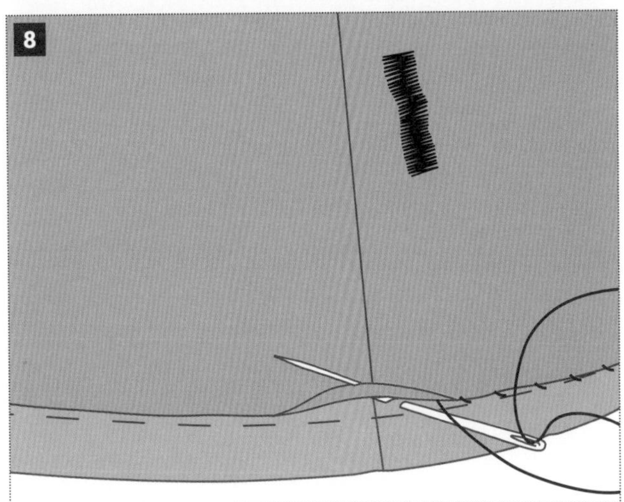

TIPP *Der Raupenstich ist ein besonders enger Zickzackstich, der für Stickereien und Applikationen verwendet wird. Je weiter die Zickzackstiche auseinander liegen, desto größer ist die Gefahr, dass sich der Stoff darunter zusammenzieht. Deshalb wird ein möglichst enger Stich verwendet. Allerdings bleibt dabei der Stoff gern hängen, und die Naht bildet dann eine Verdickung. Testen Sie den Raupenstich daher vor der Reparatur auf einem ähnlichen Stoff.*

Mantel an den Seitennähten verschmälern

Die Mantelform lässt sich verändern, indem überschüssiger Stoff an den Seitennähten abgenäht wird. Seitennähte von Mänteln und Capes besitzen meist eine breitere Nahtzugabe als andere Kleidungsstücke, wie Oberhemden. Nach dem Abnähen der Seitennähte müssen Sie entscheiden, ob Sie die Nahtzugabe zurückschneiden. Wenn sie nicht aufträgt, ist es besser, die breitere beizubehalten. Sie können diesen zusätzlichen Stoff für spätere Änderungen nutzen. Drückt sich die Nahtzugabe jedoch nach außen durch, ist es besser, sie gleichmäßig zurückzuschneiden.

1 Den Mantel von rechts anprobieren und festlegen, in welchem Bereich und wie breit die Seitennähte abgenäht werden sollen.

ANPROBE BEI MÄNTELN UND CAPES

Bei der Anprobe eines Mantels sollten alle Kleidungsschichten wie üblich darunter angezogen werden, also beispielsweise Bluse, Pullover und Hose. Sonst ist der Mantel nach der Änderung zu eng und unbequem zu tragen. Eine Ausnahme bilden dabei Mäntel und Capes für die Abendgarderobe. Diese werden nur über einer Lage Kleidung anprobiert, also über einer Bluse mit Rock, einem Kleid oder einem Hemd mit Hose. In der Regel sind sie aus eleganten Stoffen gefertigt und müssen nicht wettertauglich sein.

Bei der Anprobe eines Capes werden ansonsten ebenfalls alle Lagen an Kleidung getragen, die normalerweise darunter angezogen werden. Ein Cape ist zwar weiter geschnitten als ein Mantel, dennoch gilt auch dabei: Ein nach der Änderung zu knappes Cape fällt nicht gut und macht keine sonderlich gute Figur.

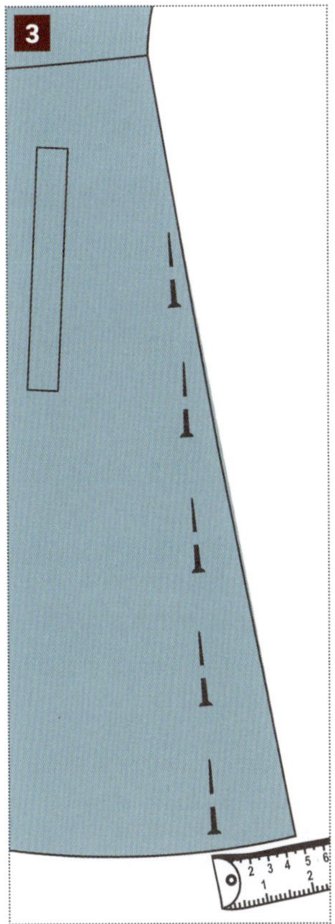

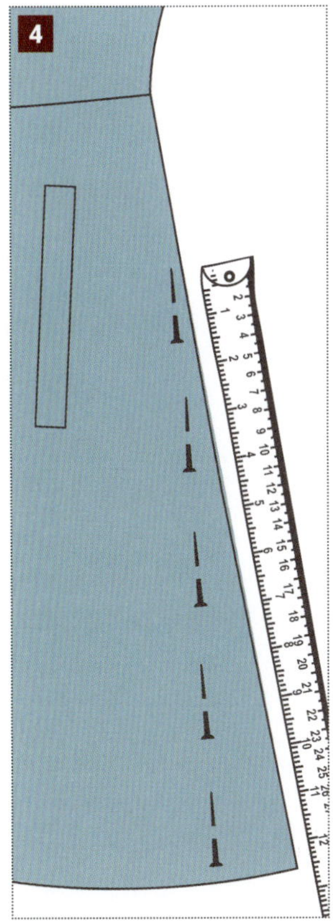

2 Die Seitennähte enger stecken. Wenn der Mantel in der Taille gut sitzt und nur die Schöße zu weit sind, erst unterhalb der Taille mit dem Abstecken beginnen.

TIPP *Verwenden Sie bei Florstoffen und dicken Stoffen am besten Glaskopf-Stecknadeln, sie sind beim Nähen leichter sichtbar im voluminösen Stoff.*

3 Den Mantel nach der Anprobe auf die Arbeitsfläche legen. Am Saum den Abstand zwischen Stecknadel und Seitennaht messen und das Maß notieren. Um diesen Betrag wird die Nahtzugabe breiter abgenäht.

4 Die Länge der Stecknadelmarkierung an der Seitennaht messen und das Maß notieren. In dieser Länge werden die Seitennähte geändert.

5 Den Mantel nach links wenden. An der Unterkante das Futter abtrennen und zurückschlagen, dann den Saum auftrennen. Den Mantel so wenden, dass die Nahtzugaben von Futter- und Oberstoff außen liegen.

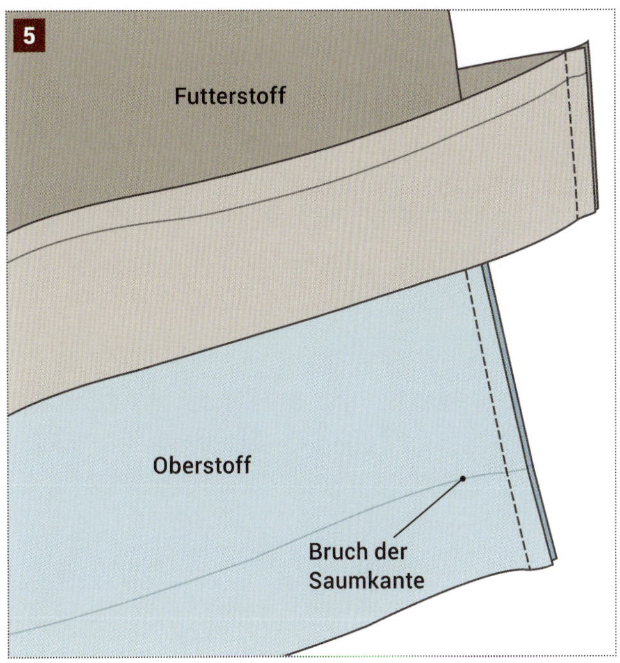

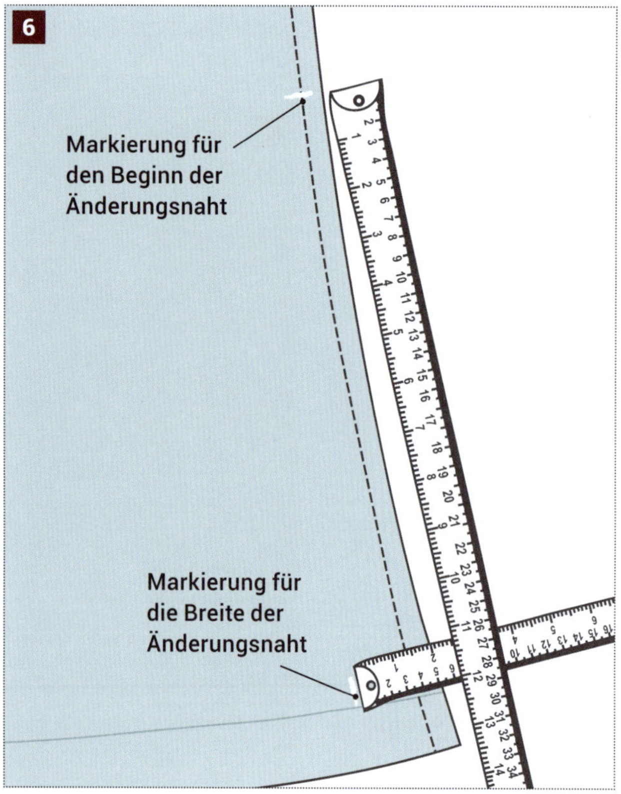

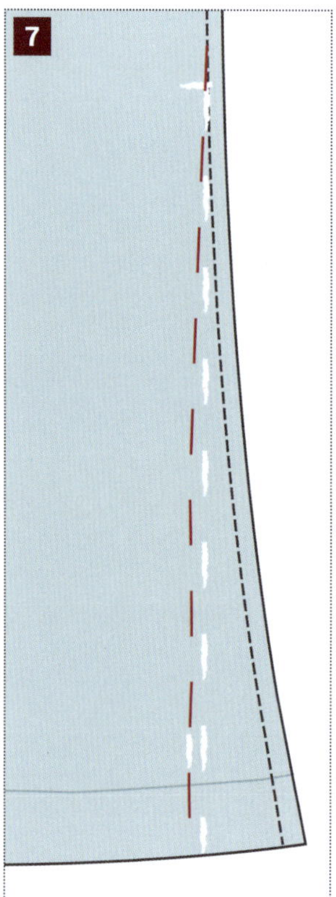

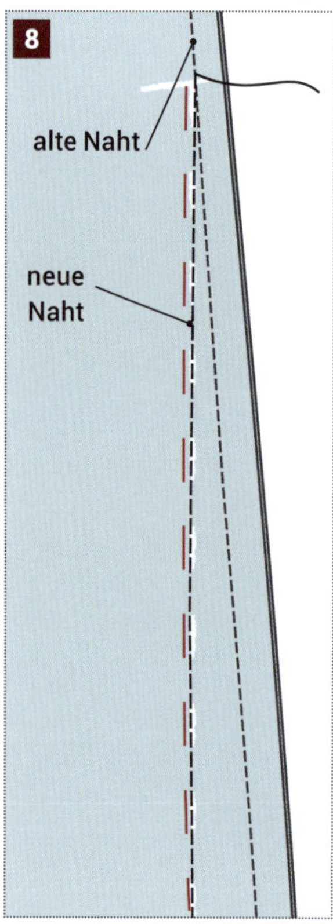

6 Unten an der Saumkante das bei Schritt 3 notierte Breitenmaß für die Änderung von der Seitennaht ausgehend abmessen und mit Kreide anzeichnen. An der Seitennaht auch den Übergang der Änderung in die ursprüngliche Naht mit Kreide markieren, dazu das bei Schritt 4 notierte Längenmaß verwenden.

7 Mit Kreide und Lineal eine gerade Linie von der Markierung am Saum bis zu dieser an der Seitennaht ziehen. Die Linie am oberen Ende gleichmäßig in die alte Naht übergehen lassen. Die Kreidelinie nachheften. Die andere Seitennaht ebenso markieren und heften. Die Schritte am Mantelfutter wiederholen, dabei auf der linken Stoffseite arbeiten. Das Futter muss dieselbe Form und Größe haben wie der Oberstoff, ansonsten fällt der Mantel nicht gut und ist unbequem zu tragen. Wenn am Futter befestigte Etiketten im geänderten Bereich liegen, diese abtrennen, um sie später wieder annähen zu können.

8 Die neuen Seitennähte von Oberstoff und Futter entlang der Kreide- und Heftmarkierungen mit der Nähmaschine abnähen. Die Heftfäden herausziehen.

9 Die alten Seitennähte entlang der Änderung auftrennen und die Nahtzugaben auseinanderbügeln.

10 Die Saumzugabe wieder umschlagen und mit Saumstich (siehe Seite 49) von Hand annähen.

11 Das Futter mit allen Nähten wieder deckungsgleich auf den Oberstoff legen, die Kante in Originalbreite umschlagen und an den Saum heften. Mit Saumstich annähen, dann die Heftnaht auftrennen.

12 Den Mantel anprobieren und die Passform prüfen. Abschließend von der linken Seite bügeln.

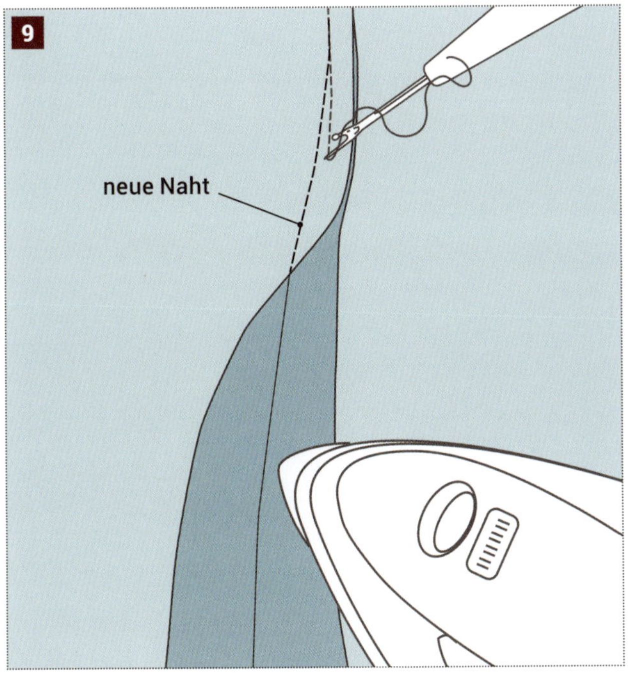

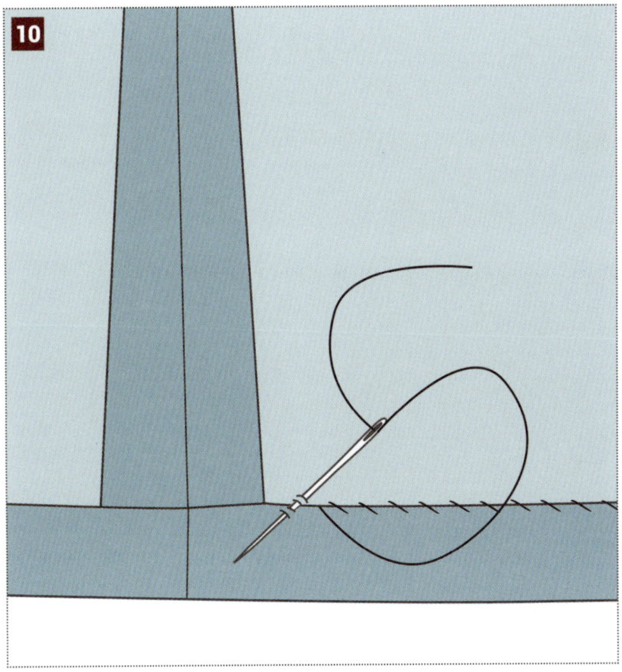

TIPP *Es empfiehlt sich immer, die Etiketten nach einer Änderung wieder anzunähen. Die beigefügten Ersatzknöpfe sind wichtig, da mit der Zeit der ein oder andere Knopf verloren geht. Außerdem ist es hilfreich, auf die Pflegeanleitung zurückgreifen zu können.*

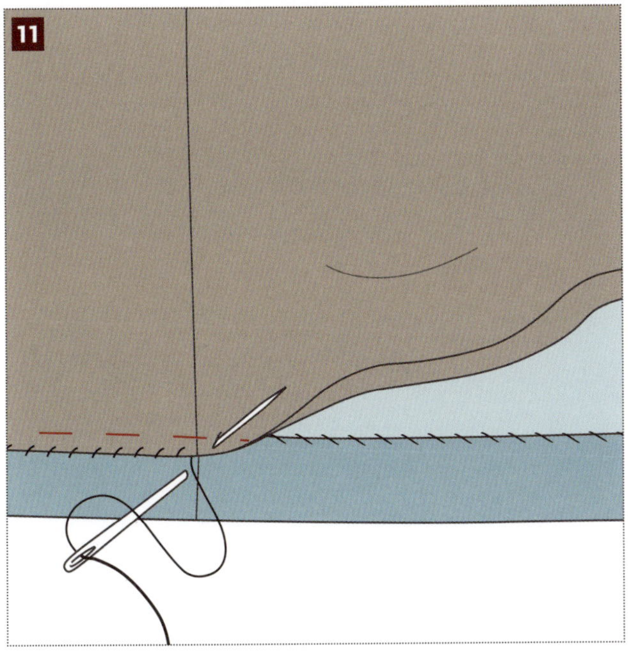

Ausgedehnten Cape-Saum ausgleichen

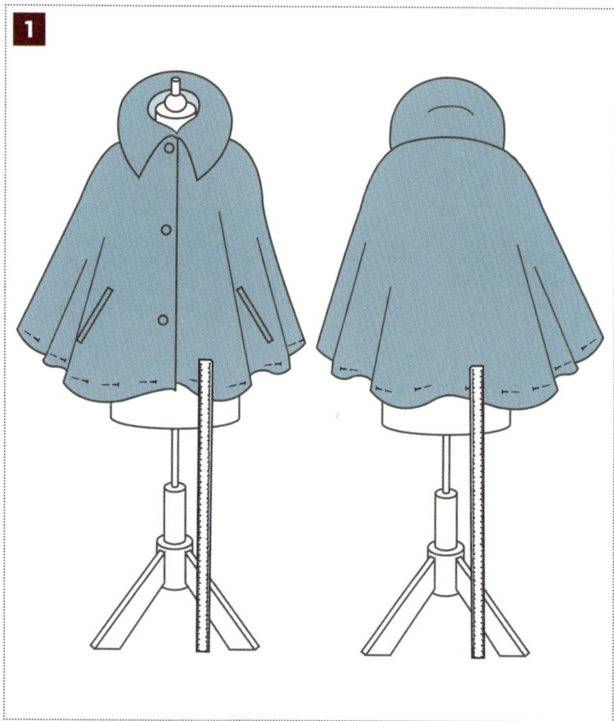

Kleidungsstücke wie Capes mit runden Abschlusskanten bestehen meist aus großen Stoffteilen, die im schrägen Fadenlauf zugeschnitten sind. Der Saum kann mit der Zeit ungleichmäßig lang werden, weil sich der Stoff durch sein eigenes Gewicht dehnt. Bei einem Cape ist der Saum meist nicht umgeschlagen, sondern mit einem Beleg verstürzt, da sonst unschöne Wellen und Verdickungen entstehen. Wenn der Saum einen Beleg hat, wie in dieser Anleitung, fällt er glatt und hängt auch weniger leicht durch.

TIPP *Bei einem angeschnittenen Cape-Saum wird die neue Saumkante, wie hier beschrieben, einfach markiert und geheftet, allerdings sollte die Saumzugabe dann auf das ursprüngliche Maß zurückgeschnitten werden. Die Zugabe wird umgeschlagen, geheftet und mit Hexenstich (siehe Seite 49) angenäht.*

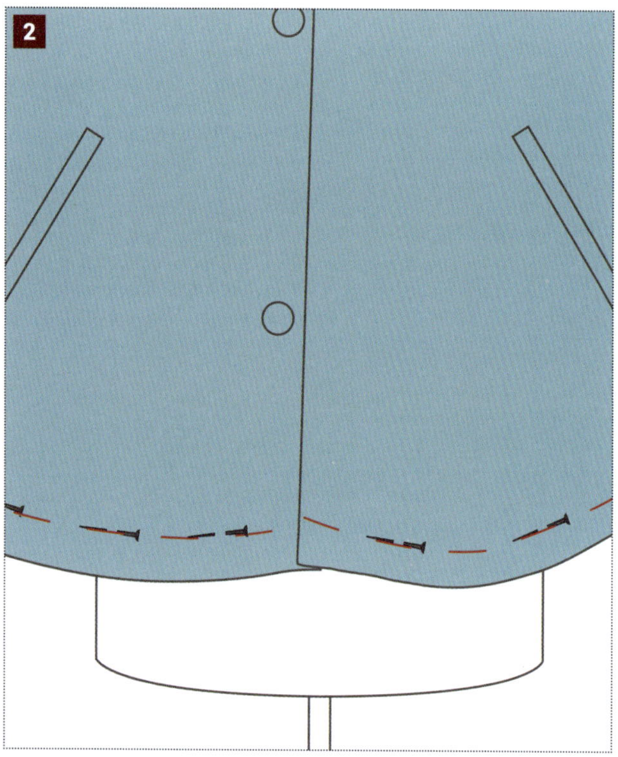

1 Das Cape anprobieren und den Saum begutachten. An einer im geraden Fadenlauf geschnittenen Stelle, beispielsweise in der vorderen Mitte, mit einer Schneiderelle vom Boden aus die Saumlänge messen. An verschiedenen Stellen vorne, seitlich und hinten dasselbe Maß vom Boden aus gerade nach oben messen und mit Stecknadeln markieren. An dem jeweiligen Abstand der Stecknadeln zum Saum ist jetzt zu erkennen, wo das Cape ausgedehnt ist.

2 Mit groben Heftstichen den Oberstoff an der gesteckten Linie markieren, dann die Nadeln herausziehen. Das Cape am besten am Träger oder an einer Schneiderbüste stecken, weil sich der Stoff anders verhält, wenn er auf der Arbeitsfläche liegt.

TIPP *Je mehr Teilungsnähte ein Cape hat, desto stärker tendiert der Saum dazu, allmählich ungleichmäßig zu werden. Prüfen Sie jedes Schnittteil sorgfältig auf ausgedehnte Partien. Kontrollieren Sie auch die Längsnähte im schrägen Fadenlauf. Diese halten der Zugspannung durch das Gewicht manchmal nicht stand und reißen. Wenn das Cape aus locker gewebtem Stoff genäht ist, neigt es zum Ausdehnen, da sich die Gewebefäden besonders leicht verschieben.*

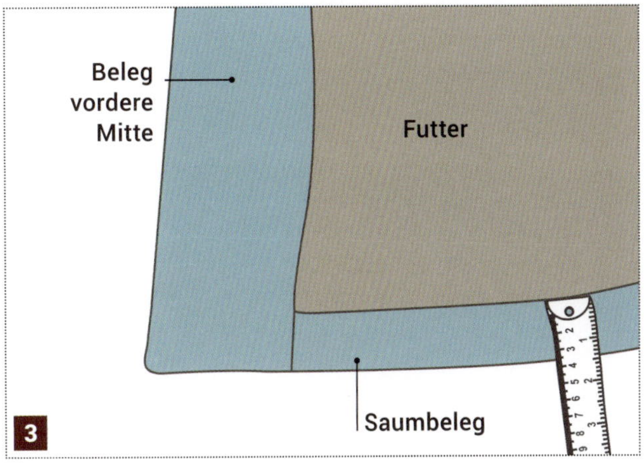

3 Das Cape mit der Innenseite nach oben auf die Arbeitsfläche legen. Den Abstand zwischen der Futternaht und der Saumkante messen und notieren.

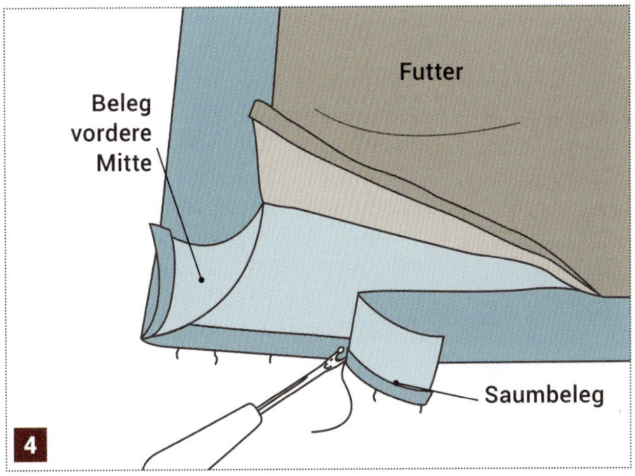

4 Am Saum die Belege der vorderen Mitte so weit abtrennen, dass der Saumbeleg freiliegt. Rundherum das Futter und den Oberstoff vom Saumbeleg abtrennen, damit die Lagen voneinander getrennt sind.

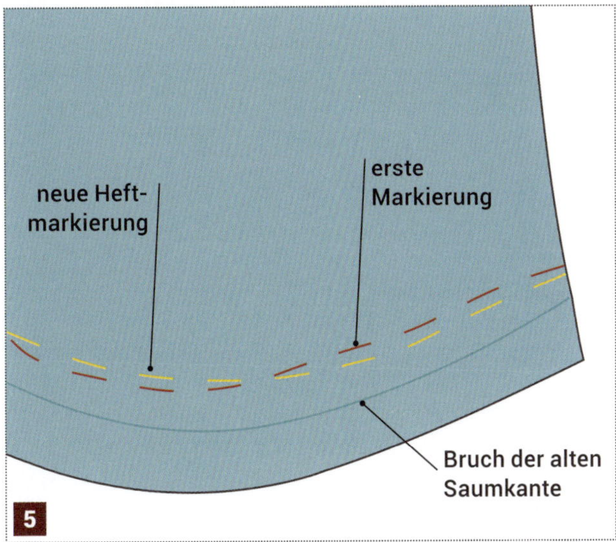

5 Das Cape mit der Außenseite nach oben auflegen. Mit dem bei Schritt 1 gemessenen Abständen die grob geheftete Markierung von Schritt 2 am gesamten Saum nach und nach gleichmäßig abmessen und gerade nachheften. Die Länge des Capes an der Schneiderbüste oder dem Träger erneut prüfen.

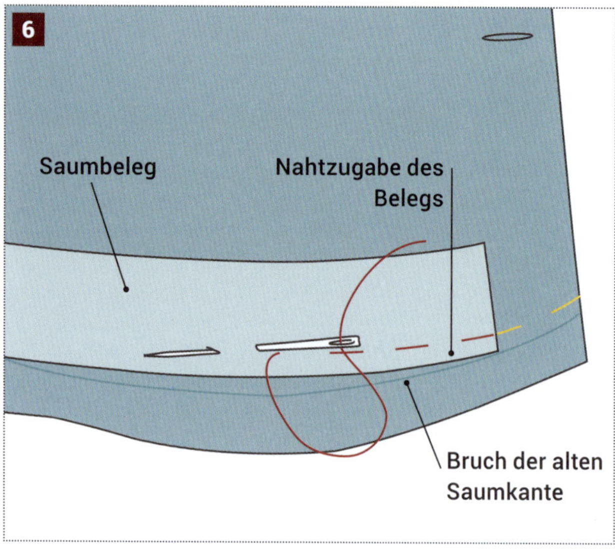

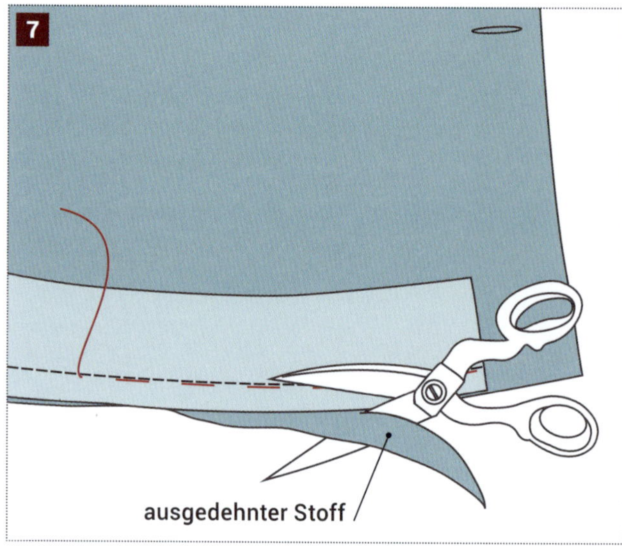

6 Den Saumbeleg rechts auf rechts mit der Nahtlinie auf die neue Heftlinie im Oberstoff legen. Den Beleg rundherum an das Cape heften.

7 Den Beleg mit der Nähmaschine exakt in der neuen Heftlinie annähen. Die Nahtzugabe des Oberstoffs gleichmäßig bis zur Nahtzugabe des Belegs zurückschneiden. Die Heftfäden herausziehen.

8 Den Beleg auffalten (**a**) und genau an der Nahtlinie nach innen umschlagen. Die Nahtzugaben von Beleg und Oberstoff sind jetzt eingeschlossen und die Nahtkante bildet den Saumabschluss. Diesen sorgfältig von links ausbügeln (**b**).

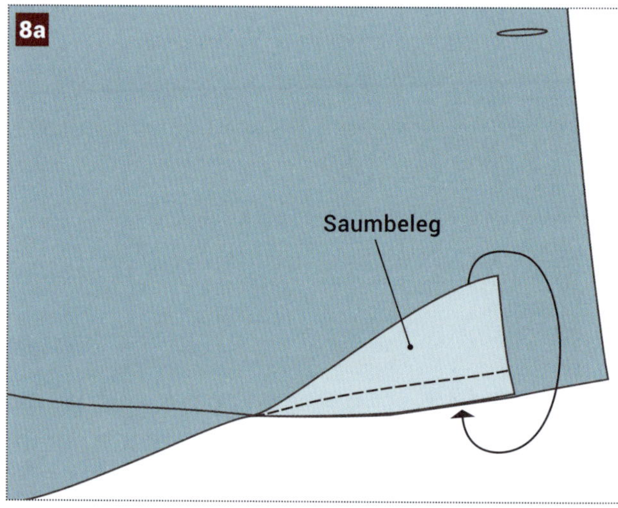

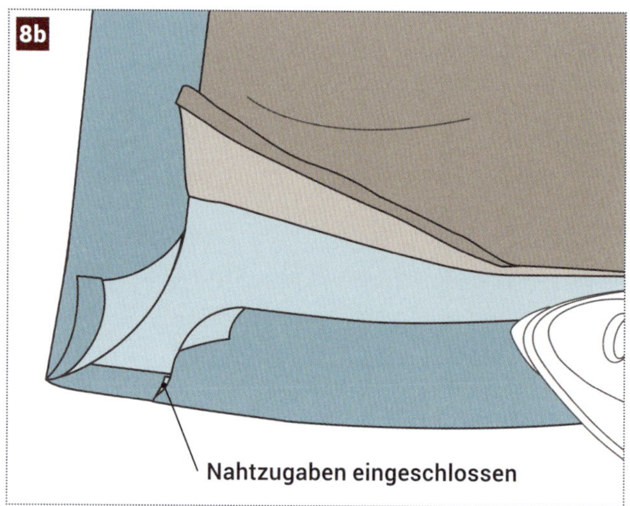

TIPP

Damit der Saumabschluss eine exakte Kante erhält, kann der Beleg vor dem Verstürzen des Saums mit leichter oder mittlerer Bügeleinlage im schrägen Fadenlauf verstärkt werden.

9

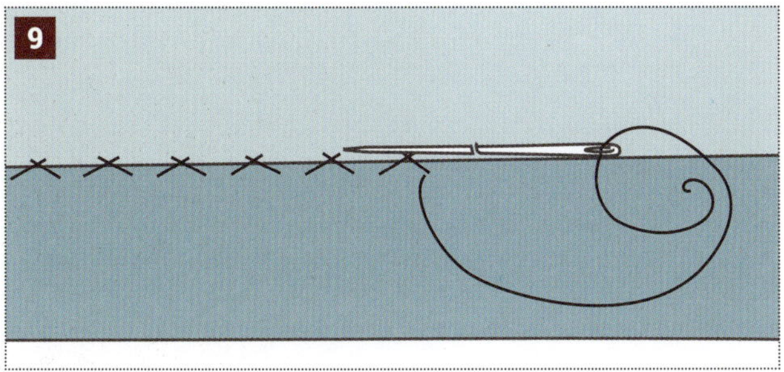

10

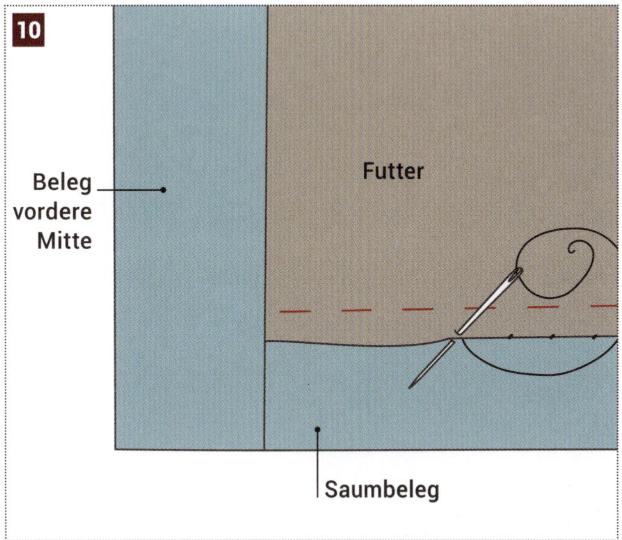

TIPP

Futterstoff und Oberstoff verschieben sich beim Tragen eines Capes stark gegeneinander, daher wird das Futter oft separat gesäumt und nur an den Seiten locker mit dem Oberstoff verbunden.

9 Den Saumbeleg mit Hexenstich (siehe Seite 49) von innen an den Oberstoff nähen. Dieser Handstich ist für einen schräg geschnittenen runden Saum am besten geeignet, weil sich dieser beim Tragen dehnen kann, ohne dass die Naht reißt.

10 Die Belege in der vorderen Mitte am Saum wieder in der Originalposition mit Saumstich (siehe Seite 49) annähen. Das Cape anprobieren und die Futterlänge prüfen, dabei soll das Futter locker herunterhängen. Die Nähte deckungsgleich legen und das Futter an mehreren Stellen feststecken, den Überschuss abschneiden. Das Futter an der Unterkante umschlagen und mit dem bei Schritt 3 notierten Abstand an den Beleg heften und mit Saumstich annähen.

11

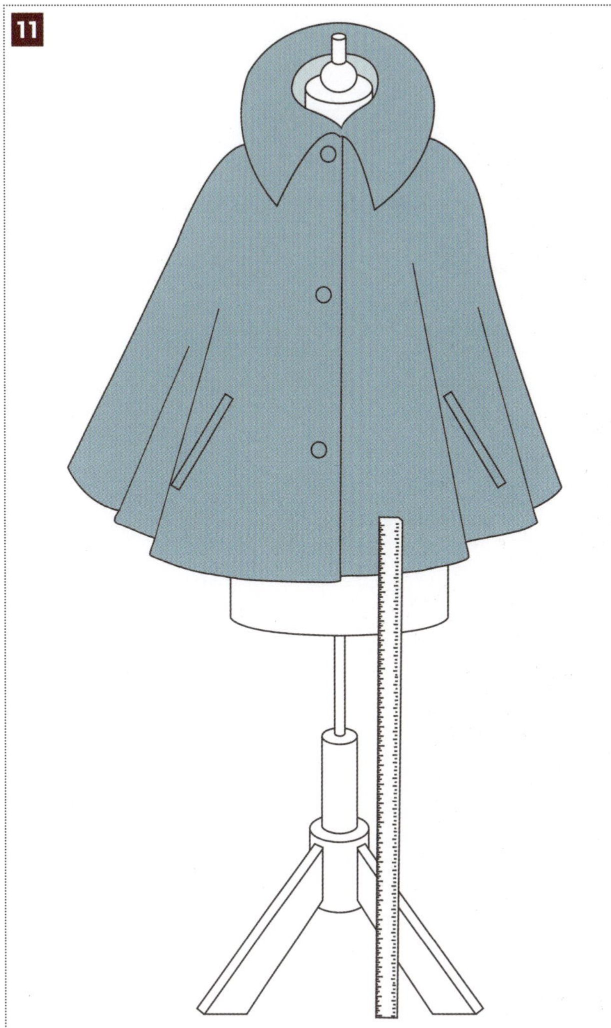

11 Die Saumkante bügeln. Heftfäden und lose Fäden entfernen. Bei einer Anprobe den Saum noch einmal begutachten. Den Abstand vom Boden bis zur Saumkante erneut mit einer Schneiderelle prüfen (siehe Schritt 1). Das Kleidungsstück soll, je nach Schnitt, in der Regel rundherum die gleiche Länge haben. Das Cape abschließend bügeln.

KAPITEL ACHT

KRAWATTEN/ FLIEGEN/WESTEN

In diesem Kapitel sind drei wichtige Elemente der männlichen Garderobe versammelt: Ein Anzug ist nicht vollständig ohne eine farbige Krawatte, sie verleiht dem Träger eine persönliche Note. Ein wichtiges Accessoire für einen Smoking oder einen Frack ist die Fliege. Zum Smoking sollte sie schwarz oder gedeckt farbig sein, zum Frack weiß. Und schließlich die bewährte Weste, die bis heute ihren Platz behauptet, wenn auch überwiegend als Bestandteil der männlichen Hochzeitsgarderobe.

Gelöste Krawattennaht schließen

Die Krawatte besteht im Grunde aus einem schmalen schräg geschnittenen Stoffstreifen. Sie passt sich in Länge und Form an die jeweiligen Trends an und ist nie ganz aus der Mode gekommen. Muster und Farben von Krawatten können für die Zugehörigkeit zu einer Gruppe stehen, wie in England, wo sie bestimmten Schulen, Universitäten und Clubs zugeordnet werden. Zum Glück lässt sich bei diesem Teil eine gelöste Naht wieder leicht schließen.

1

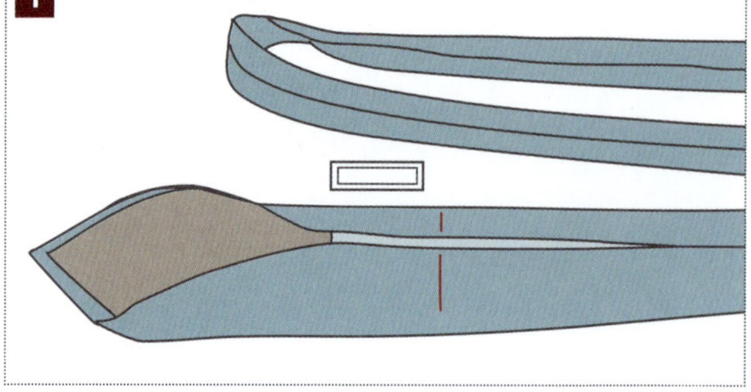

1 Zu beiden Seiten der Mittelnaht auf der Innenseite die Position des Etiketts mit kleinen Heftstichen markieren. Anschließend das Etikett abtrennen.

2

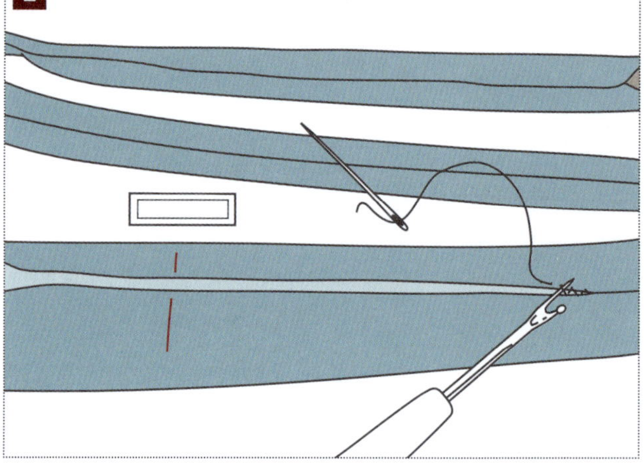

2 Wenn sich die Naht an einem Krawattenende gelockert hat, den Faden an der Naht vorsichtig weiter lösen, bis er zum Einfädeln lang genug ist (siehe auch Tipp). Den Faden vernähen, um die Naht zu sichern.

TIPP *Wenn sich die Naht in der Mitte gelöst hat, muss sie ganz aufgetrennt und neu genäht werden. Damit eine ausgedehnte Krawatte wieder leicht in Form gebracht werden kann, wird die Naht am besten mit einem fortlaufenden Faden genäht.*

3

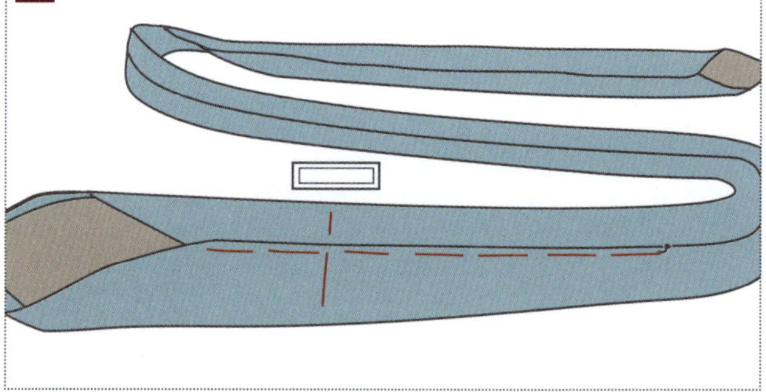

3 Die Naht bis zum Ende heften, gegebenenfalls auf einen korrekten Musterverlauf achten. In diesem Beispiel endet sie bereits 5 cm vor der verstürzten Ecke auf der Rückseite der Krawatte.

4 Einen langen Faden in passender Farbe einfädeln und die Naht von Hand mit einem etwa 2 cm langen Saumstich (siehe Seite 49) schließen. Dabei die Naht an den Enden 5 cm offen lassen, je nach ursprünglicher Verarbeitung. Den Faden vernähen, verknoten und abschneiden. An Anfang und Ende der Naht jeweils einen Querriegel mit Überwendlichstich (siehe Seite 48) nähen und die Riegel mit Zierstich überfangen (siehe Box unten). Die Riegel nur durch die Lagen auf der Rückseite der Krawatte nähen, die Vorderseite darf nicht erfasst werden. Durch die Riegel lässt sich die Krawatte wieder in Form ziehen, wenn sie versehentlich auseinandergezogen wurde.

5 Die Heftfäden herausziehen. Das Etikett vorsichtig wieder an der markierten Position aufnähen.

4

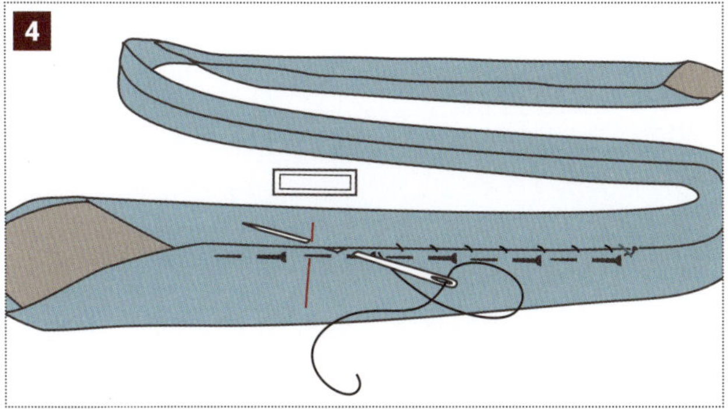

5

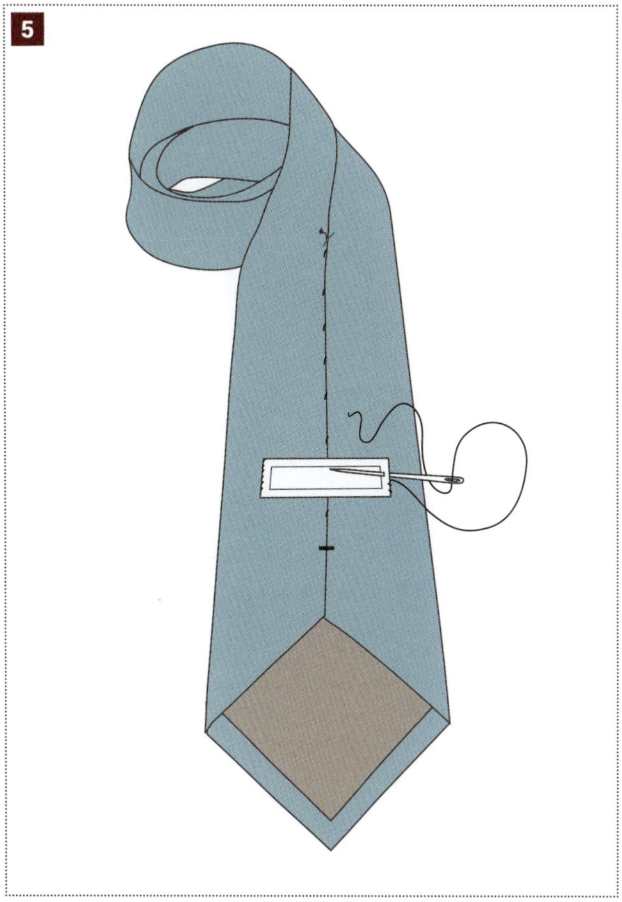

ZIERRIEGEL AN DEN KRAWATTENENDEN

Eine hochwertige Krawatte ist mit einem fortlaufenden Faden mit Saumstich genäht und hat am oberen und unteren Ende einen Zierriegel. Für diesen wird der Faden mehrmals an der gleichen Stelle quer über die Naht gespannt. Die vorgespannten Fäden werden eng mit einem feinen Schlingstich (siehe Seite 48) überfangen und bilden dann einen kleinen Riegel. Er rundet die fachgerechte Verarbeitung der Krawatte ab.

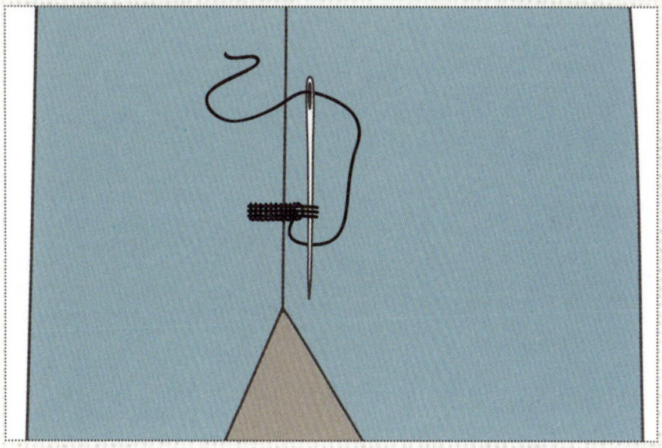

Ausgedehnte Krawatte ausbessern

Wenn Krawatten häufig geknotet werden, dehnen sie sich durch den Schrägschnitt mit der Zeit aus. Schließlich ist die Krawatte dann einige Zentimeter länger und schmaler als im Neuzustand. In diesem Fall kann die Einlage ergänzt werden, damit die Krawatte wieder gut fällt. Die Maßnahme ist aufwendig, doch das Ergebnis kann sich sehen lassen.

1 Alle Etiketten auf der Rückseite abtrennen. Die Mittelnaht vollständig auftrennen und die Krawatte auffalten, sodass die Gewebeeinlage zum Vorschein kommt. Die Krawatte mit Dampf einbügeln.

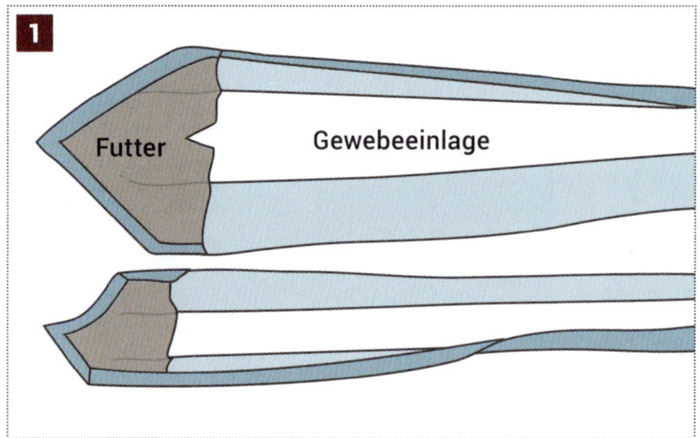

2 Die schmale und die breite Spitze der Einlage unter dem Futter hervorziehen und den Längenunterschied zwischen Krawatte und Einlage messen. Die Krawatte dehnt sich stärker aus als die Einlage.

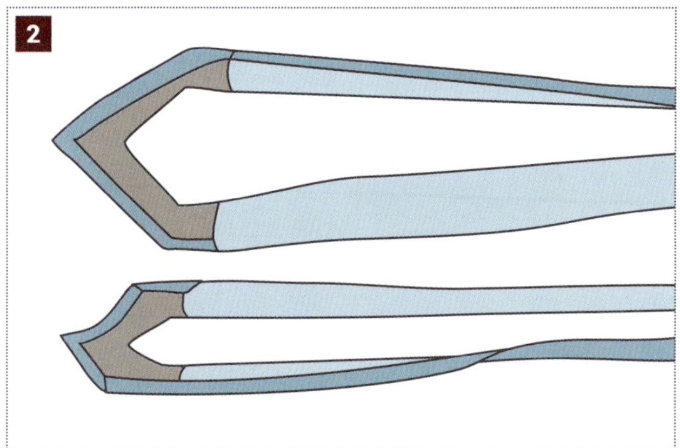

3 Die Enden der Einlage wieder zwischen Futter und Krawattenstoff stecken und bis in die Spitze schieben. Mit kontrastfarbenem Garn die Einlage mit Heftstichen fixieren, am breiten Krawattenende beginnen.

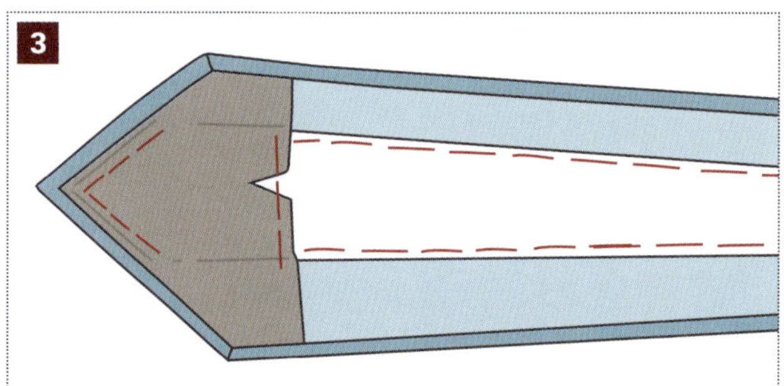

4 Die Einlage nach und nach zum schmalen Ende hin festheften. Dort 5 cm der Einlage lose lassen und die Spitze der Einlage gerade abschneiden. Die Länge des Krawattenteils von der begradigten Einlage bis zur schmalen Krawattenspitze messen, 1 cm Nahtzugabe hinzurechnen und das Maß notieren. Die Breite der Einlage messen und ebenfalls notieren.

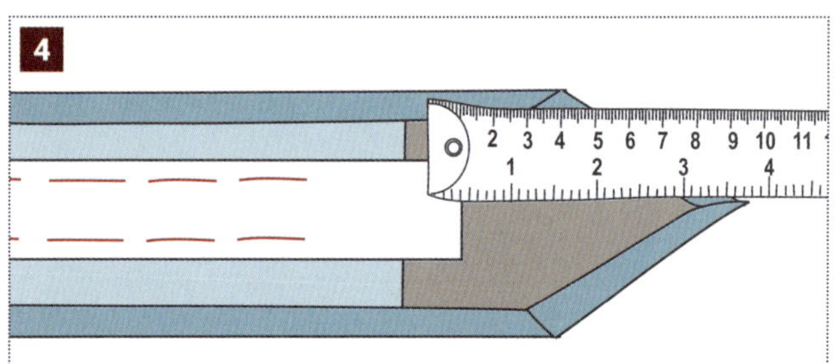

TIPP *Es empfiehlt sich, die Gewebeeinlage am schmaleren Ende anzusetzen, damit das sichtbare breite Ende keine unschönen Verdickungen aufweist und sich die Krawatte nach wie vor gut knoten lässt.*

5 Eine ähnliche Einlage wie die vorhandene verwenden und darauf ein Rechteck im schrägen Fadenlauf (siehe Seite 58) mit den Maßen von Schritt 4 zeichnen. Das Ansatzstück dann zuschneiden.

6 Das Ansatzstück auf das Ende der ursprünglichen Einlage legen und mit einer 1 cm breiten Naht annähen. Die Nahtzugaben auseinanderbügeln.

7 Die Krawatte mit der rechten Stoffseite nach oben auflegen. Den Umriss des schmalen Krawattenendes mit Kreide auf das Ansatzstück übertragen. Den Überschuss an der Kreidemarkierung abschneiden. Die verlängerte Einlage zwischen Futter und Oberstoff in die schmale Spitze der Krawatte schieben.

8 Die Mittelnaht mit Stecknadeln fixieren und mit 2 cm langem Saumstich (siehe Seite 49) in einer passenden Garnfarbe schließen, dabei an beiden Enden jeweils 5 cm offen lassen. Die Nahtenden mit einem Zierriegel sichern (siehe Box, Seite 163), dabei nur durch die Lagen auf der Rückseite der Krawatte nähen, die Vorderseite darf nicht erfasst werden. Auf diese Weise lässt sich die Krawatte wieder in Form ziehen, wenn sie versehentlich auseinandergezogen wurde. Das Etikett wieder annähen und die Heftfäden herausziehen. Die Krawatte vorsichtig bügeln.

5

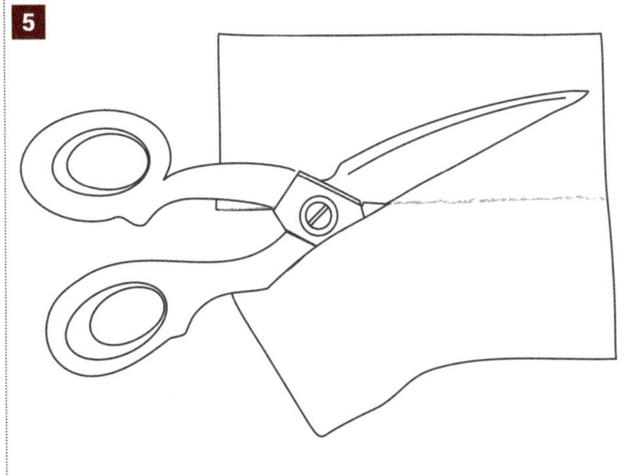

6

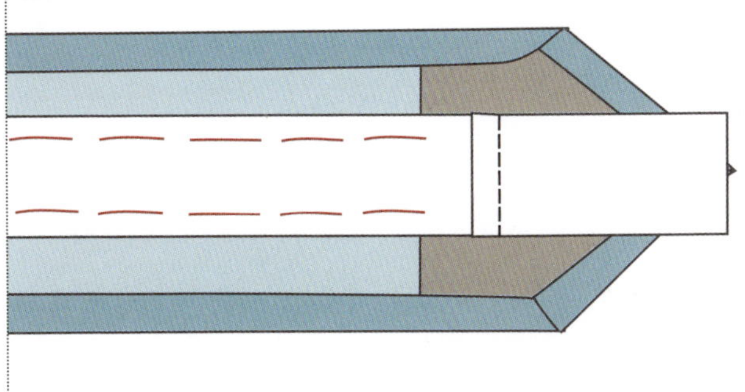

7

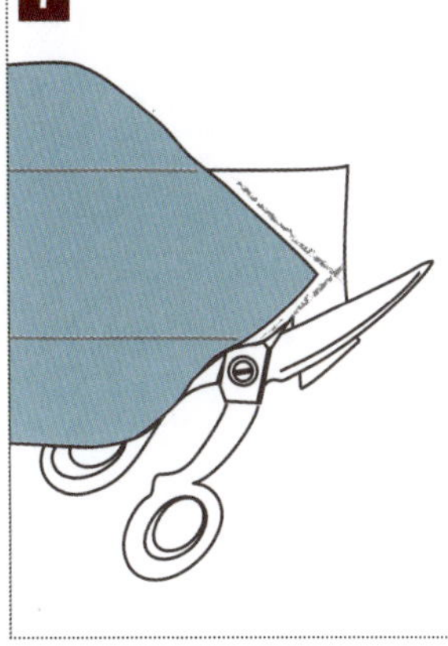

8

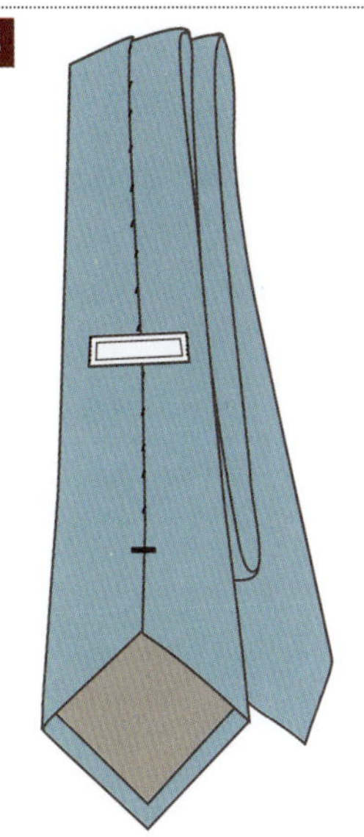

Fliegenband verlängern

Anhand dieser Anleitung können Sie das Band einer vorgebundenen Fliege verlängern. Bei solchen Modellen ist das Band mit einer verstellbaren Schnalle in der Mitte eingezogen. Auch ein Kummerbund wird meist mit einem ähnlichen Band in der Weite verstellt, er lässt sich auf die gleiche Weise wie das Fliegenband anpassen.

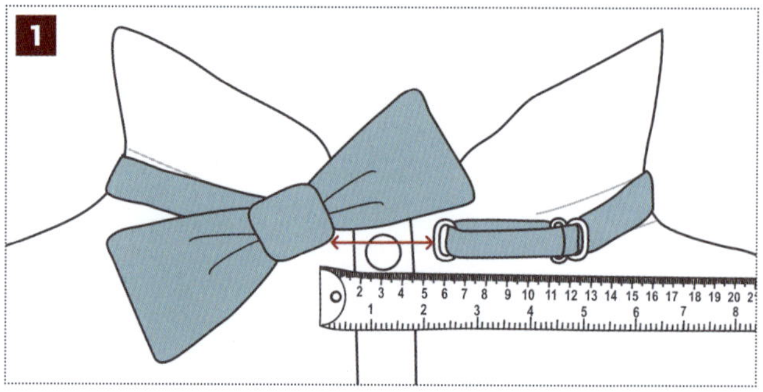

1 Die Länge des Fliegenbands bei einer Anprobe begutachten. Wenn es zum Schließen zu kurz ist, mit der Schnalle zunächst so weit wie möglich verlängern. Wenn das Band immer noch zu kurz ist, muss es mit einem zusätzlichen Stoffstück verlängert werden. Die Lücke zwischen der Öse am Band und dem Haken an der Fliege messen und den Betrag notieren.

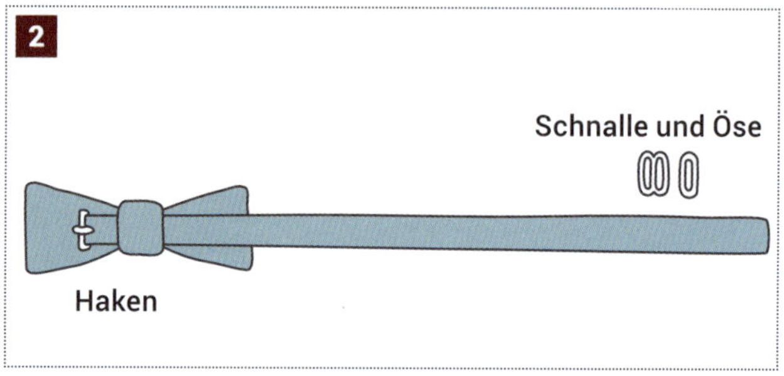

2 Die Fliege mit der Innenseite nach oben auflegen. Die Bandlänge messen und das bei Schritt 1 notierte Maß hinzurechnen, um die neue Länge zu erhalten. Das Bandende auftrennen, die Öse und die Schnalle abziehen und beiseitelegen. Das Band bügeln.

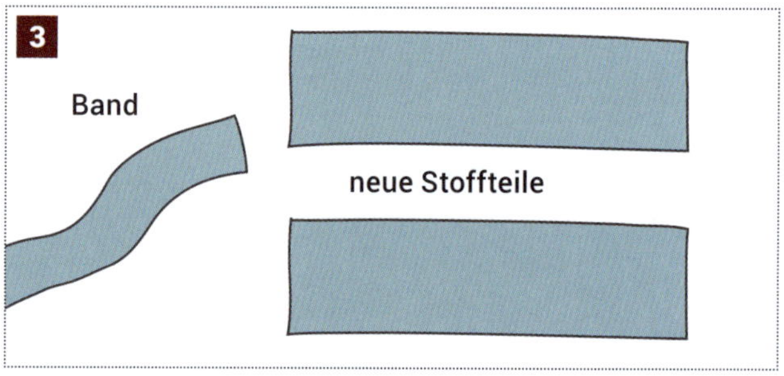

3 Wenn nur ein sehr kurzes Stück Band fehlt, kann ein Stück Stoff am Ende angesetzt werden. Es sollte in Struktur und Farbe dem restlichen Band entprechen. Ist dies nicht möglich, siehe nebenstehenden Tipp. Die Breite des Bands messen und 1 cm Nahtzugabe hinzurechnen. Mit diesem Maß als Breite und der bei Schritt 2 gemessenen Länge plus 2,5 cm Nahtzugabe zwei Stoffstreifen zuschneiden.

TIPP *Wenn ein sehr langes Stück fehlt oder Sie keinen entsprechenden Stoff in der gleichen Farbe finden, können Sie auch das gesamte Band austauschen. Fertigen Sie das neue Band in der gleichen Breite wie das ursprüngliche und ziehen Sie es auf die gleiche Weise in die Fliege ein.*

4 Die beiden Streifen rechts auf rechts aufeinanderlegen und an den langen Kanten mit 5 mm Nahtzugabe zusammennähen. Das Teil durch eines der beiden kurzen Enden wenden und flachbügeln.

5 Die offenen Stoffkanten des Ansatzstücks auf beiden Seiten 1,25 cm nach innen umschlagen und ein Ende mit kleinen Handstichen schließen. Das andere Ende des Ansatzstücks über das Band stülpen und mit farblich passendem Garn annähen. Wenn das angesetzte Teil weniger auffallen soll, dieses in der hinteren Mitte einsetzen, dazu das Band an der entsprechenden Stelle durchschneiden.

6 Die Öse mit feinen Handstichen wieder an das Bandende annähen. Da es keine Mehrlänge zum Verstellen mehr gibt, muss die Schnalle nicht wieder aufgezogen werden, es sei denn, sie soll für eine mögliche spätere Änderung zur Verfügung stehen.

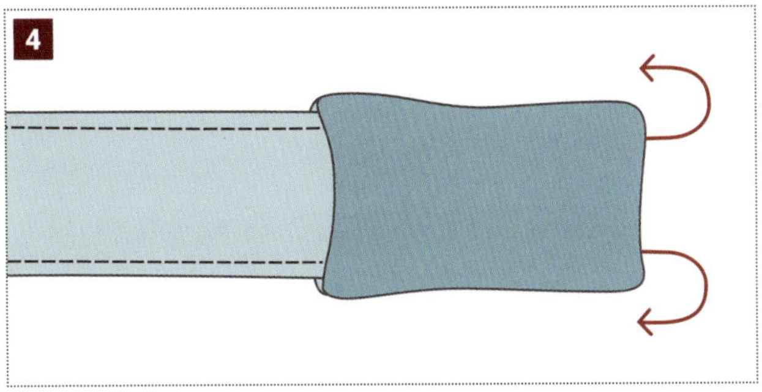

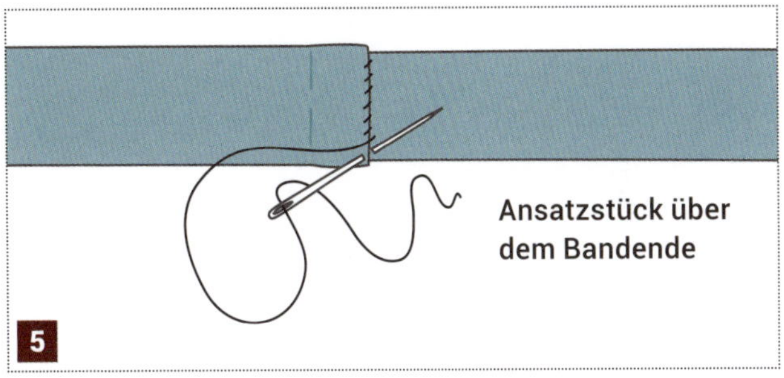

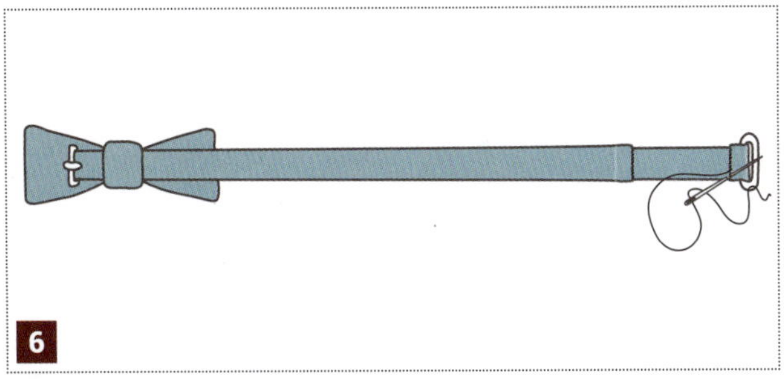

FLIEGENBAND KÜRZEN

Versuchen Sie, das Band mithilfe der Verstellschnalle so weit wie möglich enger zu schieben. Wenn das nicht ausreicht oder es dadurch zu dick wird, muss das Band gekürzt werden. Messen Sie bei einer Anprobe, wie viel Stoff abgeschnitten werden muss. Trennen Sie das Bandende auf, ziehen Sie Öse und Schnalle ab und legen Sie beide beiseite. Heften Sie eine Markierung mit dem gemessenen Abstand an einem Bandende, fügen Sie 1 cm Zugabe hinzu und schneiden Sie das restliche Band ab. Befestigen Sie die Schnalle und den Haken wieder in der ursprünglichen Position, schlagen Sie das Bandende um und nähen Sie es fest.

Weste an den Seitennähten ändern

Unter anderem als Wams gehört die Weste schon seit Jahrhunderten zur männlichen Oberbekleidung. Im Lauf der Zeit und je nach Gesellschaftsschicht trug man stark verzierte und schlichte Varianten, lange, kurze, einfache und aufwendige Westen. Heute liegt dieses Kleidungsstück wieder im Trend, wobei es bisher eher Bestandteil von eleganten Anzügen war, die bei besonderen Anlässen wie Hochzeiten getragen werden. Bei der folgenden Anleitung wird eine Weste an den Seitennähten enger gemacht.

1 Die Weste anprobieren und die Passform prüfen. Wenn die geschlossene Weste zu locker sitzt, den überschüssigen Stoff an den Seitennähten abstecken. Die Weste auf die Arbeitsfläche legen.

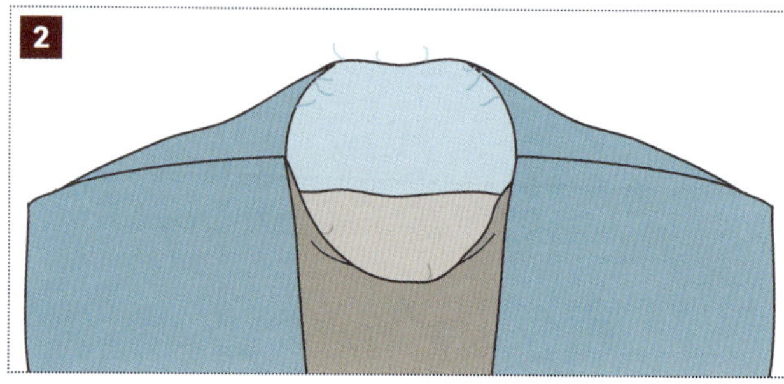

2 Die meisten Westen sind gefüttert, wobei der Halsausschnitt entweder direkt mit dem Futter oder mit einem Beleg verstürzt ist. Den Halsausschnitt auftrennen, bis das Futter oder der Beleg in diesem Bereich vom Oberstoff gelöst ist. So lässt sich im nächsten Schritt die Weste nach links wenden.

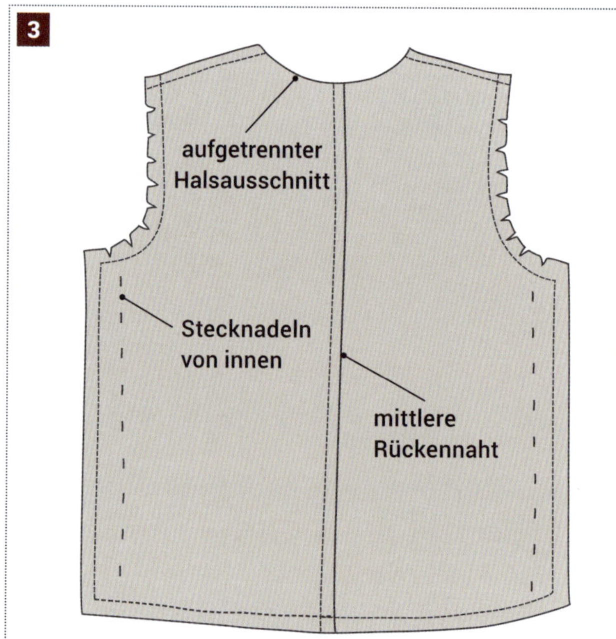

rückwärtiges Futterteil von links

3 Alle Knöpfe öffnen und die Weste flach ausbreiten. Mit einer Hand am Halsausschnitt zwischen die beiden Lagen nach innen greifen und den Saum der Weste fassen. Die Weste auf diese Weise durch den Halsausschnitt zur linken Stoffseite wenden. Der Futterstoff liegt jetzt mit der linken Seite außen. Je nach Verarbeitung der Weste müssen die Seitennähte von Oberstoff und Futter getrennt wie folgt enger genäht werden. Dabei müssen eventuell auch der Saum und die Achsel ein Stück aufgetrennt werden.

4 Die Stecknadelmarkierungen von Schritt 1 mit Kreide nachziehen. Dann die Nadeln herausnehmen. An mehreren Stellen den Abstand zwischen den ursprünglichen Seitennähten und der Kreidelinie markieren und einen Durchschnittswert errechnen. Dieses Maß nach innen versetzt (die Weste soll enger werden) exakt mit Kreide anzeichnen.

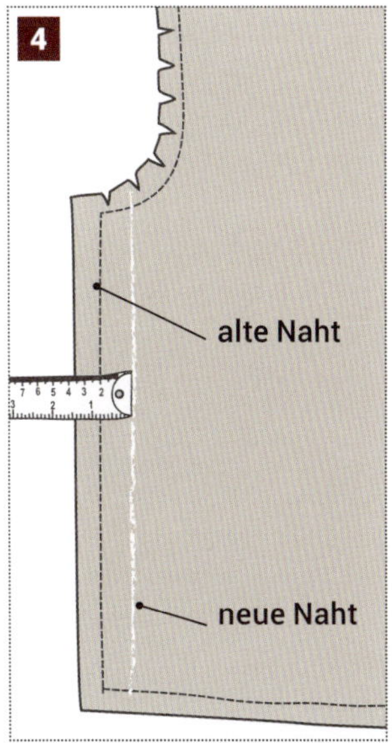

5 Die Nähte mit der Nähmaschine an den Kreidelinien abnähen. Anfang und Ende mit Rückstichen sichern. Die ursprünglichen Seitennähte auftrennen. Wenn die Nahtzugaben auftragen, diese zurückschneiden. Die Nahtzugaben auseinanderbügeln.

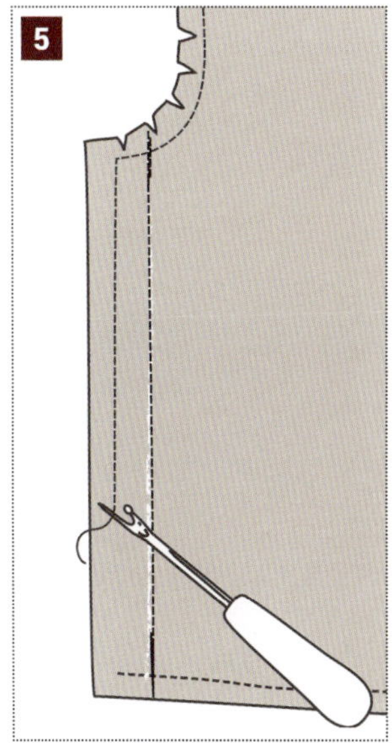

6 Lose Fäden entfernen. Die Weste wieder nach rechts wenden. Die Seitennähte bügeln.

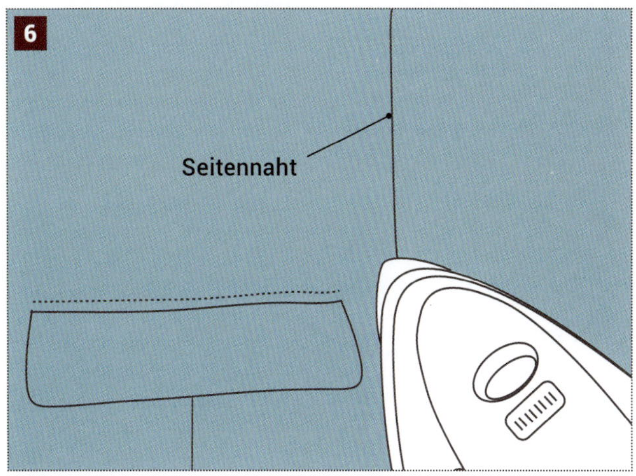

7 Die Nahtzugabe des Futters am Halsausschnitt wieder im ursprünglichen Bruch umschlagen. Das Futter anheften und mit Saumstich (siehe Seite 49) annähen. An dickeren Stellen zusätzlich einen Steh- stich (siehe Seite 49) verwenden, dieser hält die Lagen zusammen und das Futter kann am Halsausschnitt nicht hervorrutschen. Die Heftfäden herausziehen und die Weste abschließend bügeln.

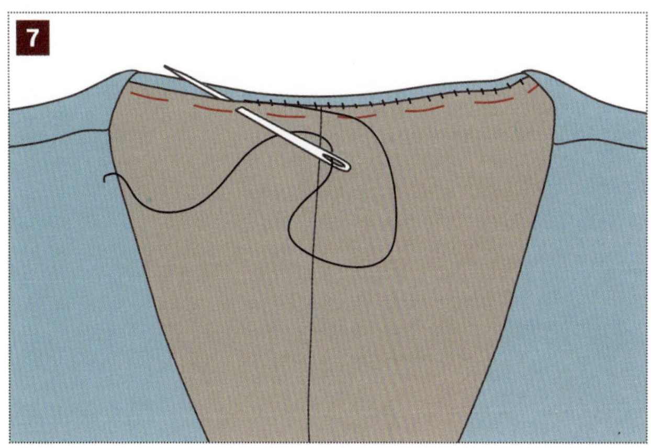

TIPP

Mit der gleichen Methode kann eine Weste an den Seitennähten auch weiter gemacht werden, jedoch nur, wenn die Nahtzugaben breit genug sind. Die neue Naht wird dann allerdings nicht innerhalb, sondern außerhalb der alten abgenäht und diese anschließend aufgetrennt, um die Weste zu erweitern.

Glossar

Abnähen
Ein Kleidungsstück an den Nähten, Abnähern oder Falten enger machen.

Abnäher
Meist dreiecksförmig abgenähte Falten in einem Kleidungsstück. Sie finden sich typischerweise an Brust und Taille und dienen dazu, das Kleidungsstück enger an den Körper anzuformen.

Auszacken
Das Versäubern einer Kante durch Abschneiden mit einer Zackenschere.

Beleg
Ein Streifen aus dem Oberstoff in der gleichen Form wie das Schnittteil, mit dem es verstürzt wird, beispielsweise an einem Halsausschnitt.

Bügeltuch
Ein rechteckiges Stück Baumwollstoff, das beim Bügeln als Schutz auf empfindliche Stoffe gelegt wird. Bei Samt wird ein Stück des gleichen Stoffs Flor auf Flor auf das zu bügelnde Teil gelegt.

Falte
In einen Bruch gelegter Stoffbereich.

Flor
Hochstehende Faserenden bei Stoffen wie Samt, Cord oder Pelz.

Futter
Leichter Stoff auf der Innenseite eines Kleidungsstücks im gleichen Schnitt wie der Oberstoff. Das Futter deckt die Nahtzugaben ab und bewirkt, das das Kleidungsstück besser fällt und somit mehr Tragekomfort bietet. Futter kann auch eine wärmende Funktion haben.

Garnriegel
Am Beginn und Ende einer Naht dicht genähte Zierstiche, die quer zu dieser verlaufen; häufig zu finden bei Krawatten und Schlitzen.

Gegenknopf
Ein Knopf auf der Innenseite eines Kleidungsstücks, um den Außenknopf zusätzlich zu sichern.

Genähter Knopfsteg
Lochknöpfe werden mit einem Steg zwischen Stoff und Knopf angenäht.

Gerader Fadenlauf
Die Stoffrichtung, die parallel zur Webkante verläuft.

Gewebeeinlage
Einlage aus natürlichen Fasern wie Baumwolle, Rosshaar, Wolle oder Flachs, zum Modellieren von Kleidung. Bei Sakkos wird diese Einlage zwischen Oberstoff und Futter eingearbeitet.

Handwerkliche Fertigung
Maßanfertigung von Kleidung, bei der mit Gewebeeinlage und besonderen Schneidertechniken ein gut sitzendes Kleidungsstück hergestellt wird.

Heftgarn
Garn, das nur zum Heften und Markieren von Nähten verwendet wird. Bei handwerklicher Fertigung wird in der Regel Heftgarn aus Baumwolle verwendet. Es ist leicht zu verarbeiten und gleichzeitig gut zu reißen, wenn die Heftnaht nicht mehr benötigt wird.

Heftnaht
Eine Naht aus langem Vorstich mit Heftgarn. Heftnähte werden bei handwerklicher Fertigung zum Zusammenfügen von Schnittteilen für Anproben und zum Markieren eingesetzt.

Herauslassen
Ein Kleidungsstück an den Nähten, Abnähern oder Falten weiter machen.

Kettfäden
Die Längsfäden bei Stoffen; sie verlaufen parallel zur Webkante.

Mehrweite
Zusätzliche Weite an bestimmten Schnittteilen, wie der Armkugel. Die Mehrweite sorgt für einen schönen Fall.

Nacken
Beim Maßnehmen der Bereich des unteren Halswirbels am Rücken.

Nahtzugabe
Der Abstand zwischen der Naht, die zwei Stoffteile verbindet, und der (versäuberten) Schnittkante.

Overlock-Nähmaschine
Haushalts- oder Industriemaschine mit drei bis fünf Fäden, die einen Schlingstich bilden, mit dem die Kanten einer Nahtzugabe eingefasst werden, damit sie nicht ausfransen. Eine Overlock-Nähmaschine wird zum Versäubern, Säumen und Nähen verwendet.

Plissee
In Falten gelegter und fixierter Stoff.

Saumzugabe
Stoffzugabe am Saum eines Kleidungsstücks, damit dieser befestigt werden kann. Die Saumzugabe lässt sich herauslassen, um das Kleidungsstück zu verlängern, oder auch für Änderungen an anderer Stelle nutzen.

Schrägband
Ein Stoffstreifen, der im 45-Grad-Winkel zur Webkante zugeschnitten ist. Schrägband wird zum Einfassen von offenen Schnittkanten verwendet.

Schrägfadenlauf
Die Stoffrichtung im 45-Grad-Winkel zur Webkante. Kleidung kann im schrägen Fadenlauf zugeschnitten werden, damit sie leicht elastisch wird und sich dem Körper besser anschmiegt.

Schussfäden
Die Querfäden bei Stoffen; sie verlaufen senkrecht zur Webkante.

Staffierstich
Ein Handstich, der bei der handwerklichen Fertigung meist zum Annähen von Säumen verwendet wird.

Strichrichtung/Strich
Damit wird die Textur von Stoffen mit Flor wie Cord oder Samt bezeichnet. Ein Stoff ohne Strich hat in alle Richtungen die gleiche optische Wirkung. Ein Stoff mit Strich wirkt je nach Richtung heller oder dunkler. Deshalb müssen bei diesem alle Teile in einer Richtung zugeschnitten werden.

Taillenbund
Ein Stoffstreifen, der an die Oberkante eines Rocks oder einer Hose genäht wird, damit diese in der Taille fest abschließen und passend sitzen.

Vintage-Kleidung
Hochwertige Kleidung aus früheren Jahrzehnten. Ursprünglich zählten dazu Kleidungsstücke, die älter als 20 Jahre waren, heute wird der Begriff auch für jüngere Modeteile verwendet.

Vlieseinlage
Vliesstoff mit und ohne Schmelzkleber-Beschichtung zur Versteifung oder zur leichten Stabilisierung von Stoffen. Unbeschichtete Vlieseinlage wird eingenäht, beschichtete aufgebügelt.

Webkante
Die beiden Längskanten eines Stoffs, an denen dieser geschlossen ist.

Zurückspringen
Der Effekt, wenn ein Kleidungsstück kürzer gemacht wurde und der Stoff durch das geringere Gewicht noch weiter nach oben springt.

Zwickel
1 Das Schrittfutter in Unterwäsche.
2 Ein Stoffstück, das in eine Naht eingesetzt wird; häufig an der Achsel eingenäht, um den Armen mehr Bewegungsspielraum zu bieten.

Bezugsquellen

Kurzwaren und Nähzubehör

Gerstäcker
Deutschland: www.gerstaecker.de
Schweiz: www.gerstaecker.ch
Österreich: www.gerstaecker.at
Nähzubehör

Buttinette
www.basteln-buttinette.com
Großes Angebot an Stoffen, Schnittmustern und Kurzwaren

Der rote Faden
www.der-rote-Faden.de
Stoffe und Schneidereibedarf

Je suis à croquer
www.jesuisacroquer.ch
Kurzwaren und Stoffe

Kurzwarenland
www.kurzwarenland.de
Kurzwaren, Bänder und Stoffe

Meine Stoffe
www.meine-stoffe.de
Hochwertige Kurzwaren und Nähzubehör

Mercerie
www.mercerie-onlineshop.ch
Hochwertige Kurzwaren und Nähzubehör

Nähkaufhaus
www.naehkaufhaus.de
Onlineshop für kreatives Handwerk

Stoffe
www.stoffe.de
Großes Angebot an Stoffen, Schnittmustern und Kurzwaren

Stoffe Hemmers
www.stoffe-hemmers.de
Stoffe und Zubehör

Tappert Schneidereibedarf
www.tappert-kurzwaren.de
Kurzwaren und Einlagen

Wien 2002
www.wien2002.at
Stoffe und Zubehör

Plisseeanstalten

Gießmann Plissee
www.giessmann-plissee.de

Plissee Becker
www.plissee-becker.de

Plissee Lassner
www.lassner-plissee.de

Magazine

Burda Style
www.burdastyle.de
Schnittmuster, Mode-News und Näh-Community

Selvedge
www.selvedge.org
Journal zu Textilien & Co.

Vogue
www.vogue.de
Mode-News und Trends

Literatur

Die neue burda style Nähschule: Basics und Profi-Tipps rund ums Nähen *(Bassermann, 2017)*
Nähtechniken Schritt für Schritt erklärt

500 Elemente des Modedesigns – Formen, Stile, Stoffe
Travers-Spencer, Simon / Zaman, Zarida (Haupt, 2010)
Ein wertvolles Nachschlagewerk für alle, die gerne Kleider entwerfen, schneidern und nähen und sich für Modedesign interessieren.

Mode machen – Entwirf und nähe deine eigene Mode
Barbe, Josephine (Haupt, 2015)
Upcyceln von gebrauchter Kleidung

Nähen perfekt – Die Grundlagen sauberen Nähens
Mizuno, Yoshiko (Stiebner, 2015)
Alles zu den grundlegenden Nähtechniken

Neues Leben für alte Kleider: Kleine, feine Nähprojekte
Derham, Constanze (Buchverlag für die Frau, 2015)
Konfektionskleidung kreativ umarbeiten

Professionell schneidern – Die Verarbeitungstechniken Schritt für Schritt
Maynard, Lynda (Haupt, 2012)
Schritt für Schritt die Grundlagen der Schneiderkunst erlernen

ReDesign – Neues nähen aus alten Kleidern
Frau Jona&son (Haupt, 2016)
Mode in individuellem Design aus alter Kleidung gestalten

schneiden, tauschen, nähen – Neues aus gebrauchten Kleidungsstücken
Graziano, Saphira (Haupt, 2015)
Viele Anregungen, wie die bestehende Garderobe in eine neue verwandelt werden kann.

Schnittkonstruktion in der Mode – Die Extras: Ändern & Aufwerten von Kleidungsstücken
Gilewska, Teresa (Stiebner, 2012)
Nachschlagewerk zum Ausbessern, Anpassen und Abwandeln von Konfektionskleidung

Schnittvorlagen entwerfen und abwandeln
Barnfield, Jo (Haupt, 2014)
Grundlegendes zur Schnittanpassung

Danksagung

Dank der Autorin An Herrn Franck, der mich dazu ermutigt hat, den Vorschlag einzureichen und mit dem Schreiben dieses Buchs zu beginnen.

An das Team: Jonathan, Gerrie, Virginia, Gilda, Sara, Katie und Cath für ihre Geduld und Unterstützung während dieses Projekts.

An Fay, Mal und Lesley am Royal Opera House in London und an Sarah S. und die »Thththththth«-Gruppe.

An Sarah M. für das »zweite Paar Augen«, wenn meine müde geworden waren.

An meine treuen Unterstützer: Aimee, Daisy, Louis, Brian, Eunice, Karen E. und Rebecca.

An Jem (danke für die Kamera) und die Jungs.

Zu guter Letzt an meine Eltern, Geranise und Ignatius François, die mir ihr ganzes Wissen weitergegeben haben.

Bildnachweis Seite 1: Andrei Kuzmik/Shutterstock; Seite 2: sangkhom sangkakam/Shutterstock; Seite 7 *(oben links):* André-Adolphe-Eugène Disdéri (1819–1889); *(Mitte):* Gilda Pacitti/GMC Publications; *(unten):* Zeichnung von Jean Philippe Worth (1856–1926), frei zugänglich über Wikimedia Commons; Seite 8 *(Hintergrund):* NataLT/Shutterstock; *(Mitte):* Imp. J. Chéret (1876), frei zugänglich über Wikimedia Commons; Seite 9 *(oben links):* Kollektion Nr. 23-2-749, Artikel DD-TC-08 Div. Rare & Manuscript Collections, Cornell University Library; *(oben rechts):* National Archives and Records Administration/frei zugänglich über Wikimedia Commons; *(Mitte und unten links):* frei zugänglich; *(unten rechts):* Hallwyl Museum/ Jens Mohr/frei zugänglich über Wikimedia Commons; Seite 10 *(links):* Stockholm Transport Museum/Gunnar Ekelund; *(oben rechts):* The National Archives (Vereinigtes Königreich)/frei zugänglich über Wikimedia Commons; *(unten rechts):* Riksarkivet/Billedbladet NÅ/Arne S. Nielsen/National Archives of Norway; Seite 11: seyephoto/Shutterstock.com; Seite 12: Valentina Proskurina/Shutterstock; Seite 13: Roman Peregontsev/Shutterstock; Seite 14: GMC Publications; Seite 16 *(oben und unten):* Levent Konuk/Shutterstock; Seite 19: GMC Publications; Seite 20 *(oben):* art-foto/Shutterstock; *(unten):* Lonely Walker/Shutterstock; Seite 21: Gitanna/Shutterstock; Seite 22: artem_ka/Shutterstock; Seite 23: Sergey Nivens/Shutterstock; Seite 29 *(oben links):* triocean/Shutterstock; *(oben Mitte):* mypokcik/Shutterstock; *(oben rechts):* schankz/Shutterstock; *(Mitte links):* Tei Sinthip/Shutterstock; *(Mitte):* MoonBloom/Shutterstock; *(Mitte rechts):* Isara Kaenla/Shutterstock; *(unten links):* Dominique Landau/Shutterstock; *(unten links):* Dominique Landau/Shutterstock; *(unten Mitte):* siloto/Shutterstock; *(unten rechts):* pittawut/Shutterstock; Seite 31: MSPhotographic/Shutterstock; Seite 42: Hitdelight/Shutterstock; Seite 44: Vaclav Mach/Shutterstock; Seite 46: Ragne Kabanova/Shutterstock; Seite 52–53: Gilda Pacitti/GMC Publications; Seite 58: Jay François-Campbell; Seite 67: Gilda Pacitti/GMC Publications; Seite 78: Champiofoto/Shutterstock; Seite 79: lazlo/Shutterstock; Seite 94: studioVin/Shutterstock; Seite 95: Anna Shkolnaya/Shutterstock; Seite 112: posteriori/Shutterstock; Seite 113: vadimmmus/Shutterstock; Seite 126: Forest Run/Shutterstock; Seite 127: ArnonLee/Shutterstock; Seite 145: Elnur/Shutterstock; Seite 146: vipman/Shutterstock; Seite 147: arigato/Shutterstock; Seite 160: Maria Dryfhout/Shutterstock; Seite 161: Wittybear/Shutterstock; Seite 176: siro46/Shutterstock.

Register